NÖRDLICHES
EISMEER
ALASKA
Ruby
Yukon
Yukon Flats
Fairbanks
Fort Yukon
Circle
Mt. Mc Kinley
Eagle
Dawson
Yukon
Five Fingers
Whitehorse
Atlin
(Quellen)

Andreas Kieling / Irena Bischoff

Yukon-River-Saga

Andreas Kieling / Irena Bischoff

Yukon-River-Saga

Schweizer Verlagshaus
Zürich

Ich widme dieses Buch meinem Sohn Erik.
A. K.

Meinen Freunden Beverly und Roger Bak.
I. B.

Die Deutsche Bibliothek – CIP-Einheitsaufnahme

Kieling, Andreas:

Yukon-River-Saga / Andreas Kieling/Irena Bischoff. –
Zürich : Schweizer Verl.-Haus, 1995

ISBN 3-7263-6700-4
NE: Bischoff, Irena

Schutzumschlag: Eberle & Kaiser, Freiburg i. Br.
Druck und Bindung: Offizin Andersen Nexö Leipzig GmbH

ISBN 3-7263-6700-4
2 4 6 5 3 1

Inhalt

I

Wildnis

Im Wachwerden fühlte ich einen sanften Stoß. Mit einer winzigen Bewegung drehte mir Michael das Gesicht zu und winkte wortlos mit den Augen hinüber zum anderen Ufer. Ein großes graues Tier rückte in mein Blickfeld, das leichtfüßig direkt auf uns zu lief. Leuchtend gelbe Augen huschten über uns hinweg. Er sah uns nicht! Der breite Kopf, die dunkle Zeichnung um die Nase, der kurze Schwanz – ein Wolf? Ich schluckte trocken, holte tief Luft und hob meinen Oberkörper um Zentimeter an. Verflucht! Mit einem einzigen Sprung war das Tier im Buschwerk verschwunden. Verdattert schauten wir uns an.

»Sag mal, das war doch kein Wolf?« stammelte Michael.

»Sah aber aus wie ein Wolf«, erwiderte ich.

»Das *kann* keiner gewesen sein, wir sind doch erst zwei Tage aus der Zivilisation raus!« staunte er. Ich sah ihm an, daß er noch verwirrter war als ich. Gemeinsam lauschten wir in die Stille.

»Der ist weg«, sagte ich. Außer dem quirligen Flußgeplätscher war kein Laut zu hören.

»Verdammt ruhig hier«, fing Michael auf einmal an. »Schon komisch, daß man so gar keinen Lärm hört ...« Gedankenverloren glitt sein Blick über die Wipfel der Fichten. Dann schüttelte er den Kopf und sah mich grinsend an: »In Manhattan ist jetzt der Teufel los.«

»Vergiß endlich New York!« murmelte ich. Mich beschäftigte immer noch der graue Wolf. So hatte ich es mir vorgestellt: Im Schlafsack wach werden, die ersten Sonnenstrahlen des arktischen Morgens spüren – und dann so eine Begegnung!

»Gar nicht so einfach, sich an die Stille zu gewöhnen«, fing Michael wieder an. Ich nickte bloß.

»Ich dachte immer, daß Wölfe weiter oben im Norden leben?« Fragend schaute er mich an.

»Was meinst du, wo wir sind? Einen Meter unter deiner Isomatte ist Permafrostboden.«

Birgit rührte sich neben uns. Schlaftrunken öffnete sie den Reißverschluß. Der Rauhreif knisterte auf dem Schlafsack, als Kim sich ins Freie wühlte.

»Gut, daß ich den Hund mit im Schlafsack hatte!« erklärte Birgit und rieb sich das Gesicht warm. »Ist doch noch lausig kalt nachts.«

»Du hast unseren ersten Wolf verpaßt!« platzte Michael heraus und begann, ihr von unserem Erlebnis im Morgengrauen zu erzählen.

»Heute schaffen wir die paar Meilen bis zum Lake Laberge«, unterbrach ich ihn; seine Wolfsstory wurde von Minute zu Minute abenteuerlicher.

Im gemieteten Pick-up-Truck waren wir tagelang dem Alaska Highway gefolgt, der sich als schmaler Asphaltstreifen durch die schneebedeckte Bergwelt der Rocky Mountains wand. Mit jeder Meile gen Norden wurden wir ungeduldiger, endlich ins Kanu umzusteigen. Michael, mein alter Freund und Urbayer, nutzte jeden Stopp an den wenigen Tankstellen, um sich telefonisch mit seinem New Yorker Büro kurzzuschließen. Die Zivilisation hatte ihn noch voll im Griff, obwohl sein Äußeres den Aufbruch ins Abenteuer signalisierte: Ganz in Khaki war unser Banker verpackt, mit Hut und rotem Halstuch. Besonders auffällig stach sein blitzneues Messer ins Auge, das gewichtig vom Gürtel baumelte.

»Wenn ich damit erst mal die Riesenlachse zerlege, werdet ihr noch froh sein über meinen Hirschfänger!« kommentierte Michael unsere Heiterkeitsausbrüche. Bis wir unseren Ausgangspunkt Whitehorse erreicht hatten, wußte ich alles über gewinnträchtige Investitionen – nur hatte ich leider nichts mehr zu investieren. Mein gesamtes Kapital war für die Filmausrüstung und die Vorbereitungen für das halbe Jahr auf dem Yukon River draufgegangen.

In Whitehorse rief der Anblick von drei Deutschen mit Jagdhund, die sich bei winterlichen Bedingungen aufmachten, den Yukon von den Quellen bis zur Mündung zu befahren, ungläubige Reaktionen hervor. Die beiden hartgesottenen Cowboys, die auch mit

Kanus handelten, rieten uns, vorsichtig einzusetzen: »Für manch einen war die Tour bereits nach hundert Metern zu Ende. Wir konnten das demolierte Boot gleich wieder ankaufen. Die sind mit dem Bug direkt in eine Wurzel am Ufer hineingefahren, drehten sich nur im Kreis, hatten keine Ahnung von den Strudeln und rammten treibende Baumstämme. Schließlich gerieten sie in Panik.« Ihre spöttische Schilderung begleiteten sie mit herzerfrischendem Lachen.

Die Frau aus dem Spielzeugladen schaute uns entgeistert hinterher, nachdem Michael ihr erklärt hatte, daß wir mit den beiden Kinderschlauchbooten den Yukon bis zur Beringsee hinunterpaddeln wollten. Dabei hatte er sich nur ungeschickt ausgedrückt: Wir suchten lediglich nach einer Möglichkeit, unseren Riesenberg an Ausrüstung unterzubringen.

Der Buschpilot, den wir im *Generalstore* trafen, griff sich an den Kopf. Er meinte wohlwollend, wir sollten es uns lieber noch ein paar Wochen in der Stadt gemütlich machen: Der Lake Laberge sei auf dreißig Kilometern im mittleren Bereich komplett zugefroren. »Letztes Jahr im Mai war er schon eisfrei; diesmal dauert der Winter lange. Mit dem Kanu da durch – das könnt ihr vergessen!«

Nach den Quellen des Yukon Rivers befragt, machte er nur vage Angaben. »Die sind irgendwo draußen im Busch in den Rockies, ungefähr vierzig Kilometer südlich von Whitehorse.« Als ich nicht locker ließ und ihm schließlich erklärte, daß ich die ersten Filmaufnahmen unbedingt an den Quellen machen wollte, markierte er die Stelle grob auf meiner Karte. »Das reicht«, beantwortete er grinsend meinen erstaunten Blick. »Das Quellgebiet liegt sowieso noch unter Eis und Schnee.«

Neben dem Schotterweg begann die Wildnis: Mannshoher Busch ging in ein Meer von Fichten über, das sich die steilen Berghänge hinaufzog. Laut Karte mußten wir etwa einen Kilometer weiter östlich auf den Fluß stoßen. Ich war froh, daß wir die Bergkette vor uns sahen. Im unübersichtlichen Dickicht war sie unser einziger Orientierungspunkt. Für den Rückweg setzte ich auf Kims Spürnase.

Der Busch lichtete sich, ging in hohen Fichtenbestand über. Wir hatten ihn gefunden. Noch dick mit Schnee bedeckt, schlängelte sich ein schmaler Flußlauf durchs dunkle Grün: der Yukon River!

Michael und ich witzelten darüber, daß selbst einer der mächtigsten Ströme Nordamerikas offensichtlich ganz klein anfangen mußte. In die gedämpfte Stille fielen nur unsere Tritte auf dem Eis – bis wir ein Platschen hörten. Hinter der nächsten Biegung sah ich Kims Kopf aus dem Eiswasser herausschauen. Wir rannten flußabwärts, bis wir die Eisabbruchkante erreichten. Hier fing der Yukon an zu leben: In einem Becken floß kristallklares Wasser aus vielen Bächen zusammen. An einigen Stellen wallte und sprudelte es sogar aus der Tiefe des Untergrunds hervor. Das Quellgebiet! entschied ich für mich und schaute tief befriedigt in das Spiegelbild des Himmels auf der klaren Oberfläche, wo mein schwimmender Hund seine Kreise zog. Kim hatte als erste vom Yukon Besitz ergriffen.

In drei Transportgängen schleppten wir unser Gepäck vom Truck durch den Busch, bis Birgit das Auto endgültig in Whitehorse abgeben konnte. Als sie wieder zu uns stieß, sollten Kanu und Zelt für die kommenden sechs Monate unser Zuhause sein.

Michael und ich waren froh, daß wir unsere ersten gemeinsamen Paddelerfahrungen ohne Zuschauer machen konnten. Kritik hätten wir gar nicht brauchen können. Wir hatten alle Hände voll damit zu tun, das schwer beladene Kanu mit den zwei herumtänzelnden Schlauchbooten im Schlepp auf Kurs zu halten. »Wir nehmen ein Boot mit flachem Kiel!« hatte ich beim Kauf entschieden. Bessere Wendigkeit war mir wichtiger erschienen als glatter Geradeauslauf …

Als schwer bepackter Lastkahn lag unser Gefährt jetzt tief im Wasser. Birgit saß mit unserem Jagdhund Kim in der Mitte. Mir zog sich der Magen zusammen: Durch das glasklare Wasser konnte ich bis auf den Grund des Flusses blicken, wo gewaltige Felsbrocken lauerten. Es war schwer abzuschätzen, wieviel Platz zwischen ihnen und unserem Bootskiel blieb. Meine Befürchtungen, wir könnten auflaufen, verloren sich jedoch bald: Aus schneeverkrusteten Rinnsalen sprudelte es von überall her in den Yukon River. Bereits nach wenigen Kilometern hatte der Fluß merklich an Volumen und Geschwindigkeit zugenommen.

»Habe echte Kanuerfahrung«, gab Michael an. »Bin die Donau bis zum Schwarzen Meer allein runtergepaddelt!« Hoch aufgerichtet thronte unser New Yorker Banker im Bug und gab sich redliche Mühe. Ich schwieg dazu.

Als wir in den siebzig Kilometer langen Gebirgssee einfuhren, tat sich vor uns eine weite Bilderbuchlandschaft auf. In der Ferne umgaben steil aufragende Bergketten den Lake Laberge, die bizarren Gipfel in glitzerndes Weiß getaucht. An den Felshängen leckte das blau schimmernde Eis von Gletscherzungen herunter.

Mit lauten Ausrufen des Entzückens zeigte Michael aufs flache Ufer: Schneeschuhhasen hüpften kreuz und quer durch den Busch. Mich erinnerte die Szenerie an Kaninchen in deutschen Parkanlagen.

»Leute, hier schlagen wir jetzt mal ein richtiges Camp auf – mit Lagerfeuer und Hasenbraten!« begeisterte sich Michael. Entschieden hielt er auf den Uferrand zu.

An den Tagen zuvor waren wir jeweils bis zum Anbruch der Dunkelheit durchgepaddelt. Zu müde, das Zelt aufzustellen, hatten wir nur Isomatte und Schlafsack ausgerollt – von Lagerfeuerromantik keine Spur. Ungeduldig hatte ich uns vorangetrieben. Erst wenn der Yukon wieder aus dem See hinausfloß, hätte ich wirklich das Gefühl, *meinen* großen Strom erreicht zu haben. Jetzt gab ich klein bei.

Kaum war das Kanu ans Ufer geglitten, sprang Michael mit einem Satz aus dem Bug, griff nach seiner Flinte und schaute Kim aufmunternd an. Beide waren im Jagdfieber.

»Lein den Hund an, sonst ist er auf und davon!« riet ich noch und reichte Michael die Führungsleine. Während Birgit und ich das Boot entluden und das Zelt aufbauten, knallte es schon. Ich hörte zwei Schüsse – und gleich darauf Birgits Aufschrei.

»Bist du verrückt geworden!« rief sie wutentbrannt. »Andreas, der durchsiebt die Plane!« Meine Freundin zeigte erbost auf die Einschußlöcher. Flach gegen den Zeltboden gedrückt, war sie in Deckung gegangen.

»Michael, Feuer einstellen!« brüllte ich und duckte mich vorsichtshalber auch. Haken schlagend, kamen zwei Schneeschuhhasen an mir vorbeigerannt. Dann herrschte Stille. Eine Zeitlang warteten wir schweigend und lauschten: Äste knackten, Michael fluchte. Atemlos tauchte er schließlich aus dem Dickicht auf: »Die sind unglaublich fix. Hab noch keinen getroffen!«

»Dafür hat unsere Plane jetzt Löcher. Birgit war übrigens auch im Zelt!« sagte ich vorwurfsvoll. Michael besah sich sein Meisterwerk und schüttelte den Kopf.

»Ich muß die Orientierung verloren haben«, begann er erregt, »wußte gar nicht, worauf ich zuerst schießen sollte. Überall flitzten Hasen um mich herum – und trotzdem habe ich keinen getroffen!« Geknickt strich der glücklose Schütze über die Einschußlöcher.

»Bratkartoffeln und Rührei?« fragte Birgit in die Runde.

Michael nickte und sammelte trockenes Treibholz am Ufer. »Wenigstens ein zünftiges Lagerfeuer ...«, murmelte er.

Das Abendlicht reichte gerade noch aus, um mit dem Fernglas am Horizont ein weißes Eisband zu erkennen. »Schätze, noch zehn Kilometer freies Wasser, dann sitzen wir fest«, sagte ich leise. Der Pilot hatte recht gehabt. Von einem Ufer bis zum anderen war der See zugefroren.

2

Lake Laberge

Klirrend schlugen die ersten Eisstücke an den Bug unseres Kanus. Der Zauber begann. Mit jedem Paddelschlag trieben wir uns tiefer in das Eis hinein. Die dröhnenden Schläge gegen die Bordwand schreckten Kim auf. Sie schob den Kopf unter der Plane hervor, reckte sich hoch und riskierte einen Blick auf die vorbeidriftenden Eisbrocken.

Das sah nicht gut aus. Zu beiden Seiten schwammen mächtige Eisplatten, die vom vereisten Ufersaum losgebrochen waren. Ihre gezackten Kanten ragten bedrohlich in unsere Fahrrinne. Wir müssen ihnen unter allen Umständen ausweichen, klang es in meinem Kopf. Um die Gummidingis zu versenken, braucht man ohnehin nur eine Stecknadel. Genau steuern, nicht einkeilen lassen!

Kerzengerade aufgerichtet, saß Michael vorn im Bug und paddelte auf Hochtouren: In schnellem Wechsel schwang er das Blatt über den Kopf, zog es dicht an der Bootswand durch das Eiswasser. Die zwei Meter breite eisfreie Spur ließ uns wenig Bewegungsspielraum, geschweige denn Platz zu Ausweichmanövern.

»Ich würde lieber einen Martini *on the Rocks* trinken, als weiter in dieser Eissuppe rumzustochern«, rief Michael mir zu.

»Paddel! Wir müssen weg von den Blöcken!« Scheinbar hatte er keine Ahnung, in welcher Lage wir uns befanden. Wenn ein New Yorker Bankmanager schon mal auf Tour geht … Diesen Gedanken behielt ich aber für mich.

Noch hatten wir Wasser unterm Kiel. »Wir müssen von der Mitte weg mehr ans rechte Ufer!« rief ich in das laute Krachen der abbrechenden Eisbrocken hinein. Birgit drückte mit einer Hand den Kopf des Hundes zurück unter die schützende Plane, während sie sich mit der anderen am Rand des Kanus festklammerte. Möglichst klein zusammengekauert, hockte sie zwischen den Gepäckstücken.

In dem Gemisch aus Eis mit wenig Wasser kamen wir nur meterweise vorwärts. Die Holzpaddel schlugen kristallhart auf. Immer wieder mußten wir unverhofft auftauchenden Eisplatten ausweichen. Sie türmten sich an den zwei »Bremsklötzen«, die wir ja auch noch mitzuschleppen hatten. Wie ich die Dingis verfluchte!

Allmählich begannen sich erste Zweifel an meinem Vorhaben zu melden. Mit einem Gang übers Eis hatte ich nicht gerechnet. Ich wußte, daß es Ende Mai am Yukon noch Schnee geben kann. Aber daß wir ein dreißig Kilometer breites Eisband überwinden müßten – daran hatte ich nicht mal im Traum gedacht!

Bleibt immer noch der Landweg, beruhigte ich mich. Für die nächsten Kilometer war das allerdings keine Alternative: Auf der rechten Seeseite ragten Felsen steil aus dem Wasser, zogen sich zu gewaltigen Steinwänden hoch. Die Natur zeigte uns die Zähne. Und einen Weg zurück gab es nicht – also mit dem Kanu auf das Eis.

Plötzlich fühlte ich mich entschlossen und stark: Ich wollte den Kampf mit den Naturgewalten aufnehmen, mein Traum, den Yukon River von den Quellen bis zur Mündung zu befahren, sollte in Erfüllung gehen, das war das Ziel! Michael ließ ich keine Chance – er saß buchstäblich mit mir im selben Boot. »Hau rein! Die letzten Meter noch … und dann mit dem Kanu rauf aufs Eis!«

Mit kräftigen Schlägen arbeiteten wir uns auf die Eiskante zu, bis wir mit knirschendem Ruck aufsaßen.

»Noch weiter rauf«, kommandierte ich, und wir rammten die Paddel in die Eisdecke. Zentimeter um Zentimeter drückten wir so das Kanu vorwärts.

»Geschafft!« stieß ich schließlich atemlos hervor. Michael drehte sich zu mir um und nickte zustimmend. Sein Gesicht war knallrot vor Anstrengung.

»Schau mal, sogar die Bremsklötze leben noch«, rief er belustigt. Und richtig. Da schwappten die Dingis unschuldig zwischen den Eisstücken, warteten nur darauf, daß wir sie herauszogen. Der Hund löste sich als erster aus der Erstarrung. Mit einem Satz sprang er aus dem Boot. Froh, endlich wieder festen Boden unter den Füßen zu haben, jagte Kim über die Eisfläche; breitbeinig schlitterte und rutschte sie mitten im wilden Lauf. Michael stieg als nächster aus.

»Ich checke erst mal ab, ob es mich trägt.« Vorsichtig setzte er einen Fuß vor den anderen, wurde mutiger und hüpfte schließlich auf der dicken Eisfläche herum. Als wollte Mutter Natur seinen Übermut strafen, jagte sie Peitschenhiebe durch die eisigklare Luft. Eine riesige Eisplatte brach ab und versank mit Getöse im Wasser.

»Da siehst du mal, wie gefährlich es ist, das Eis herauszufordern«, witzelte ich. Michaels Blick sprach Bände, und er sagte ironisch: »Aye, aye, Käpten!«

Birgit kam aus dem Kanu gekrabbelt, die Hände in die Seiten gestemmt: »Ich finde das überhaupt nicht witzig. Mir tut jeder Knochen weh. Das war ziemlich brutal, wie ihr aufs Eis gefahren seid!«

Um Entschuldigung bittend, legte ich den Arm um sie.

Nach den Eisbrocken zu urteilen, schätzten wir die Eisdicke stellenweise auf einen Meter fünfzig. Knappe zwei Wochen würde es sicher noch dauern, bis der Lake Laberge auftaute. So mußten wir uns wohl oder übel entscheiden, das Gepäck aus den Dingis ins Kanu umzupacken und die ganze 18-Fuß-Fuhre mit Seilen über das Eis zu ziehen. In zwei Tagen sollten wir wieder in offenes Wasser einsetzen können.

Unglaublich, wie viel wir mitschleppten! Die ganze Mannschaft versuchte, das sogenannte »überlebens-unwichtige« Gepäck mit im Kanu zu verstauen. Dazu gehörten unter anderem meine Filmrollen, die leckeren Kartoffeln und der Zehn-Kilo-Beutel Reis. Außerdem hatten wir Zelt und Ersatzstiefel in diese Kategorie eingereiht. Die »Wohlgerüche der Zivilisation« beispielsweise, vom Deo bis zum Aftershave, waren ohnehin zu Hause geblieben. Schon der Bären wegen schien es sicherer, »naturbelassen« zu duften.

Den so oft verfluchten Dingis zogen wir einfach die Stöpsel raus; damit lösten sich unsere Bremsklötze zischend in Luft auf. Dann band ich Michael eins der gelben Plastikseile um Schulter und Brust. »Amerikanische Outdoor-Qualität« versicherte die Banderole. Die exklusive Daunenjacke unseres Bankers würde einige Falten bekommen. Das andere Ende des Zugseils befestigte ich mit einem Palstek am randvoll beladenen Kanu.

»Das wiegt gut und gern seine drei Zentner«, vermutete ich. Amüsiert blickte Michael an sich hinunter: »Erinnert mich an die Umzugsmänner in New York. Ihr glaubt ja nicht, wie locker die eine Schrankwand in den elften Stock schleppen – und nur mit

Tragegurt.« Ich warf ein: »Aber da gibt es doch sicher Aufzüge, oder?«

Michael klärte mich auf, daß in den Häusern der ärmeren Viertel Aufzüge entweder eine Rarität oder defekt seien. Erstaunt nahm ich zur Kenntnis, wie schnell uns doch unsere Gedanken zurück in die Zivilisation befördern können.

Nach eingehender Musterung verglich Birgit uns mit Schlittenhunden, die ins Geschirr gespannt sind. Das Kanu klebte fest auf dem Eis. Ganz wie die Schlittenhunde mußten wir uns einige Male in die Seile werfen, bevor es unten losbrach.

Eine Zeitlang kam es mir so vor, als würde das Boot mühelos übers aufgeweichte Eis gleiten. Die Gläser unserer Sonnenbrillen verwandelten die Eiswüste vor uns in eine dunkelgrüne Mondlandschaft. »Unbedingt die Brillen aufsetzen, sonst verblitzt ihr euch bei diesem blendenden Weiß die Augen!« befahl Birgit. Wirklich beruhigend, eine Krankenschwester im Team zu haben.

Doch je länger wir unser »Frachtkanu« hinter uns herschleppten, desto mehr verflog das anfängliche Leichtigkeitsgefühl. Mit jedem Schritt schien das Gewicht zuzunehmen.

Kartoffeln! Wieso mußten wir so viele Kartoffeln mitnehmen? Das ist ja, als schleppten wir Steine durch die Wildnis! Wie ein Panzer schnürte mich das Seil ein. Ich wurde das beklemmende Gefühl nicht los, daß für meine Atemluft einfach nicht genug Raum blieb. Das schrille Kratzkonzert, das die Glasfiberhaut des Kanus auf dem Eis veranstaltete, ging mir auf die Nerven, und ich versuchte, es zu überhören. Immer häufiger rutschten Michael und ich auf der unebenen Eisfläche aus. Birgit und Kim waren weit zurückgefallen.

»Andreas! Michael! Haltet mal an!« klang es da plötzlich aus der Ferne hinter uns her, und Birgit kam uns nachgelaufen. Abrupt blieben wir stehen. Schade, dachte ich. Wir waren gerade so gut im Zug. Birgits halb geöffnete, vom Wind aufgepluderte Jacke wehte wie ein Fallschirm hinter ihr her. Der rotblonde Haarzopf schlug aus wie das Pendel einer Uhr. Mit ausgestrecktem Arm zeigte sie im Laufen nach hinten. Da sah ich es auch: Kim humpelte.

»Sie kann nicht weiter. Ich glaube, sie hat sich die Ballen aufgelaufen«, stieß Birgit ganz außer Atem hervor. Ich streifte das Seil ab und eilte zu meinem Hund.

Als ich behutsam eine Pfote anhob, traf mich aus dunkelbraunen Augen ein schmerzerfüllter Blick. Winzige rote Blutstropfen hatten ihren Abdruck ins weiße Eis gemalt; in der schwarzen Lederhaut zeigten sich unzählige kleine, aufgerissene Stellen. Die Pfote sah aus wie ein poröser Schwamm. Kein Wunder, daß Kim nicht mehr weiter wollte. Verdammtes Eis! Meine Fingerspitzen ertasteten neben meinen Füßen schneidend scharfe Eisplättchen, in zahllosen Schichten übereinandergeschweißt. Die Oberfläche des Sees war anscheinend öfter angetaut und wieder zugefroren. Wie wird da erst der Unterboden des Kanus aussehen, schoß es mir durch den Sinn.

»Was machen wir jetzt mit Kim? Wir können sie schließlich nicht auch noch schleppen!« beschwerte sich Michael und trat nervös auf der Stelle. Ratlos schaute er zuerst mich an, und als von mir keine Reaktion kam, blickte er auffordernd zu Birgit. Als hätte er sie mit dem Zauberstab berührt, rief sie: »Ich hab's! Wir machen ihr kleine Schuhe!« Unsere Mienen hellten sich auf. Das war die Lösung. Nur woraus sollten wir die kleinen Schuhe machen?

Die Innentaschen zweier *Fleece*-Hemden mußten schließlich dran glauben. Kim sah einfach niedlich aus, wie sie so mit ihren lila Stoffschühchen neben uns herlief. Die Enden der dünnen Kordel, mit der Birgit den Stoff umwickelt hatte, waren sogar zu Schleifen gebunden. Schmunzelnd betrachtete ich meinen kernigen Jagdhund: Das rehbraune kurze Fell glänzte in der Sonne, und jeder einzelne Muskel zeichnete sich deutlich darunter ab. Ich war froh, daß Kim hier war. Mein Entschluß, sie mitzunehmen, war goldrichtig gewesen.

Der Hund war kuriert; jetzt mußten wir wohl oder übel das Kanu untersuchen. Michael und ich tauschten ahnungsvolle Blicke aus. Das hochbeladene Boot lag wie ein riesiger Betonklotz auf dem Eis. Irgendwie mußten wir einen Blick auf die Unterseite werfen – und das möglichst, ohne das Ganze zu entladen.

Vor dem Bug legten wir ein Paddel aus. Dann drückten wir mit vereinten Kräften von hinten das zentnerschwere Kanu auf den zentimeterhohen Holzstiel. Es funktionierte. Ein zweites Paddel schoben wir unter die Mitte des Bootes. Dieser minimale Hebebühneneffekt genügte, um die Unterseite abzutasten. Michael und ich witzelten darüber, daß wir zwei Schrauber sogar in der Wildnis unter einem Fahrzeug liegen mußten. Allerdings verging uns das Scherzen, als unsere Finger über die ehemals seidig glatte Deckschicht strichen: Das Polyesterharz war stellenweise völlig weggeschmirgelt, und wir konnten darunter die Glasfibermatten fühlen.

»So können wir unmöglich weitermachen!« rief ich entsetzt. Der Schaden war größer, als ich vermutet hatte. »Noch ein paar Kilometer bei *der* Belastung, und der Boden ist garantiert durchgescheuert oder zumindest so dünn, daß uns das Kanu bei der geringsten Beanspruchung durchbricht. Ich glaube, es ist soweit: Wir müssen schleppen!«

Die Worte des Piloten klangen mir noch im Ohr: »Der See ist in der Mitte auf rund dreißig Kilometern Länge zugefroren.« Fünf davon hatten wir erst hinter uns gebracht. Entmutigt sah ich mich um und spürte, wie ein Frösteln durch meinen Körper rann. Wolken hatten sich vor die Sonne geschoben. Passend zu unserer Stimmung verschmolzen Himmel und Eis zu milchig-frostigem Grau.

Kim lief voraus. Schwer beladen balancierte jeder von uns einen bis auf den letzten Millimeter ausgefüllten Rucksack übers Eis. Wir hielten auf das rechte Ufer zu. Erst in weiter Ferne lösten sich die bizarren Felsformationen zu kleineren Blöcken auf.

»Das wird noch ein paar Kilometer dauern, bis wir ein gemütliches Plätzchen finden«, verkündete ich möglichst gelassen. Ein Ziel ins Auge gefaßt zu haben gab mir neue Kraft. Birgit und Michael nickten kurz. Wie zwei Packesel trotteten sie übers Eis, wortlos und in ihr Schicksal ergeben. Ich machte bestimmt keine bessere Figur.

Doch welche Enttäuschung! Je näher wir kamen, desto unzugänglicher erschien das Ufer: mannshoher, verfilzter Busch, ein Gewirr aus kahlen Baumstämmen und abgerissenen Zweigen, das teils weit in den Lake Laberge hineinragte. Das Hochwasser im Herbst hatte die Stämme in den See gerissen, das Wintereis hielt sie noch fest umklammert. Kilometerweit bot sich das gleiche Bild. Wenn wir versuchten, die Böschung zu erklettern, rutschten wir immer wieder auf Eiszungen aus, die weit in die Höhe leckten. Der Busch zog sich bis ins Hinterland.

Kurzentschlossen stellten wir unser Tunnelzelt auf der ebenen

Eisdecke des Sees auf. Wind war aufgekommen und machte es nicht leicht, die Flamme des Gaskochers am Leben zu erhalten. An diesem Abend warfen wir nur einen kurzen Blick auf den sich verfärbenden Himmel. Während wir eine heiße Nudelsuppe mit japanischem Huhngeschmack löffelten, versank die glutrote Sonne hinter den schneebedeckten Gipfeln der Rocky Mountains. Die kalte, pechschwarze Nacht trieb uns in die warmen Daunenschlafsäcke.

»Wieso gibt es hier eigentlich keine Pfützen auf dem See?« fragte Birgit, als wir am nächsten Morgen mit federleichten Rucksäcken zurück zum Kanu marschierten.

»Stimmt überhaupt«, warf Michael ein. »Wieso fällt mir das erst jetzt auf?« Ich grinste. »Du warst eben noch nie so hoch im Norden, oder du hast in der Physikstunde gepennt.« Nur zu gern gab ich mein Wissen preis: »Die Luft hier ist so trocken, daß sie jedes bißchen Verdunstungsfeuchte gleich aufnimmt. Wenn die Sonne das Eis an der Oberfläche auftaut, bleibt ihm gar keine Zeit mehr, zu Wasser zu werden. Das siehst du auch an deiner Haut.« Zum Beweis streckte ich meine Hand aus. »Schau sie dir an: ziemlich ausgetrocknet. Ähnelt mehr einem Lederhandschuh.«

Birgit fuhr sich mit den Händen durchs Gesicht: »Ich sollte mich häufiger eincremen, sonst sehe ich bald wie eine runzlige Indianerin aus.«

»Toll! Und rothaarig dazu«, bemerkte ich schelmisch.

»Ich hätte Lust, auf Lachse zu angeln!« wechselte Michael das Thema ... und redete stundenlang über den neuesten Stand von Rutenmaterial, Ködern und Fangmethoden.

Unser weißes Kanu war die einzige Erhebung auf dem See, fügte sich kontrastlos in das Weiß der Eisfläche. Im Hintergrund zogen sich Krüppelkiefern eine Hügelkette hinauf; die starke Sonneneinstrahlung trug den harzigen Geruch zu uns herüber. Ich atmete die würzige Luft tief ein, und ein unbändiges Freiheitsgefühl durchströmte mich: Drei Menschen in totaler Einsamkeit, dazu jubilierende Rufe der Vögel im herannahenden Frühling des Nordens – was brauchte ich mehr! Und wieder spürte ich die große Sehnsucht, den starken Wunsch, meinen Fluß, den Yukon, ganz und gar kennenzulernen.

Mit einem einzigen Schleppgang wollten wir die restlichen Sachen ins Camp bringen. Birgit sollte das leere Kanu ziehen, das wir vorsichtshalber gar nicht mehr belasteten. Schließlich brauchten wir es noch für die restlichen mehr als dreitausend Kilometer Wasserweg. Mit prallvollen Rucksäcken, unter die Arme die schwere Filmausrüstung geklemmt, machten wir uns auf den Rückweg. Kim hatte sich am Morgen beharrlich geweigert, auch nur einen Fuß aufs Eis zu setzen; wir hatten sie am Zelt zurücklassen müssen. Unser Stapfen und die Ziehgeräusche des Kanus konkurrierten mit Vogelgeschnatter über uns. Im mittäglichen Sonnenschein überquerten Wildenten den Lake Laberge.

Michael und ich hatten Mühe, auf dem buckligen Eis die Balance zu halten. »Verdammte Schlepperei!« schimpfte ich laut in unsere Wortlosigkeit hinein. Michael erwachte aus seiner Versunkenheit. »Denk doch mal an die Goldsucher und Trapper zur Zeit Jack Londons! Die mußten sich im Frühjahr wochenlang zu Fuß durch den Busch schlagen, um den sogenannten *Trading Post* zu erreichen. Der Handelsplatz war ihre einzige Chance, die im Winter erbeuteten Felle gegen Lebensmittel, Werkzeuge, Waffen und Munition einzutauschen. Während der langen Winterzeit hatten sie sich fast ausschließlich von Reis und Bohnen ernährt. Dazu zwei Monate totale Dunkelheit – das zehrt! Sie müssen völlig zermürbt und kraftlos gewesen sein, als sie sich auf den Weg machten. Ihr Gepäck war auf das Lebensnotwendige beschränkt, nachts campierten sie unter einer Plane. Wer sich im Busch nicht gut auskannte und keinen Flußlauf fand, der ihn leiten konnte, irrte umher ohne Weg und Steg – und kam vielleicht niemals an seinem Ziel an.« Michael hielt inne und suchte nach Worten.

»Weißt du«, begann er erneut, »nur die wildniserfahrenen Trapper wußten überhaupt, an welchem der Zusammenflüsse diese Handelsstationen errichtet waren.« Er richtete den Blick in die Ferne: »Da haben wir es doch viel einfacher auf dem See – immer nur geradeaus, und irgendwo dahinten ist unser Fluß!«

Wildes Freudengebell schlug uns entgegen. Kim hatte uns entdeckt. Aufrecht, ganz Herrscherin der Wildnis, stand sie auf der Böschung und wedelte mit dem Schwanz.

»Na, hast du inzwischen einen Bären oder einen Elch erlegt?« Sie wartete, bis ich zu ihr hochgestiegen kam, und preßte sich an meine Beine. Schönes Gefühl, ihre Wärme zu spüren. Doch plötzlich wirbelte mein Hund aus dem Stand herum und schoß wie ein Pfeil in den Busch. Entgeistert drehte ich mich in die gleiche Richtung ... und stand Auge in Auge einem kapitalen Elchbullen gegenüber, massig wie ein belgisches Kaltblutpferd. Mit starrem Blick stierte er mich an, das mächtige Haupt gesenkt.

»Hau! Hau! Hau!« Kim stieß helle Hetzlaute aus und jagte frontal auf den Bullen zu. Bruchteile von Sekunden schien der Elch zu überlegen, was für eine Art Tier das wohl sein mochte: so klein und doch so laut. Dann entschloß er sich zur Flucht. Seine dünnen langen Beine staksten eilig durch das Gestrüpp, trugen den bulligen Körper mit überraschender Behendigkeit über Baumstämme und Büsche zurück ins undurchdringliche Dickicht der Tannen und Erlen. Kim war ihm dicht auf den Fersen. Ihre hellen Hetzlaute wechselten mit tiefen, drohenden Standlauten.

»Michael!« rief ich. »Schnell, mein Gewehr!«

Im dichten Buschwerk verfingen sich meine Füße. Ich strauchelte, stürzte zu Boden, rappelte mich wieder auf. »Verdammt noch mal, Kim, wieso kannst du deine Jagdleidenschaft nicht im Zaum halten!« Ich schimpfte hinter ihr her und kämpfte mich weiter durchs Dickicht. In großer Entfernung vernahm ich die wechselnden Laute des Hundes. Unerbittlich verfolgte Kim den Elchbullen. Ich gab auf.

»Andreas, wir müssen nach ihr suchen! Wenn der Bulle sie zu fassen kriegt, tötet er sie ...« Birgit hatte Angst um Kim.

»Dazu ist sie zu erfahren«, entgegnete ich und gab meiner Stimme einen zuversichtlichen Klang. Im Grunde war ich auf mich selbst ärgerlich. Schließlich wußte ich um Kims Temperament. Sie war ein gut trainierter und erfahrener Hannoveraner Schweißhund, darauf abgerichtet, angeschossenes und damit unberechenbares Wild aufzuspüren. Hunderte von Malen war sie den gefährlichen Eckzähnen verwundeter Keiler und den messerscharfen Geweihen der Rothirsche erfolgreich ausgewichen. Was ich viel eher befürchtete, war, daß sie sich zu weit von uns entfernte. Morgen mußten wir weiterziehen.

In der Nacht schliefen wir unruhig, wälzten uns ständig von einer

Seite auf die andere. Wir warteten darauf, daß der Hund durch den Spalt der Zeltöffnung hereingeschlichen käme und wir seinen schwer atmenden, warmen Körper an unseren Füßen spüren würden. Doch Kims Platz blieb leer.

Traurig und unschlüssig brachen wir am nächsten Morgen das Zelt ab, riefen zwischendurch immer wieder Kims Namen.

»Es ist das Beste, wenn du hier auf sie wartest, während Michael und ich das Boot und die erste Gepäckladung zum nächsten Stützpunkt bringen«, schlug ich Birgit vor. Sie war nicht sehr begeistert.

»Laß mir wenigstens dein Gewehr hier!«

»Du brauchst keine Angst zu haben, Birgit. Für Bären gibt es nicht genug frisches Grün. Die liegen alle noch im tiefsten Winterschlaf«, log ich ein wenig. Na ja, bisher jedenfalls waren wir keinem Bären begegnet – warum sollte ausgerechnet jetzt einer kommen?

Hin- und hergerissen zwischen Sorge und Ungeduld, machten Michael und ich uns auf den Marsch. Nach zehn Kilometern entschieden wir uns für eine kleine Einbuchtung im See als Lagerplatz, in die ein namenloser Nebenfluß einmündete. Gar nicht schlecht, dachte ich. Für fließend Kaltwasser ist heute abend gesorgt. Es dauerte immer ewig und verbrauchte viel Gas, bis endlich ein kleiner Topf voll Schnee geschmolzen war.

Auf dem Rückweg zum alten Camp gab Michael mir einen Schnellkurs in Börsengeschäften. Ich ließ ihn reden, fragte auch schon mal nach, wenn ich etwas nicht verstand, aber im Grunde bedauerte ich es, daß er sich nicht schon gedanklich von der Zivilisation verabschiedet hatte. Noch blieben ihm drei Wochen Zeit, ein »Mann der Wildnis« zu werden.

Als wir uns dem Lagerplatz näherten, sah ich es schon von weitem: Wir waren wieder komplett. »He, du alter Räuber! Wo warst du so lange? Das machst du nicht noch mal mit mir!« Ich drohte Kim und spielte »grimmiges Gesicht«. Sie traute dem Frieden nicht, kam vorsichtshalber flach über das Eis auf mich zugekrochen. Wenigstens hat sie ein schlechtes Gewissen, dachte ich und zauste ihr das Fell. Dann hielt ich ihr einen Vortrag über den richtigen Umgang mit den »großen fünf des Nordens«: Bär, Elch, Wolf, Karibu und Dallschaf. Mit großen Augen schaute Kim mich von unten herauf an. Die Ohren aufgestellt, tat sie ganz so, als ob sie mich verstünde. Michael und Birgit verfolgten belustigt die kleine Theatereinlage.

»Als ich Zweige brechen hörte, hatte ich sofort das Gewehr im Anschlag und war auf alles gefaßt«, erzählte Birgit. »Aus dem Busch herausgetrottet kam ... Kim. Ich *war* vielleicht froh bei ihrem Anblick!«

Bei Sonnenuntergang erreichten wir unsere kleine Bucht. »Kartoffeln! Schön und gut, aber ich brauch' mal wieder Fleisch«, verkündete Michael. Spöttisch fragte ich ihn: »Vielleicht am liebsten ein junges, knuspriges Kaninchen?« und deutete auf die durchlöcherte Zeltplane.

»Meine Güte, man kann doch mal danebenschießen, oder?« Er konnte sich nicht entscheiden, ob er beleidigt sein oder in unser Lachen einstimmen sollte. Jedenfalls blieb es bei Kartoffeln, die wir mit reichlich Salz und gefrorener Butter in uns hineinstopften.

»Morgen abend, Leute, kann es mit etwas Glück Fisch geben. Dann müßten wir endlich am offenen Wasser sein«, tröstete Michael uns.

Von den Quellen bis zur Mündung des Großen Yukons – was wohl dieser sagenumwobene Fluß noch für uns bereithielt? Der Lake Laberge hatte mich fast vergessen lassen, daß er ein Teil des Stromes war. In der Nacht wurden meine Wünsche traumhaft Wirklichkeit.

Mit atemberaubender Geschwindigkeit tanzte mein Kanu über die Wellen inmitten des herrlichen Glanzes von silbernen Sternen, die das Sonnenlicht aufs Wasser malte. Schwerelos glitt ich auf dem großen Fluß dahin. Im schnellen Wechselschlag – rechts, links, rechts, links – umsteuerte ich Wirbel und Strudel. Nichts konnte mich aufhalten.

Im Kielwasser meines Bootes dehnte sich unbegrenzte Weite. Reines Himmelsblau war durchsetzt vom Grün der vorbeifliegenden Tannen. Dies war die Freiheit, nach der meine Seele immer gesucht hatte. Ein explosionsartiges Gefühl der Freude durchfuhr mich.

Die eisig-rauhe Wirklichkeit traf mich am nächsten Morgen um so härter. Es hatte ganz den Anschein, als würde sich die Sonne heute gar nicht zeigen. Dichte Bewölkung entzog der Landschaft jede

Farbe. Beim Frühstück erzählte ich von meinem wunderbaren Traum, der mich noch immer beschäftigte.

»Du hast einen ganz eigenartigen Gesichtsausdruck, fast ein wenig entrückt«, versetzte Michael grinsend. Birgits Blick konnte ich von der Seite fühlen.

»Ich möchte auch wieder im Kanu sitzen«, maulte unser Banker. »Schließlich haben wir vor, den Yukon runterzupaddeln – wir wollen doch kein Überlebenstraining auf dem Eis veranstalten!« In prächtigster Stimmung machten wir uns schließlich auf den Weg zum »großen Wasser«.

»Whow!« Michael und ich führten so eine Art Indianertanz auf, als wir vor uns das Ende der Eisfläche erblickten.

»Ihr seht ganz schön albern aus«, rief Birgit lachend. »Indianer mit Rucksäcken!« Ich war begeistert, daß sie sich von uns anstecken ließ und ebenfalls stampfend auf dem Eis tanzte. Wir waren eine gute Truppe. »Ich möchte das Zelt so nah wie möglich an der Eiskante aufschlagen. Wasser soll das erste sein, was ich morgen früh sehe!« rief sie fröhlich.

Am frühen Nachmittag hatten wir alles beisammen: Kanu, Kim und Gepäck. Fast andächtig schweigend, waren wir ein letztes Mal übers Eis zurückgewandert. Während der vergangenen Tage hatte die Sonne ganze Arbeit geleistet. In der Abbruchregion war das Eis matschig und brüchig geworden; es federte bei jedem Schritt. Da wir nicht vorhatten, den See bei Nacht auf einer Eisscholle zu überqueren, bauten wir unser Camp lieber in sicherer Entfernung auf.

»Zum Angeln gehen wir besser über Land. Dem Eis traue ich hier nicht«, meinte Michael. Wir stolperten über abgerissene Äste, kletterten über umgefallene Erlen hinweg, verfingen uns in winterhartem Unkraut. Endlich hatte unser Banker einen passenden Platz zum Fischen gefunden. Hier sollte der große *Catch* über die Bühne gehen. Nachdem wir zwei Stunden lang immer wieder erfolglos die Angel ausgeworfen hatten, bezweifelten wir, daß es in diesem Seeabschnitt überhaupt Fische gab.

Tok-Tok-Tok-Tok tönte es plötzlich über das Wasser. »Was ist das für ein Geräusch?« Wir hielten den Atem an und lauschten.

»Hört sich an, als ob jemand versucht, einen alten Dieselgenerator anzuwerfen«, sagte ich kopfschüttelnd.

»Vielleicht ein Trapper, der ganz in der Nähe seine Hütte hat?« bot Michael als Erklärung an. Ich runzelte die Stirn. »Trapper mit Dieselmotor hier in der Gegend? Das paßt nicht. Eher eine Siedlung.« Durch mein Fernglas suchte ich nach Lichtern.

»Weit und breit kein Anzeichen menschlicher Nähe zu sehen«, verkündete ich und setzte achselzuckend hinzu: »Wer weiß – Geräusche tragen weit über einen See. Die Siedlung kann Kilometer entfernt sein.«

Tok-Tok-Tok-Tok! Da war es wieder. Ohne weiteren Kommentar beschlossen wir, die Laute vorerst zu ignorieren. Michaels Karbonrute schnitt surrend durch die Luft; Fangleine und Fliege beschrieben einen eleganten Bogen, bevor sie sanft auf der Wasseroberfläche landeten. Das mußte ich ihm ja lassen: Vom Angeln verstand er etwas. Wenn jetzt auch noch eine Forelle anbeißt ... Bevor ich den Gedanken zu Ende gedacht hatte, ertönte schon ein triumphierender Aufschrei: »Hab' einen dran!«

Die fliehenden Bewegungen des Fisches übertrugen sich auf Leine, Angelrute und Michael: Alle drei machten einen äußerst angespannten Eindruck. Mit rasender Geschwindigkeit lief Schnur von der Rolle. Nachgeben – einholen.

»Das muß ja ein Brummer von Fisch sein. Und wie der kämpft!« rief ich bewundernd aus.

»Ich hol' ihn langsam ran. Wir brauchen den Kescher, Andreas.« Michael sprach ruhig und konzentriert. Ich entdeckte den dunklen Schatten, der hin und her durchs Wasser schoß. Er wollte nicht aufgeben. Meine Hände hielten den Kescher fest umklammert – bereit für den großen Fang.

»Oh, Mann, ist das ein dicker Bursche!« frohlockte ich und hatte Mühe, die zuckende Kreatur im Netz zu halten. Den Rest erledigte Michael: Ein kurzer, krachender Knüppelschlag, dann nahm er mit geübten Händen den Fisch aus und warf die Innereien zurück ins Wasser.

»Ein Prachtexemplar! Schau dir die Färbung der Haut an! Eine Regenbogenforelle im Hochzeitskleid: die Flanken leuchtend rot, zum Bauch hin dann strahlendes Grünblau.« Er war selbst ganz überwältigt, unser Michael.

An diesem Abend blieben keine Wünsche offen: Birgit kreierte ein köstliches Fischmahl, an dem wir auch Kim teilnehmen ließen.

»Sie liebt Wasser und Fisch«, klärte ich Michael auf, »eigentlich hätte sie ein Seehund werden sollen.« Unser Gelächter verlor sich in der Dunkelheit über dem See.

Birgit hielt Kim im Arm und lehnte sich entspannt gegen den Gepäckberg. »Ich finde es einfach herrlich, daß wir wieder fahren.« Ihr Gesicht war ein einziges Lächeln, und aus ihren Augen blitzte die Freude.

»Heute morgen, das war ein Erlebnis!« Michael drehte sich zu ihr um. »Als wir beim ersten Tageslicht das leere Kanu ins Wasser setzten und einfach rauspaddelten ... In der kalten klaren Luft spürte ich die Wärme der Sonne, obwohl ihre Strahlen erst Bruchteile von Sekunden später zwischen den Schneegipfeln sichtbar wurden. Ein wahnsinniger Moment!« Seine Worte berührten mich. Ganz Ähnliches hatte ich auch empfunden.

Stundenlang paddelten wir über die letzten zwanzig Kilometer des Sees. Die Uferlinie wurde immer wieder von kleinen Zuflüssen durchbrochen; irgendwo mußte auch der Yukon weiterfließen.

»Den Abfluß sollten wir eigentlich leicht erkennen können: trichterförmig und mit starkem Sog«, bemerkte ich. In der Karte, die auf meinen Knien lag, war der Yukon River als dünne blaue Schlängellinie eingezeichnet.

»Kannst du was erkennen? Du müßtest den Yukon doch durchs Fernglas sehen können«, löcherte Michael mich ungeduldig.

»Also ein Schild ›Yukon River‹ steht schon mal nicht da«, erwiderte ich leicht gereizt. Die Vielzahl der Einmündungen irritierte mich. Genaugenommen wußte ich nicht weiter; bisher hatten wir nur einlaufendes Wasser gefunden.

»Entweder wir klappern die gesamte Uferstrecke ab – das dauert dann noch ein paar Stunden –, oder wir überqueren den See und schauen mal in der anderen Ecke nach«, schlug ich vor.

Ruckartig setzte Birgit sich auf. Ihre Stimme überschlug sich fast: »Das kommt überhaupt nicht in Frage! Ich habe gelesen, daß sich speziell auf dem Lake Laberge aus dem Nichts Stürme zusammenbrauen können. Ich habe keine Lust, zu kentern und im Eiswasser zu erfrieren!«

»So ein Unsinn!« schimpfte ich. »Keine einzige Wolke am Himmel, ruhiger Wellengang – und außerdem kann unser Boot gar nicht kentern. Immerhin haben wir drei Luftkammern.«

»Aber sieh mal, wie die Dingis schwappen!« Ich versuchte, mich zu beherrschen, und erwiderte möglichst gelassen: »Der Ausfluß muß am westlichen Ufer sein, und da fahren wir jetzt hin!« Damit paddelte ich los.

Mir war sehr wohl klar, daß Birgit innerlich kochte, aber ich überging ihre Angst. Einen dritten Bremsklotz konnten wir nicht brauchen. Zögernd fiel Michael in meinen Schlagrhythmus ein. Birgit verschränkte demonstrativ die Arme über der Brust und verstummte.

Kims Schnauze lag auf dem Rand des Kanus. Lediglich wenn ihr ein interessanter Duft in die Nase stieg, hob sie den Kopf. Das Schauspiel der hüpfenden und Kreise ziehenden Wellen beobachtete sie mit unendlicher Geduld. Wenn wir uns stritten, waren wir Luft für sie. Kluger Hund, dachte ich.

Birgit hockte im Boot wie ein Buddha. Obwohl ich ihr Gesicht von hinten nicht sehen konnte, vermutete ich allerdings, daß sie sein mildes Lächeln nicht aufgesetzt hatte.

»Du kannst dich entspannen. Wir haben die Seemitte hinter uns«, startete ich einen lauen Versöhnungsversuch. Keine Reaktion.

Michael mischte sich ein: »Ziemlich felsig das Ufer. Laß uns zu der Einbuchtung da fahren.« Er zeigte mit ausgestrecktem Paddel nach vorn.

Im klaren Seewasser tauchten graue Kiesbänke auf. Ich steuerte das Kanu in tieferes Wasser zurück. Die Karte war wirklich sehr grob; Details ließen sich nicht ausmachen. Nach einigen hundert Metern erreichten wir den Anfang der Bucht: zum Wasser hin abfallende Kiesstrände, bewachsen mit struppigen, ausgeblichenen Grasbüscheln. In enger Nachbarschaft neben Erlen und Weiden standen hohe Fichten, die sich bis in die oberen Regionen der Berge hinzogen.

Landzungen, die sich in den See hinein erstreckten, verlängerten die Uferlinie, der wir so nah wie möglich folgten. Hinter jeder Biegung vermuteten wir den trichterförmigen Ausfluß des Yukon Rivers. *Tok-Tok-Tok-Tok* widerhallte es in unseren Ohren. Wie auf Kommando sausten unsere Köpfe herum: Lediglich Bäume waren zu sehen. Wo blieb die dicke schwarze Dieselwolke?

Tumultartiges Flügelschlagen. Kieselsteine fliegen durch die Luft, Zweige brechen, und ohrenbetäubendes *Tok-Tok-Tok-Tok* ist zu hören. Kim rennt in Riesensätzen über den Kies. Sie ist einfach aus dem Boot gesprungen und durchs Wasser gesprengt. Sie ist auf Jagd! Und da sehen wir, woher der Lärm kommt: Schwarzbraune Rauhfußhühner sitzen in den Bäumen. Kläffend springt Kim an den Stämmen hoch und versucht, irgendwie an die Vögel heranzukommen. Die beantworten ihre Aktion mit nervtötenden Rufen. Ich pfeife meinen Hund zurück; der Lärm ist nicht auszuhalten.

»Also das ist die Siedlung!« prustete Birgit heraus.

»Solche Viecher habe ich ja noch nie gesehen«, war Michaels enttäuschter Kommentar.

»Die gab's sogar mal bei uns in *Old Germany*«, warf ich lachend ein.

Wir machten, daß wir außer Reichweite kamen. Kim stand knurrend und sprungbereit im Boot; sie ließ die Hühner immer noch nicht aus den Augen.

Ganz sachte, fast unmerklich, veränderte sich die Strömung, als wir eine große bewachsene Kiesbank umfuhren.

»Ich glaube, ich spüre den Sog«, rief Michael aufgeregt. Er saß zuvorderst im Bug und hatte den besten Ausblick auf die Wasseroberfläche. Ganze unspektakuläre fünf Meter bot das Ufer Platz, um das Wasser als später so mächtigen Yukon River vom Lake Laberge durch Kanada und Alaska strömen zu lassen.

Voll stiller, heimlicher Freude taten wir die ersten Paddelschläge, bis es aus uns herausbrach und wir in den grünen Fichtendschungel brüllten: »Wir haben ihn!«

Doch mit zunehmender Geschwindigkeit legte sich unser Freudentaümel. Ehe wir es so recht begriffen hatten, war die Talfahrt schon in vollem Gange. Nach zweihundert Metern öffnete sich die Landschaft und gab den Blick auf den Lauf des Yukons unter uns frei: ein breites, dicht mit Fichten bestandenes Tal, begrenzt durch hohe Berge. Auf zwei Kilometern Länge stürzte sich der Fluß abwärts. Von oben konnten wir auf die Wipfel der zwanzig Meter hohen Fichten hinabschauen. Wirbel und Strudel bildeten sich um kantige Gesteinsbrocken, die den Fluß belagerten. Baumstämme, ineinander verkeilt, wurden engumschlungen stromabwärts getrieben. Dem unnachgiebigen Gesetz der Gravitation folgend, nahm der Yukon alles und jedes im steilen, stetigen Gefälle mit sich hinab.

In meinen Magen bohrte sich ein Gefühl, als säße ich in der Achterbahn. Die Bugwelle, verursacht von unserem durchs Wasser schneidenden Kanu, rollte mitschiffs, schwoll auf den höchsten Punkt – und schwappte über die niedrigen Seiten der Bordwand ins Boot.

»Birgit, zieh die Plane fest!« überschrie ich das Rauschen des Wassers. In wilden Bewegungen schwankte das Kanu von einer Seite zur anderen. Auf Slalomkurs steuerte ich unser Gespann, ritt darin über die Wellen. Jetzt bewährten sich die beiden Dingis: Die Bremsklötze verringerten unsere Geschwindigkeit und machten ihrem Namen alle Ehre.

Ich war viel zu beschäftigt, um zu realisieren, daß wir schließlich auf gleiche Höhe mit den Fichten kamen.

»Ich glaube, wir sind unten«, vernahm ich schwach Michaels Stimme. Wie eine nasse Katze schüttelte ich mich. Während der rasanten Fahrt mußte ich in einem anderen Bewußtseinszustand geschwebt haben: die silbernen Sterne auf den Wellen, Forellen im Hochzeitskleid, der harzige Geruch der Nadelbäume …

Das sprotzende und knisternde Lagerfeuer jedenfalls war Wirklichkeit. Wenn es eine Farbe gibt, die schwärzer als pechschwarz ist – die Nacht im Yukontal verdiente diese Bezeichnung. Undurchdringliche Finsternis umgab unser hell aufflackerndes Feuer; der Polarstern schien aus unendlicher Weite zu uns herab. Es hatte den Anschein, als seien wir die einzigen Menschen auf diesem Teil des Globus.

3

Rapids

Die Talfahrt hatte uns sechshundert Meter tiefer gebracht. Am steinigen Yukonufer erinnerten nur noch Reste einer weißlich schimmernden Kruste an unser eisiges Abenteuer. Mit seiner Höhe von sechzehnhundert Metern über dem Meeresspiegel war der Lake Laberge ja eigentlich ein Gebirgssee inmitten der Rocky Mountains.

Während der letzten zwei Tage Schußfahrt hatten wir hart arbeiten müssen. Mit Sonnenuntergang waren wir todmüde aus dem Kanu direkt in unsere Schlafsäcke geklettert, innerlich kaum aufgewärmt von einem schnellen Dosengericht, das wir im Liegen auf dem Gaskocher zubereiteten. Doch sobald die Sonne über die Bergkämme stieg, fiel helles, wärmendes Licht in unser Zelt. Wir bereiteten Kaffee mit Yukonwasser und frühstückten lange und ausgiebig, rüsteten uns für den neuen Tag auf dem Fluß.

Bereits kurz nach dem Ablegen verengte sich der Lauf des Yukons zu einem schmal dahinschießenden, glitzernden Wasserband. Für Momente versank meine Aufmerksamkeit in den glasklaren Fluten. Der Grund war übersät mit Steinbrocken aller Größen und Formen – dunkelgrau bis kieselweiß reflektierten sie die einfallenden Sonnenstrahlen. Im lichtdurchfluteten Wasser begleiteten Forellen und Äschen unsere Fahrt, drehten verschreckt ab, wenn mein Paddel sie zu berühren schien.

»Ich würde am liebsten eine Schleppangel auslegen«, fieberte Michael, obgleich er wußte, daß die Angelschnur höchstens für Sekunden frei im Wasser treiben würde.

Als mit einem *Plopp* ein mächtiger, rundgeschliffener Fichtenstamm unmittelbar vor dem Kanu an die Wasseroberfläche trieb, reagierten wir blitzschnell. Ich drückte mein Paddel mit aller Kraft gegen die Strömung. Immerhin mußte ich vierhundert Kilo abbremsen. Michael unterstützte instinktiv die ausbrechende Bewegung des Bootes. Haarscharf paddelte er uns an dem rollenden Stamm vorbei.

Weit gefährlichere Hindernisse waren noch die massigen Felsbrocken, von denen nur die Spitze aus dem Wasser ragte. Die schaumgekrönten Wellen, die sie umspielten, machten es unmöglich, ihre genaue Lage unter Wasser abzuschätzen. Für das scharfkantige Gestein war unsere Glasfiberhaut ein gefundenes Fressen.

Sintflutartig brachen sich auch immer wieder Wellen am Bug des tief im Wasser liegenden Kanus und schwappten an der niedrigsten Stelle über Bord – genau da, wo Birgit saß. Sie traf es wirklich am härtesten: Wasser von oben und Kälte von unten. In der Mitte zwischen dem Gepäck eingepfercht, trennte sie lediglich der zusammengerollte Schlafsack vom eisigkalten Bootskiel.

»Ich bin völlig durchnäßt. Laßt uns mal ans Ufer!« Unwirsch schlenkerte sie mit den Armen, um die letzte Ladung Wasser möglichst schnell loszuwerden.

»Halt nach rechts! Siehst du da vorn die abgekippte Fichte?« rief ich Michael zu. Wie sich ein Baum im 180-Grad-Winkel an dem steinigen, humuslosen Ufer halten konnte, wußte ich nicht zu erklären. Ich reihte ihn einfach als weiteres Wunder der Natur ein. Unser Anlegemanöver hatte einiges mit einer Notbremsung beim Skilaufen gemeinsam. In letzter Sekunde gelang es, den Bogen nach rechts einzuleiten, und mit viel zu großer Geschwindigkeit schossen wir auf das Ufer zu. Krachend rammte das Boot gegen knüppeldicke Baumwurzeln und schrammte über Steine. Erschrocken blickte ich auf.

»Glaubst du, es wird uns je gelingen, einmal völlig ruhig und gesittet anzulegen?« Kopfschüttelnd stieg Michael aus und vertäute die Leine an der Fichte, die wie ein Landungssteg über den Fluß hinausragte.

»Wir können aber nicht mit der Strömung anlegen. Dann würden uns die Dingis querziehen, und dann …« Was weiter passieren konnte, wollte ich mir gar nicht erst ausmalen. Lieber ließ ich mir von Michael einen heißen Tee aus der stählernen Thermoskanne »Made in USA« einschenken.

Nach der Teepause kletterte unser Banker ein Stück weit das Ufer hinauf und hielt auf einem Teppich aus weichen Tannennadeln ein Nickerchen. Er streckte alle viere von sich, die Baseballkappe tief ins Gesicht gezogen. »Ich kann nur im absolut Dunkeln schlafen«, hatte er gemeint, als ich ihm von der Sommersonnenwende erzählte. Hier war sie schon zu spüren. Je weiter der Juni voranschritt und je näher wir dem Polarkreis kamen, desto heller wurden die Nächte. Am einundzwanzigsten Juni würde die Sonne im Zenit stehen.

Birgit kuschelte sich an meinen Rücken und rollte ihren Kopf zwischen meinen Schulterblättern hin und her. »Geht's dir gut?« fragte ich und streichelte ihren Arm. Den zarten Gegendruck im Rücken faßte ich als »Ja« auf. Wir müßten auch mal wieder einen *kleinen Spaziergang* machen, dachte ich im stillen. War ja schon Urzeiten her, daß wir miteinander geschlafen hatten! Vor zwei Wochen campierte Michael extra eine Nacht unter der Abdeckplane. Doch die halbe Zeit diskutierte Birgit mit mir, ob eine Zeltwand nun so dünn sei wie Papier oder nicht.

»Ich kann das nicht, wenn ich weiß, daß Michael mithört!« wehrte sie meine Annäherungsversuche ab. Seitdem war für sie das Zelt tabu, und ich hielt nach anderen Gelegenheiten Umschau. Wohlig spürte ich jetzt die Wärme ihres Körpers. Auch so ein kleines Wunder, daß sie auf meinen Trip mitgegangen war. Denn eine Abenteurerin war sie nun wirklich nicht. Sie wollte einfach nur mit mir zusammensein.

»Ein halbes Jahr oder länger ohne dich? Kommt gar nicht in Frage!« waren ihre Worte, als ich von meinem Vorhaben erzählte.

»Schau mal, unsere Kim leckt sich ihre Ration direkt aus der Leitung.« Bis zum Bauch stand der Hund im reißenden Wasser und versuchte, in die hüpfenden Wellen zu beißen.

»Nur noch ein paar Kilometer bis zum Zufluß des Teslin Rivers.« Michael war aufgewacht und hatte sich über die Karte gebeugt. Mit dem Zeigefinger fuhr er den Flußlauf ab. »Danach erreichen wir endlich eine Siedlung: Carmacks am rechten Ufer.«

»Pommes mit Mayo … und Zigaretten!« Birgit leckte sich genießerisch über die Lippen.

»Ja, Zigaretten! Dieses Mal decke ich mich aber besser ein«, sagte Michael mit Nachdruck.

»Ihr alten Schmöker!« Es war noch gar nicht lange her, daß ich mir das Rauchen abgewöhnt hatte. Trotzdem – die Vorstellung, einmal wieder an einem Zigarillo zu ziehen, gefiel sogar mir gut. Kim wollte schon wieder los. Sie saß bereits im Kanu und schaute erwartungsvoll vom einen zum anderen. Wir nahmen das als Zeichen zum Aufbruch. Mit einer geradezu meisterhaften Wende übergaben wir unser Boot der Führung des Flusses.

Ungefähr einen Kilometer voraus verschwand der Flußlauf urplötzlich. Eine scharfe Linksbiegung radierte ihn einfach aus. Statt der bewaldeten Berge tauchten rechts und links steile Felsen auf.

»Ich glaube, da beginnen die Serpentinen. In der Karte sind vier Kurven eingezeichnet, bevor von rechts der Teslin in den Yukon River fließt«, informierte uns Michael.

Manchmal beneidete ich ihn um seinen »unverbauten« Blick nach vorn. Obwohl mein Sitz im Heck erhöht war, hatte ich vor allem seine breiten Schultern vor Augen. Ich schätzte, der Canyon, durch den wir jetzt fuhren, war ungefähr fünfzehn Meter breit. Mit großer Geschwindigkeit trieb uns der Yukon durch die enge, sonnenlose Schlucht. Herabgestürzte Felsbrocken und Steinhalden, übersät mit gestrandeten Ästen und Stämmen, formierten sich zu unbegehbaren Ufern.

»Diese Mondlandschaft sieht ja irre aus!« rief Birgit. Das widerhallende Getöse des Flusses drohte ihre Worte zu verschlucken.

»Eine kleine Höllenfahrt«, schrie ich zurück und duckte mich unter dem aufspritzenden eiskalten Wasser weg. »Michael! Die Dingis brechen aus!«

Wie von Geisterhand gelenkt, steuerten die Gummiboote nach rechts auf einen mächtigen Felsen zu, der vom Ufer bis in unser Fahrwasser hineinreichte.

»Halt vorne gegen!« rief ich. »Wenn die Dingis aufgeschlitzt werden, saufen sie sofort ab. Meine Filmrollen!« Ich weiß nicht, wieso, aber plötzlich hatten wir die Kurve passiert, und die Dingis hopsten immer noch unbeschadet hinter dem Kanu her.

»Die nächste Kurve müssen wir mehr mittig nehmen und vorher leicht abbremsen.« Es funktionierte. Wir stimmten unsere Paddelschläge möglichst perfekt aufeinander ab und hangelten uns so von Biegung zu Biegung.

»Ich bin von oben bis unten durchweicht und total durchgefroren!« Michael schüttelte sich wie ein nasser Pudel und schimpfte vor sich hin. Ich war ganz froh, daß ich nicht viel davon verstand.

»Immer dasselbe Spiel! Wir haben ziemlich viel Wasser übergenommen. Mein Schlafsack ist klitschnaß!« Birgit zog ein klumpiges, triefendes Etwas hervor. Kim suchte sich indessen verzweifelt ein neues sicheres Plätzchen und quetschte sich zwischen Kisten und Kasten.

Wir waren einfach zu beschäftigt gewesen, um die plötzliche Veränderung zu bemerken, die mit der Landschaft vorgegangen war. Wie ein Trichter hatte sich das Tal geöffnet. Ein kilometerweites Hochplateau breitete sich aus, das in der Ferne von einer schneebedeckten Gebirgskette begrenzt wurde. Hohe Fichten, so weit das Auge reichte. Zum Ufer hin dünnten sie aus und ließen Platz für Erlen, Birken und Espen. »Wie es hier sprießt – alles neue Blätter!« rief ich begeistert. »Wir fahren in den Frühling!«

»Zufluß voraus!« Michael beugte sich vor. Neugierig erhob ich mich von meinem schwankenden Sitz. Unmengen von schlammiggrauen Wassermassen wälzten sich aus dem Teslin River. Ohne Unterlaß drängten sie in den kristallklaren Yukon. Mit seiner schnellen Strömung widerstand der fürs erste den eindringenden Fluten und hielt sie ganz ans rechte Ufer gedrückt. Bestimmt einen halben Kilometer weit zog sich die milchig-graue Fahne nach und nach in meinen Fluß hinein.

»Hast du diese Hechte gesehen?« Michaels Hand fuhr durch die Luft. »Genau im Grenzbereich standen sie: mit dem Körper im trüben Wasser, während ihre Augen im Klaren auf Beute lauerten. Typisches Raubfischverhalten!« Unser Banker war schlichtweg entzückt. Mich hingegen überfiel eine seltsam niedergeschlagene Stimmung.

Unweit des Zusammenflusses setzten wir das Kanu knirschend auf einen kiesigen Strand auf. Es war das erste Mal, daß wir mit der Strömung anlegen konnten und nicht erst unsere obligatorische Wende fahren mußten.

Schon beim Auflaufen sprang Michael voll Ungeduld ans Ufer, zog die Leine straff und beschwerte sie mit einem dicken Stein. Er war im Jagdfieber. Noch bevor Birgit und ich aus dem Boot klettern konnten, hatte er zwischen uns gelangt und zerrte seine Angelrute und die einem Aktenkoffer ähnliche Schachtel mit den Ködern aus dem Gepäckberg: »Ich fang' uns jetzt erst mal einen kapitalen Hecht!«

»Meine Güte, du bist ja gar nicht zu bremsen. Immer mit der Ruhe!« Er ging mir auf die Nerven mit seiner Hektik. Unschlüssig verfolgte ich sein Treiben. Ich wollte jetzt lieber allein sein. Im Umdrehen murmelte ich so etwas wie eine Entschuldigung und stapfte am sandigen Ufer flußabwärts. Unterhalb des Zuflusses war die Fließgeschwindigkeit des Yukons nur noch halb so groß, und je träger die Wassermassen wurden, desto mehr breitete sich die Schlickfahne aus. Mein kristallklarer Fluß verwandelte sich langsam, aber sicher in einen trüben, hellgrauen Strom. Noch ahnte ich nicht, daß sich das nie wieder ändern sollte.

»Andreas! Andreas!« Michaels Rufe rissen mich aus meinen trübsinnigen Gedanken. »Hier gibt es jede Menge Hechte!« Er schwenkte die Angel wie eine Fahne. Ich rannte zurück. Triumphierend zeigte er mir seine bereits aufgeschnittene Beute.

»Das gibt es doch nicht! So ein Vielfraß! Dieser Bursche hat noch eine Äsche im Leib und beißt schon wieder auf den Blinker.« Unglaublich. Der nur wenig kleinere Beutefisch füllte den Hecht fast komplett aus. Ich griff danach und untersuchte ihn. Bei genauerem Hinsehen stellte ich fest, daß sich der Kopf der Äsche bereits zersetzte. »Die sollten wir Kim gönnen!«

Als Kim ihren Namen hörte, kam sie sofort herangejagt. Im Laufen schnappte sie nach dem Fisch. Du stehst dem Hecht aber auch in nichts nach, dachte ich und schämte mich. Gierig verschlang mein Jagdhund die Äsche. Ich war mir nicht einmal sicher, ob er den Brocken überhaupt zerkaut hatte.

»*Sechs* Hechte hatte ich am Haken! Der kapitalste liegt vor euch – ein Prachtexemplar.« Michael klatschte dem Hecht deftig auf die Flanken. Augenblicklich prusteten Birgit und ich los. Wir hatten den gleichen Gedanken: Popoklatschen. So war es also um Michaels Beziehung zu seinen Fischen bestellt … Unserem stolzen Angler sah man es an: Er ahnte nicht im entferntesten, worüber wir uns amüsierten.

In Alufolie gewickelt, garten zwei Hechte auf der Astgabel, die Michael kunstvoll mit seinem Riesenhirschfänger zurechtgeschnitten hatte. Von dem prasselnden Lagerfeuer stiegen Duftschwaden auf, die der Wind über den Fluß hinweg trieb.

»Ich hoffe nur, daß wir keine Bären anlocken«, frotzelte ich.

Breitbeinig und schwerfällig tappte ich ums Feuer. Dabei brummte ich drohend.

»Du ähnelst mehr einem Gorilla«, spottete Michael.

»Auf Kim macht das aber Eindruck«, verteidigte ich mich. Der Hund tänzelte irritiert und stellte die Ohren auf.

»Nun mach sie doch nicht verrückt!« Birgit war empört und rief Kim zu sich. Wenn ich ihnen jetzt von meiner Entdeckung erzählte – sie würden es nicht glauben.

Auf meinem Alleingang am Nachmittag hatte ich im feuchten Ufersand frische Raubwildfährten entdeckt. Beim Anblick dieser Trittsiegel gefror mir der Blick: klodeckelgroße Tatzenabdrücke, ohne Zweifel von einem ausgewachsenen Grizzlybären. Die leicht gebogenen und extrem langen Krallen schätzte ich auf fünfzehn Zentimeter. Wie lange mochte es wohl dauern, bis der Grizzly sie auf eine passendere Länge abgelaufen haben würde? Ich wußte, daß Bären über Monate Winterruhe halten und in dieser Zeit nur äußerst selten Nahrung aufnehmen. Sie zehren von den Reserven, die sie sich im Sommer angefuttert haben. Zudem unterstützt der auf ein Minimum gesenkte Stoffwechsel den auf Sparflamme vegetierenden Körper. Daß aber die Nägel so stark weiterwachsen? Die Spur lief in die unserem Lagerplatz entgegengesetzte Richtung. Das hatte mich beruhigt.

»Ich platze gleich! Schade, daß wir ›Fisch bis zum Umfallen‹ essen müssen. Das kann einem den ganzen Appetit verderben! Wir müßten ihn haltbar machen … räuchern.« Michael wischte sich mit einer Serviette den Mund ab.

»Das sind ja ganz schöne Zivilisations-Hämmer: Gourmetessen mit Serviette und Tischbeleuchtung!« Ich wedelte mit den Papiertüchern in Richtung Lagerfeuer.

»Apropos Zivilisation! Wie wär's hin und wieder mit ein bißchen Hygiene?« Demonstrativ fuhr sich Birgit durchs frischgewaschene Haar. Feixend rieb ich meinen inzwischen üppig gewachsenen Bart.

»Ich werd' mich nie mehr rasieren, und mein nächstes Vollbad nehme ich irgendwann im Sommer, wenn das Wasser im Fluß angenehm warm ist!« versprach ich augenzwinkernd. Humorlos zeigte Birgit mir die kalte Schulter und verschwand im Zelt.

»Abgesehen davon, daß meine Frau *niemals* auf so einen Trip mitkäme, würde sie noch nicht einmal im Zelt schlafen, selbst wenn ich es mitten in unser Wohnzimmer stellte – Heißwasser durch die nächste Tür!«

»Trotzdem versteht ihr euch doch gut, oder?«

»Wenn wir zusammen in Urlaub fahren, mieten wir Autos und buchen Hotels.« Michael stocherte in der schwach glimmenden Glut. »Paddeln auf dem Yukon in der Einsamkeit der Wälder ist genau das, was ich mir seit Jahren verkniffen habe. Erst als du anriefst und mich fragtest, kam alles wieder hoch.« Abrupt stand er auf und legte mir freundschaftlich eine Hand auf die Schulter. Das Feuer war heruntergebrannt; die letzten Glutstücke traten wir gemeinsam aus. Kein Laut ließ sich vernehmen. Umgeben von hell flimmernden Sternen hing die silberne Sichel des Mondes über den Rockies am Himmel.

»Ach, Paddeln ist doch herrlich!« verkündete Michael am nächsten Morgen unternehmungslustig und zog sein Blatt mit gleichmäßigen Schlägen durch die milchigen, trägen Fluten. Als stattlicher Strom von nunmehr dreißig Metern Breite beherrschte der Yukon die Landschaft.

Kim hatte pausenlos Witterung. Sobald ihr etwas unerhört Aufregendes in die Nase stach, zitterte sie wie Espenlaub, und es hatte den Anschein, als wolle sie während der Fahrt abspringen.

»Kim … Platz!« Meine Worten verhallten ungehört. »Birgit, leg ihr doch vorsichtshalber die Leine an … ich trau' dem Braten nicht!« Das hätte noch gefehlt, daß sie abtaucht und im Busch verschwindet, dachte ich entrüstet.

»Seht mal, am rechten Ufer hinten im Wald. Ein Holzhaus!« Michael fuchtelte aufgeregt mit dem Paddel.

»Oh, ja, ein Riesending mit mehreren Stockwerken. Scheint unbewohnt zu sein; es steigt kein Qualm auf.«

»Auf der Karte ist aber keine Markierung.« Michaels Bemerkung spornte meinen Forschergeist an.

»Ist egal. Laßt uns mal nachschauen. Vielleicht ist in der Hütte noch was Interessantes drin.« Ich steuerte von der Flußmitte auf die Uferböschung zu. »Da war gerade ein Seitenarm!« rief ich und paddelte im Rückwärtsgang. Wucherndes Schilfgras verdeckte den Einschnitt. Michael brauchte einen Moment, ehe er den plötzlichen Gangartwechsel begriff. Mit dem Bug voraus fuhren wir in den schmalen Durchlaß ein.

»Fließgeschwindigkeit gleich Null. Ist bestimmt eine Sackgasse«, überlegte ich laut.

Eigentlich wußte keiner von uns, warum wir auf leisen Sohlen durchs Unterholz schlichen. Dürre Zweige knackten exlposionsartig, wenn wir darauf traten.

»Mann, das ist ja gar kein Haus!« Meine Stimme überschlug sich fast: »Das ist ein uralter Schaufelraddampfer!« Jeder Schritt, den wir näher herankamen, ließ das Schiff imposanter erscheinen.

»Ein Mississippi-Dampfer, mitten im Urwald festgewachsen!« Fassungslos starrte Michael auf das Relikt aus Pionierzeiten. Den Kopf weit in den Nacken gelegt, ließ er den Blick über den rußigen Schornstein wandern, den die Natur mit einem feinen Grünschleier bemalt hatte. Der Schlot endete knapp unter den Baumwipfeln.

Im Halbdunkel des Urwalds schmolz Michaels Körperlänge auf einen Meter zehn zusammen: ein kleiner Junge in kurzen Hosen, die spindeldürren Beine mit Kniestrümpfen und Halbschuhen bekleidet. Stirnrunzelnd versuchte er, hinter das Geheimnis zu kommen: Wieso liegt das Schiff auf Land? Wer hat es hier hochgeschleppt, so weit vom Fluß entfernt? Wie lange ist das her? Was ist mit den Leuten passiert? Wo wollten sie überhaupt hin? Waren es Goldgräber? Ein stummer Zeuge und unsere Fantasie waren die einzigen, die Antwort geben konnten.

Über dem ausladenden Bug des Dampfers spannte sich undurchdringlich das Blätterdach des Urwalds. Seit Jahrzehnten war durch das dichte Laubwerk der Espen und Erlen kein direktes Sonnenlicht hier herunter gedrungen. Der Zahn der Zeit hatte ungehindert an der Schiffshaut nagen können: verrottete, morsche Fichtenbretter waren alles, was er vom Bug noch übriggelassen hatte. Der vordere Teil der Decksbeplankung war am stärksten in Mitleidenschaft gezogen. Im unergründlichen Dunkel ausgefranster Löcher ahnten wir den unter einer Lage modriger Blätter begrabenen Kiel. Ein muffiger, fauliger Geruch lag in der Luft.

Doch die Kastenaufbauten und das Heck waren im schützenden Sonnenlicht erhalten geblieben. Birken umstanden dort das Schiff.

Der einst weiße Außenanstrich war auf dem ausgeblichenen, gräulich schimmernden Holz kaum noch auszumachen. Ziehen – schieben – drücken: In Teamarbeit erklommen wir die drei Meter hohe Bordwand. Knarrend federten die Planken, als wir vom Hauptdeck in die untere Etage der Aufbauten stiegen. Wir staunten nicht schlecht: Wie Riesenfässer geformt, standen vier rostige, ansonsten aber gut erhaltene Heizkessel nebeneinander. Eine der kleinen eisernen Feuerungstüren war offengeblieben; dahinter sah man den leeren Rost. Unter der Decke liefen Rohre entlang, die sich in alle Richtungen verzweigten.

»Die hatten ein Luftheizsystem – daher auch die zwei Schornsteine!« Michaels anerkennender Pfiff galt den Erbauern des alten Schaufelraddampfers. In einem niedrigen, länglichen Raum zogen sich Schlafkojen die Wände entlang, immer zwei übereinander. Die abgenutzten, von den Bündeln der Schläfer blankgeriebenen Bretter regten meine Fantasie an.

Jonathan, Sam, Mike … und wie sie alle heißen mochten: bärtige, ausgemergelte Gestalten, in deren Augen das Goldfieber glänzt. Sie haben alles zurückgelassen: Frau, Kinder, Hab und Gut. Zusammengepfercht mit Gleichgesinnten, vertreiben sie sich auf der wochenlangen Flußfahrt die Zeit mit Kartenspielen und Träumen von pfundschweren Nuggets, hecken Pläne aus, wo und wie man am schnellsten reich wird. Rauchend und lärmend sitzen sie auf den grobgezimmerten Stühlen, schmettern Spielkarten auf gescheuerte Tischplatten. Whisky und Rum sollen das Heimweh und die Angst vor dem Unbekannten kurieren.

Mein Blick glitt über umgeworfene Stühle und verwaiste Tische. Im Labyrinth der Mannschafts- und Stauräume suchten wir die Treppe, die nach oben führte. Zwischen wirren Knäueln losgerissener Kabel hindurch, die sich wie Lassos um unsere Beine schlangen, stiegen wir ins Steuerhaus.

»Die Schiffsglocke aus Messing und das Steuerrad aus Walnußholz fehlen. Schade, die hätte ich gern mit nach New York genommen!«

»Das hat sich schon jemand vor dir gedacht«, lachte ich und boxte Michael in die Seite. Hier war alles ausgeräubert, wie leergefegt. Von oben wirkten die Löcher im Bug noch gewaltiger. Durch die Höhlung eines Fenstervierecks zum Heck hin schauten wir nach unten auf das sogenannte Sonnendeck. Die wettergebleichte Persenning existierte noch als ganzes Stück. Dort, wo sie sich aus den Ösen gerissen hatte, schmirgelte sie bei jedem Windstoß über die abgetretenen Decksplanken. Das Aufflattern des Stoffes hatte etwas Eigenwilliges, hauchte dem toten Dampfer Leben ein.

Nacheinander kletterten wir die Fragmente einer Außentreppe hinab. Unpraktisch schmal, diese Stufen. Wo wohl die Kerle mit Schuhgröße sechsundvierzig ihre Füße gelassen hatten, fragte ich mich belustigt.

Ein Schaufelrad hatte ich bislang nur in amerikanischen Spielfilmen gesehen. In der Realität wirkte es viel imposanter: über zwei Meter im Durchmesser, die Schaufeln oder Paddel symmetrisch im Rund angeordnet. Das handwerkliche Meisterstück krönte das Heck des Schiffes. Michael und ich waren uns einig, daß ein Schaufelrad im Verhältnis zur PS-Leistung der Maschine den größeren Wirkungsgrad haben muß, deutlich größer als die heutigen Schiffsschrauben.

»Ich kann den Namen noch entziffern«, unterbrach Birgit unsere Fachsimpelei. Fast verdeckt von den Schaufeln, schimmerten ausgeblichene Druckschriftlettern am Heck. Birgit war begeistert: *Northcamp* – ein Name, der für Abenteuer und Tollkühnheit stehen mochte.

Um die hundert Mann mit Sack und Pack lebten, auf engstem Raum zusammengedrängt, auf so einem Schaufelraddampfer. Schließlich mußte sich die risikoreiche Fahrt für den Kapitän lohnen. Aus allen Teilen der Welt kamen sie Ende des letzten Jahrhunderts, als der Ruf des Goldes ganz Nordamerika in Aufruhr versetzte und Hunderttausende gen Norden zogen. Von San Francisco und Seattle aus transportierten Frachtschiffe die Männer entlang der Westküste des Kontinents bis in den Golf von Alaska. Ihr Ziel war der Hafen von Skagway.

Jener Ort war der ideale Ausgangspunkt für das größte Abenteuer des letzten Jahrhunderts. Wer den ersten »Ausleseprozeß« der entbehrungsreichen und gefährlichen Seefahrt überstanden hatte, mußte sich zu Fuß weiterkämpfen: auf dem Chilkoot-Trail über einen hochgelegenen Gebirgspaß. Dahinter zimmerte man sich ein Floß oder ein Kastenboot, das aussah wie ein Kleiderschrank ohne

Türen, und schipperte über den Ausläufer des Bennet Lakes, bis irgendwann Whitehorse erreicht war. Gegen teures Geld transportierten Schaufelraddampfer von dort Männer und Material auf dem Yukon River bis nach Dawson und brachten sie zum Klondike, dem endgültigen Ziel: Hier lagen die berühmtesten Goldfelder Nordamerikas.

Die Mississippi-Schaufelraddampfer bewährten sich im hohen Norden. Mit ihrem flachen Kiel rutschten sie unbeschadet über Kiesbänke und waren selbst in flachen Gewässern noch zu rangieren. Ihr Kraft- beziehungsweise Brennstoff wuchs entlang des Flusses: Holz. Im Abstand von jeweils hundert Kilometern errichteten clevere Holzfäller, sogenannte *Woodchopper,* Holzlager. Auf Meterlänge zugeschnittene Fichtenstämme hielten sie am Ufer für die Schiffer bereit – ein teurer Luxus. Die weniger Betuchten waren gezwungen, unterwegs Pausen einzulegen und mit vereinten Kräften Bäume zu fällen und zu zersägen. Die damit verbundene Zeitverzögerung fürchteten allerdings die meisten, denn als grimmiger Feind lag der arktische Winter immer auf der Lauer. Unberechenbar konnte er zuschlagen. Dauerte die Fahrt nur eine oder zwei Wochen länger als geplant, war auf dem gefrierenden Fluß kein Weiterkommen mehr. Damit es nicht von den Eismassen zusammengedrückt und damit leckgeschlagen wurde, mußte das Schiff an Land gezogen und aufgedockt werden. Ohne Reserven an Lebensmitteln, Kleidung, Decken und vor allem ohne ausreichende Munition war das Überleben im Busch bis zum nächsten Frühjahr oft unmöglich.

Fabulierend hockten wir drei vor dem Dampfer und ließen unserer Fantasie freien Lauf. »Unserem Schiff hier kann das auch passiert sein«, sinnierte Michael. Birgit kam auf die Idee, es könne an Bord eine Seuche ausgebrochen sein und Mann für Mann dahingerafft haben. Zu schade, daß das Rätsel ungelöst blieb! Die jetzigen Passagiere konnten uns leider keine Auskunft geben: Eichhörnchen richteten ihre Nester her, fegten mit lautem Gekreische über die Planken und verschwanden mit Gräsern und Stöckchen im Unterbau. Die Balzgesänge der Vögel ließen ahnen, daß auch sie sich in Kürze in Winkeln und Nischen daran machen würden, ihren Nachwuchs großzuziehen.

»Ich schätze, die *Northcamp* liegt seit ungefähr achtzig Jahren hier auf dem Trockenen«, sagte ich und zeigte auf die umstehenden Laubbäume. »Die Birken kann es vorher nicht gegeben haben. Sie hätten im Weg gestanden, als man das Schiff aufs Land zog.« Ich sah es Michael an: Im Geiste dockte er gerade die *Northcamp* auf.

»Die hätten das Riesenschiff doch niemals so weit in den Busch schleifen können«, rätselte er. »Ich schätze, daß sich der Flußlauf um vielleicht fünfzig oder achtzig Meter verschoben hat.« Es folgte eine bedeutungsschwere Pause. »Alles unterliegt stetem Wandel.« Damit schloß ich philosophierend unser Gedankenabenteuer ab.

Eine triefend nasse Kim kam die Böschung heraufgesprungen und schüttelte sich kräftig. Der Schaufelraddampfer verschwand hinter feinem Sprühnebel. Mit der Kraft von nur zwei Paddeln fuhren wir weiter stromabwärts.

Menschen in Jeans und T-Shirt rattern in Pick-up-Trucks über frostgesprengten Asphalt. Rostige, scharfkantige Kotflügel schlagen scheppernd im Fahrtwind. In jedem Schlagloch, das die abgefahrenen Reifen finden, bäumen sich die uralten Karossen knirschend auf. Carmacks: Berührung mit der zivilisierten Welt. Der Ort hat Anschluß an den Klondike-Highway und ist Standort einer von drei Brücken, die den Yukon River mit seiner Gesamtlänge von immerhin 3200 Kilometern an verschiedenen Stellen überspannen.

Ausgesprochen freundlich waren die Bewohner nicht. Eine Gruppe von Männern werkelte an einem Aluminiumboot. Struppiges schwarzes Haar lugte unter Schirmmützen hervor, Zigaretten hingen schief in Mundwinkeln. »Hallo!« begrüßten wir die Indianer. Ohne einen Gesichtsmuskel zu verziehen, blickten sie kurz auf.

Unsere erste Yukonsiedlung bestand aus einer überschaubaren Zahl primitiver Flachbauten, vorwiegend aus Sperrholz gezimmert, die wirkten, als wären sie in aller Eile aufgestellt worden. Dünne Fetzen Rauch stiegen aus den kurzen Alupfeifen auf den Dächern. Schachbrettartig angeordnet, entsprach diese Siedlung genau meiner Vorstellung von einer typisch amerikanischen Planstadt. In den Vorgärten verrotteten Autowracks, mit alten Reifen und unzähligen Aludosen garniert. Kinder und Hunde vergnügten sich lärmend zwischen dem Schrott und den Brennholzstapeln. Ich war geschockt von so viel Häßlichkeit. Selbst das helle Sonnenlicht vermochte keine Farbe auf die verwahrlosten Häuserfronten zu zaubern.

Wir machten uns auf die Suche nach einem Laden. »Generalstore« verkündeten weiße, selbstgemalte Lettern über der Eingangstür. Der langgezogene Holzbau war unzweifelhaft Ortsmittelpunkt. Halbwüchsige Indianerjungen lehnten gelangweilt an ihren vergammelten Trucks, nahmen große Schlucke Bier aus Dosen und schnippten Zigarettenstummel auf die Erde. Kichernd warfen sie uns verstohlene Blicke zu. Unschlüssig verharrten wir vor dem Eingang.

»Also, ich schau mich mal nach dem *Post Office* um. Ihr könnt ja inzwischen einkaufen«, schlug ich Birgit und Michael vor. »Vergeßt aber die *Candies* und die Zigaretten nicht!« rief ich ihnen noch nach und machte mich auf die Suche. Das helle Läuten der Glocke ertönte, als die zwei den Store betraten.

Außer mir schien niemand zu Fuß zu gehen. In den vorbeischleichenden Trucks saßen ganze Familien und flanierten so durch die Stadt – Weiße und Indianer, langhaarige Männer mit Pferdeschwänzen, darüber einen mächtigen Cowboyhut gestülpt, die ständig die Hupe betätigten. Dröhnende Westernmusik quoll aus den heruntergekurbelten Scheiben. Ich fühlte mich unbehaglich. So schnell wie möglich wollte ich zurück auf den stillen Fluß. Dieser Gedanke trieb mich eilig durch die Straßen.

Da, die kanadische Fahne. Ein rotes Ahornblatt auf weißem Grund flatterte hoch oben am Mast und signalisierte ein öffentliches Gebäude. Erstes Haus am Platz: die Rangerstation, solide gebaut und dunkelbraun gestrichen. Für die beiden kanadischen Buschpolizisten, *Mounties* genannt, war mein Erscheinen eine willkommene Abwechslung in ihrer täglichen Routine. Bei einem Becher Kaffee erzählte ich ihnen, daß wir zu dritt auf dem Yukon im Kanu unterwegs seien und daß ich bis zur Beringsee fahren wolle. Meine Filmakkus an der einzigen Steckdose weit und breit aufzuladen war kein Problem – einen deutschen Filmemacher hatten sie hier noch nie zu Besuch.

»Ja, durch den nahe gelegenen Highway haben wir öfter mit Verkehrsunfällen zu tun. Wenn sich die Betrunkenen nicht gegenseitig die Autos demolieren, tut es das Wild«, berichteten die Ranger gelassen. Ihre Hauptaufgabe sei allerdings die Feuerwache. Das erklärte den feuerrot angepinselten Bären in der Station. Auf seinem Kopf thronte ein ausrangierter flacher Mountyhut. »Den hat uns ein Indianer geschnitzt. Macht sich gut hier!« Sichtlich stolz strich der ältere der beiden dem Bären über den Hut. *Smoky the Bear*, einen Meter groß, als Mahnmal.

»Jeden Sommer vernichten gewaltige Buschbrände ganze Quadratkilometer Fichtenbestand. Selbstentzündung oder Brandstiftung durch Fahrlässigkeit ist meist die Ursache«, wurde ich aufgeklärt. Dabei mußte ich schon genau zuhören, denn aus dem Funkgerät krachte und quäkte es pausenlos. Außerdem hatte ich Schwierigkeiten, das kanadische Englisch des Rangers mit meinem Schulenglisch in Übereinstimmung zu bringen.

»Bald beginnt die Saison.« Der andere Ranger hatte meinen Blick auf das Funkgerät bemerkt und winkte mich zur Landkarte hinüber, welche die ganze Wand bedeckte. Mit einem lauten *Tack* landete sein Zeigefinger auf einem Punkt am Yukon: »Five Fingers!« Er fragte, ob ich über die *Rapids* Bescheid wisse, und erzählte mir, daß die berühmt-berüchtigten Stromschnellen jedes Jahr wieder Menschenleben forderten.

»Letztes Jahr im Frühsommer ist ein Vater mit seinen beiden Söhnen hier aus dem Ort gekentert. Sie waren unterwegs auf einem Kanutrip nach Dawson. Alle ums Leben gekommen!« Betroffen schwieg ich. »Ihr müßt unbedingt die rechte Durchfahrt nehmen!« Als wolle er die Worte in mein Hirn einbrennen, fixierte der Polizist mich mit starrem Blick.

Mit wertvollen Ratschlägen und aufgeladenen Akkus in den Hosentaschen versehen, hielt ich auf dem Rückweg zum Kanu Ausschau nach meinen Weggefährten. Überdimensionale braune Papiertüten vor dem Bauch, kamen Birgit und Michael auf mich zu geschlendert. Kim trottete brav an der Leine nebenher.

»Snickers, Mars, Bounty, jede Menge Zigaretten und für dich eine Schachtel *Weiße Eule!«* Schwärmerisch zählte Birgit die erstandenen Köstlichkeiten auf. Ich tippte an ihre neue Mütze und riskierte kopfschüttelnd einen Blick in die Papiersäcke.

»Meine Güte, das reicht ja bis ans Ende der Fahrt!« Noch bevor das Kanu wieder in Sichtweite war, stieg Qualm aus unseren drei Mündern zum Himmel. Verdammt lecker, dieser Zigarillo, dachte ich nicht ohne schlechtes Gewissen.

»Das war ja ein öder Ort!« Gern kehrte ich Carmacks den Rücken.

»Aber der Generalstore war schon interessant«, widersprach Birgit. »Da konntest du alles mögliche kriegen, einfach absolut alles.«

Nach und nach verebbte der Autolärm. Wir kehrten zurück in die Stille.

»Noch ungefähr zwanzig Kilometer bis zu den Five Finger Rapids.« Betont ruhig traf ich diese Feststellung. »Wir müssen auf jeden Fall die äußerste rechte Durchfahrt nehmen – guter Tip von den Rangern. Das wird bestimmt spektakulär. Ich möchte gern filmen. Laßt uns noch zwei Stunden paddeln und dann das Zelt aufschlagen! Morgen früh sollten wir fit sein.« Kein Einspruch.

»Noch sind sie nicht zu hören«, nahm Birgit am Abend unser Gespräch vom Nachmittag wieder auf. Ich hatte zwei Zigarillos hintereinander weggeraucht; meine Zunge brannte. Michael überspielte seine Nervosität, indem er ununterbrochen kleine Äste zerknackte und in die lodernden Flammen warf. »Ich hab' einiges über die Stromschnellen gelesen. Wißt ihr, solche Flußbeschreibungen für Kanuten. Ganz ungefährlich sind die nicht!«

»Tja, was hilft's? Soweit ich weiß, ist ein Umtragen nicht möglich, und das bedeutet: Da müssen wir durch!« Zielsicher landete mein Zigarrenstummel im Feuer. Dann machte ich einen Versuch, die gedrückte Stimmung zu heben: »Immerhin haben wir mit der steilen Abfahrt aus dem Lake Laberge doch schon einige Erfahrungen gesammelt!« Vergebliche Liebesmüh, die springen darauf nicht an. »Was ist mit Kim … hat die etwa Angst? Und sie ist nur ein Hund!« Kim horchte auf, sie kannte den Tonfall. Und dann ging es los: Übermütig balgten wir uns und rollten das hügelige Ufer hinab. Gebell und Gelächter schallten über den Fluß, als wir ganz außer Atem knapp vor dem Wasser zum Halten kamen. Der Knoten war geplatzt.

»So ein Mist!« Beim Wachwerden glaubte ich, noch zu träumen: Regentropfen trommelten vehement auf das Zeltdach. »Ausgerechnet heute!« mein Verzweiflungsruf ließ die beiden anderen munter werden.

»Am besten bleiben wir gleich liegen«, murmelte Birgit und verkroch sich tiefer in ihren Schlafsack. Michael verschränkte die Arme im Nacken und starrte gegen die Plane. Er sprach kein Wort.

»Ich koch' jetzt Haferbrei und Kaffee – und dann fahren wir!« Einer mußte die Dinge ja vorantreiben. Eine Stunde später hockten wir schweigend im Kanu, wasserdicht in unsere Regenponchos verpackt. In endlosen Schnüren fiel kalter Regen. Gute zehn Kilometer waren es noch bis zu den Rapids.

»Nie willst du aufgeben! – Hauptsache, du kannst deinen Kopf durchsetzen! – Was du für Risiken eingehst! – Daß du so stur bist, das habe ich nicht gewußt!« Birgits Schimpfkanonade von heute morgen ärgerte mich. Sie hatte unbedingt erreichen wollen, daß wir die Durchfahrt verschieben.

Fast unmerklich rückten die Ufer näher zusammen, der Yukon verengte sich. Und dann hörten wir es: das Rauschen gewaltiger Wassermassen, die um- und übereinanderstürzten.

»Hinter der nächsten Linksbiegung müssen sie sein. Laßt uns da vorn irgendwo anhalten. Erst mal will ich zu Fuß einen Blick auf die Five Fingers werfen.« Ich mußte gegen das Tosen anbrüllen, das den niederprasselnden Regen auf geradezu unheimliche Art zu verstärken schien. Wir müssen unbedingt noch vor den steilen Klippen an Land, trommelten meine Gedanken. Das rechte Ufer schien unzugänglich: Es war übersät mit Geröll und dicken, kantigen Felsbrocken, zwischen denen angetriebene Baumstämme wie Lanzen hervorstachen. Doch da bot sich eine Lichtung im Urwald, eine winzige Schneise, auf die ich Michael aufmerksam machte.

»Genau da zielen wir rein! Kehrtwende!« schrie ich und spürte den Sog des Flusses unter mir. Als der Bug endlich gegen die Stromrichtung zeigte und auch die Dingis kapiert hatten, wo ihr Platz war, schob sich unser Gespann knirschend zwischen das Geröll. Steine spritzten zur Seite, als Michael aus dem Kanu sprang. Mehrfach schlang er die Bugleine um einen dicken Felsen, an dem das Kanu so gerade eben vorbeigeglitten war.

»Was ich filmen muß, ist die Durchfahrt und dann das Wiederauftauchen aus den Rapids!« begann ich einen Plan zu entwickeln.

»Wer soll denn filmen, wenn wir alle im Kanu sitzen?« fragte Michael entgeistert. Dann hellte sich seine Miene schlagartig auf. »Das ist es! Du willst ja immer der Kapitän sein, dann darfst du auch allein durchfahren.« Er grinste mich an. »Es geht ja gar nicht anders. Zwei Kameras, zwei Kameraleute!« Seine Augen funkelten geradezu vor Freude.

Der Vorschlag war gut. Auch ein Weg, sich aus der Affäre zu ziehen, dachte ich. Er hat Angst. »Okay. Wir beide schleppen die Filmkameras und das Stativ da rauf.«

Ich folgte dem steil aufwärts strebenden, steinigen Hang mit den Augen etwa achtzig Meter höher. »Birgit, du trägst am besten die Filmrollen. Kannst ja den Beutel um die Hüften schnallen. Bergauf ist das der günstigste Schwerpunkt.« Sie nickte bloß und blies warme Atemluft in ihre Hände. »Eine Kamera postieren wir oben auf dem Scheitelpunkt, die zweite stellen wir weiter flußabwärts auf.«

Gemeinsam luden wir die wasserdicht verpackte Technik aus. Wie gut, daß ich spezielle Regenverkleidung besorgt hatte! Das sperrige Stativ würde ich noch buckeln.

»Kim lassen wir besser im Boot. Ist doch ziemlich steil und unwegsam hier, das Gelände. Sie ist ja schließlich keine Gemse. Also, du bleibst schön hier und wartest auf Herrchen. Und nimm kein Bad, das wäre tödlich!« schärfte ich ihr ein. Wir schulterten unser zentnerschweres Gepäck. Die riesige Gürteltasche drohte Birgit bereits im Stand vornüber zu ziehen.

»Hab' das Gefühl, als sei ich im achten Monat schwanger«, reagierte sie auf meinen Blick. Ich zog eine Grimasse: hoffentlich nicht! Auf dem glitschigen Fels mußte man bei jedem Tritt genau hinsehen. Es goß immer noch in Strömen. Je höher wir stiegen, desto schwieriger wurde es, die Balance zu halten. Wir krochen über zakkige Steine und krallten unsere Hände in Dornengestrüpp, das aus Felsspalten hervorwuchs. Ich vermied den Blick nach unten. Das donnernde Rauschen jagte mir Angst ein, auch wenn die Rapids selbst noch gar nicht zu sehen waren.

»Verdammt!« hörte ich Michael hinter mir schimpfen und blieb stehen. Er rieb sich die Kniescheibe. »Was für ein Wahnsinn, bei diesem Regen über rutschige Felsen zu klettern! Für deine Filmkamera kann ich keine Garantie übernehmen.« Er brummelte mißmutig vor sich hin, ging aber weiter. Ich konnte Birgits Keuchen hören, als sie uns nachfolgte.

Einzelne Felsbrocken lösten sich immer wieder aus den Spalten und klackerten polternd in die Tiefe. In meinen angeblich wasserdichten Schuhen sammelte sich der Regen, der in kleinen Sturzbächen über die Felsen rann. Wie eine Wurstpelle klebte mir die Regenhaut am Körper. In meiner Bewegungsfreiheit eingeengt und dazu mit der schweren Fracht auf dem Rücken, stolperte ich über ein paar Wurzelstränge, mit denen sich eine einzelne Fichte in das Gestein krallte. Bevor ich den Halt verlieren und mit den Knien voran auf die spitzen Felsen aufschlagen konnte, klammerte ich mich geistesgegenwärtig an den schuppigen Stamm. Mit aller Kraft zog ich mich hoch und blieb reglos stehen. Das Nadeldach schützte mich halbwegs vor dem Regen.

»Diese blöden Filmrollen reißen mich noch zu Boden«, stieß Birgit wütend hervor und hielt sich gleichfalls am Baumstamm fest. Sie zitterte am ganzen Leib.

»Bitte, Birgit«, bat ich, »halt noch ein bißchen durch. Wir haben es fast geschafft!« Unsere Gesichter waren nah beieinander, und ich suchte ihren Mund.

Schwer atmend ließ Michael sich auf einem winzigen Flecken Tannennadeln nieder. »Jetzt weiß ich auch, warum kein Umtragen möglich ist. Man kann kaum so ein bißchen Gepäck über diese Felsen bringen!«

Der Frost hatte eine steile Spalte in das graue Gestein gesprengt und einzelne Felsbrocken wie zu Stufen geformt. Zielsicher hüpfte ich von Steinplatte zu Steinplatte. Bei jedem Auftreten quoll Wasser aus meinen Schuhen. Ich blieb stehen. Das donnernde Rauschen des Flusses war lauter geworden. Trotz des bitterkalten Regens spürte ich, wie mir heiß wurde: Ich näherte mich den Five Finger Rapids. Tropfnaß kauerte ich mich in eine Felsnische, stellte den schweren Kamerasack zwischen meinen Knien ab und wartete auf die beiden anderen.

Ohne diese tonnenschwere Last wärst du schon lange oben, dachte ich. Eine plötzliche Heiterkeit erfüllte mich, und ich lachte leise vor mich hin. In dieser unwegsamen Steinwüste kam ich mir vor wie im Himalaja – nur daß ich mir dort ein paar Sherpas mieten könnte. Im Gänsemarsch langten Michael und Birgit auf meiner Höhe an. Grinsend wiederholte ich ihnen meinen kuriosen Gedanken.

»Sehr witzig, mein Lieber!« Michaels Sarkasmus war unüberhörbar. Da tat mir meine Äußerung leid. Schließlich schleppten die beiden meine Ausrüstung, und zwar unentgeltlich. Ich entschuldigte mich. Birgit schüttelte zwar den Kopf, warf mir aber zur Versöhnung ein *Bounty* zu. Die letzten Meter erklommen wir gemeinsam. Über die steilsten Klippen krochen wir auf allen vieren und erreichten endlich das blankgeregnete Plateau. Ein schönes Gefühl, wieder ebenen Boden unter den Füssen zu haben!

»Das war vielleicht eine Kletterei!« Nach Atem ringend, beugte Birgit sich vor und wippte mit den Hüften.

»Das hast du toll gemacht!« Ich war regelrecht gerührt, daß sie sich derart für mich ins Zeug legte.

»Habt ihr beiden die Stahltrossen gesehen? Völlig verrostet hingen sie noch in den im Fels eingelassenen Sprengringen.« Wieder einmal schlug Michaels Begeisterung für den Yukon und seine Geschichte durch. Die Beine gespreizt und den Kamerasack immer noch auf dem Rücken, stand er mitten im strömenden Regen und hielt uns einen Vortrag: »An den Stahltrossen mußten sich flußaufwärts kommende Schaufelraddampfer durch die Stromschnellen *ziehen*. Es war bestimmt nicht leicht, das Schiff vor den Rapids auf der Stelle zu halten. Die Heizer im Kesselraum kamen mit dem Auflegen des Holzes kaum nach. Mit langen Haken wurde die Stahltrosse aus dem Wasser gefischt und über die am Bug installierte Winde gewickelt. Sobald die Trosse unter Spannung stand, setzte die Zugkraft ein. Ähnlich wie eine Zahnradbahn zog sich der Dampfer mit Unterstützung des auf Hochtouren laufenden Schaufelrades durch die reißende Strömung. Die hinter der Winde freilaufende Trosse wurde an Deck aufgeschossen. Waren die Rapids passiert, konnte der Dampfer weiter aus eigener Kraft gegen den Strom fahren. Der Zug lockerte sich, und die Stahltrosse wurde wieder ins Wasser geworfen. Einfach genial!«

Interessiert hörte ich zu und fragte mich, wie wohl die primitiven

Floße die Durchfahrt angestellt haben mochten. Nur zu gern hätte ich Michael nach seiner Meinung gefragt, aber Birgit trat unruhig von einem Fuß auf den anderen, die Hände tief in den Taschen vergraben. Ich wußte, sie mochte es nicht, wenn wir Männer uns in Fachsimpeleien verloren – und das auch noch bei diesem Wetter.

»Jetzt wird es einfacher. Guckt mal, da vorn ist ein richtiger Trampelpfad«, sagte sie und zeigte auf eine schmale, ausgetretene Spur, die sich den Klippen entlangzog.

»Kannst du die Rapids schon sehen?« rief Michael mir kurz darauf zu. In meinen Ohren widerhallte das wütende Toben der Wassermassen unten in der Schlucht. Gleich da vorn mußten sie sein. Meine Augen verengten sich. Jede Sekunde rechnete ich mit dem Auftauchen der berühmten Stromschnellen. Vor mir verzweigte sich der Trampelpfad. Ein Weg führte bis an die Felskante heran. Die Wipfelkrone einer Fichte tauchte mitten im Yukon auf. Sorgsam Fuß vor Fuß setzend, bewegte ich mich auf den äußersten Rand zu ... und plötzlich sah ich sie: Eine neben der anderen aufgereiht, blockierten vier dicke, zwanzig Meter hohe Steinsäulen den Fluß. Die Steintürme sahen aus, als hätte die Natur sie absichtsvoll aus gewaltigen Felsquadern aufgeschichtet. Durch fünf Kanäle preßte sich wild aufschäumend das Wasser. Das waren sie, die legendären Five Finger Rapids. Und da sollten wir durch. Michael und Birgit stießen überwältigte – und überraschte – Schreie aus.

»Kaum zu glauben. Das ist gewaltig!« ließ sich unser Banker krächzend vernehmen.

»Andreas! Niemals! Da willst du durch?« Birgit war schlichtweg entsetzt. Schweigen. *Die rechte Durchfahrt.* Sie schien tatsächlich die breiteste zu sein. Vor der fünffach durchbrochenen Mauer staute sich das Wasser zu mächtigen Wellenbergen, wuchs an den Säulen hoch und versuchte, in die Breite auszuweichen. Doch unter dem niemals erlahmenden Druck der nachströmenden Fluten wurde es erbarmungslos in die zehn Meter breiten Durchlässe hineingepreßt. Je länger und genauer ich das Geschehen von oben betrachtete, desto mehr fühlte ich mich als nüchterner Beobachter, als fast unbeteiligter Zuschauer.

»Das müßte zu machen sein«, dachte ich laut und drehte mich zu Michael um. Er brummte nur ein leises: »Mmh!«

»Siehst du die Säule, auf der die Fichte steht? Da brüten Möwen. Der Felsen ist total weiß beschissen!«

Michael wischte sich den Regen aus den Augen und spähte nach der Vogelkolonie: »Damit hätten wir dann schon unsere Eier fürs Abendessen«, meinte er trocken. Beide fingen wir an zu lachen.

»Wie geht's denn jetzt weiter?« wollte Birgit wissen und stieß mit der Schuhspitze lockere Gesteinsbrocken in den Abgrund.

»Also, genau hier, in einer Linie mit den Rapids, stellen wir die erste Kamera auf. Für dich, Michael«, entschied ich. »Und die andere ...« Ich folgte dem fußbreiten Pfad, um das Ufer flußabwärts einzusehen. Hier waren die Felsen ziemlich dicht mit Buschwerk bewachsen. Überhängende Felsplatten versperrten mir den Blick nach unten.

»Ich stelle mir vor, daß wir die zweite Kamera direkt unterhalb der Rapids postieren. Damit filmen wir die Ausfahrt aus den Stromschnellen.« Das werden *die* Szenen, dachte ich, und unwillkürlich ballten sich meine Hände zu Fäusten. Aufgeregt klappte ich das Stativ auseinander und montierte die erste Filmkamera. Auf die Regenhaube trommelten dicke Tropfen. Mal wieder echt Schwein gehabt, daß ich die Fünf-Minuten-Rolle schon gestern abend im Zelt eingelegt habe, fiel mir auf. Ich übte Schwenks mit Michael und erklärte alle notwendigen Funktionen. »Ja, ist gut.« Er prägte sich die Handgriffe ein und führte begeistert seinen ersten Zoom aus.

»Die Rolle reicht für fünf Minuten«, schärfte ich ihm ein.

Nach wenigen Metern verlor sich der Trampelpfad zwischen Felsen und Büschen. Zu dritt schlitterten wir über die nassen Flanken des schroffen Berghangs. Hier verliefen sich die Klippen in bewachsenem, mit Fels durchsetztem Hügelgelände. Die aufgeweichte Erde blieb unter unseren Schuhen kleben; auf Plateausohlen legten wir im Eiltempo das letzte Stück Abhang zurück.

Espen standen bis an die Abbruchkante des Ufers. Drei Meter tief rutschten wir auf dem Hosenboden den lehmigen Steilhang hinunter. Erst das Geröll unmittelbar am Wasser bremste unseren Sturzflug. Völlig durchnäßt und die Hosen mit Schlamm überzogen, standen wir am Ufer eines ungebärdigen Yukons. Talwärts schießendes Wasser, Strudel, Wirbel, Toben, Tosen – je länger ich diesen

Höllenspektakel begutachtete, desto mehr wuchs meine Angst. Durch den aufspritzenden weißen Gischt hindurch konnte ich kaum mehr die Felssäulen erkennen. Birgits eiskalte Hand schob sich in meine.

»Wird schon nicht so schlimm werden, wie es aussieht«, tröstete ich sie entgegen meiner inneren Überzeugung. Ich brauchte selbst Zuspruch. Als ich den Anblick des aufwühlenden Schauspiels nicht länger ertrug, lief ich umher, um einen geeigneten Standort für Birgit und die Kamera zu suchen.

»Ich denke, das hier ist eine gute Stelle. Der Blickwinkel stimmt, und ich kann euch mit dem Kanu wieder abholen.« Ich gab mich geschäftig und zerrte mir die Kamera vom Rücken. Als sie ausgepackt war, nahm ich eine Probebelichtung vor und stellte die Technik ein. »Du brauchst nur draufzuhalten und aufzupassen, daß ich immer im Bild bin. Am besten den Finger gar nicht vom Auslöser nehmen!« Birgit lehnte an einem Felsen und hielt die Kamera auf den Knien.

»Michael und ich klettern wieder hoch. Dann werd' ich noch ungefähr eine halbe Stunde zurück zum Kanu brauchen. Alles klar?« wollte ich von ihr wissen. Sie sah mich aus ihren grünen Augen an und nickte bloß. Ich küßte sie rasch.

»Auf ins Abenteuer!« rief ich, als wir uns das matschige Steilufer wieder hinaufmühten. Ohne Rücksicht auf unsere Beine schlugen wir uns durch das niedrige Buschwerk.

»Scheißregen! Hört einfach nicht auf!« Den schimpfenden Michael ließ ich auf dem Plateau zurück und zwängte mich durch die Felsspalten nach unten. Ohne Gepäck war der Abstieg viel schneller und leichter zu bewältigen. Zielsicher landete ich auf den anvisierten Tritten. Mein hartes Aufkommen löste jedesmal eine mittlere Erschütterung aus, die sich durch mein gesamtes Knochengerüst fortpflanzte. In meinem Schädel pochte das Blut. Auf besondere Weise war ich wie berauscht. Die Materie besteht aus Atomen in ständiger Bewegung, heißt es – genau so vibrierend, geradezu aufgeladen voll spannungsreicher Energie, fühlte ich mich. Erst Kims Freudengejaule brachte mich wieder zur Besinnung. Aufgeregt tänzelte sie im schwankenden Kanu hin und her.

»Kim, gleich wirst du eins deiner spannendsten Abenteuer erleben!« Gut, daß sie keine Ahnung hatte, was ihr bevorstand. Sie freute sich noch immer. Doch ich war ungeduldig, wollte die anderen auch nicht unnötig warten lassen. Daher schnappte ich mir den Hund und setzte ihn weit nach vorn in den Bug. Von der Kanuspitze bis zur Rückbank zog ich die Abdeckplane übers Boot. Nur Kims Kopf ragte durch einen Schlitz heraus. Fragend blickte sie mich mit ihren großen braunen Augen an, was wohl soviel heißen sollte wie: Warum werde ich eingemummt? Meine gleichmütige Miene beruhigte sie, jedenfalls setzte sie sich in abfahrbereite Position: Nase geradeaus. Kreuzweise hakte ich sechs Gummistrippen um den Kanurand und machte eine kurze Reißprobe. Das sollte halten!

Es ist schon ein seltsames Phänomen: Immer wenn ich besonders aufgeregt oder der Panik nahe bin, verlangsamen sich meine Bewegungen bis auf Zeitlupengeschwindigkeit. In genau diesem Tempo legte ich voll konzentriert ab und lenkte das Kanu mit seinen beiden Anhängseln in Stromrichtung. Ich kam kaum von der Stelle! Eine Art Rückstau oder Verwirbelung machte sich da wohl bemerkbar. Zweihundert Meter vor mir, unverrückbar und nicht zu umgehen, erblickte ich die steinernen Säulen. Ich muß in die Mitte der rechten Durchfahrt und dann mächtig vorwärts, um möglichst schnell wegzukommen! Auf mein Augenmaß ist ja meist Verlaß ... Ich war genau mittig.

Für einen kurzen Moment wagte ich den Blick zu den Felsklippen hinauf: Michael stand hinter der Kamera und schwenkte offensichtlich mit. Na, wenigstens das klappt! Ich näherte mich dem Schlund, da spürte ich Angst in mir aufsteigen. Sie ließ mich rückwärts paddeln. Noch nicht! Noch bin ich nicht bereit! Ich wollte den entscheidenden Moment hinauszögern. Plötzlich zogen die Dingis an ihrer Schnur rechts am Kanu vorbei. Wie konnte das denn angehen? Was ist jetzt los? Ich traute meinen Augen nicht. Im nächsten Augenblick spürte ich, wie das Boot die Geradeausrichtung verließ und sich langsam querstellte. »Jetzt wird's aber höchste Zeit! Paddel vorwärts! Richte dich aus! Und durch!« Eine fremde Stimme schien mir die Kommandos zu geben. Ich atmete tief ein, stieß einen lauten Schrei aus und überließ mich den fremden Kräften, welche die Herrschaft übernahmen. Mit roher Gewalt zerrten sie auf allen Seiten am Kanu, rissen es wahllos hin und her und hoben es aus dem Wasser, nur um es kurz darauf mit aller Kraft unter die aufschäumenden Wellenberge zu drücken.

Eisigkalte Fluten stürzten über mich hinweg. Ich wußte nicht mehr, wo ich war. Verzweifelt rang ich nach Luft. Rechts und links sauste nackter Fels an mir vorbei. Rauschen und Tosen dröhnten unerbittlich auf meine Trommelfelle ein. Wie auf einer Rutsche riß mich das Wasser mit sich in den Abgrund. Hart schlug der Bug auf. Sekundenlang schienen wir in der Luft zu schweben. Wie in Trance folgte ich den Gummistrippen mit den Augen, die im weiß gischtenden Wasser sang- und klanglos verschwanden. Der Aufprall schien das Kanu in Stücke brechen zu wollen. Kim wurde regelrecht durch die Luft geschleudert. Steifbeinig landete sie vor mir auf der Persenning und guckte mich verwundert an.

»Kim! Platz!« schrie ich sie an. Sofort legte sie sich flach auf die Plane, am ganzen Leib zitternd. Erleichtert sackte ich in mich zusammen, und schlagartig fiel die Anspannung von mir ab. Da spürte ich sie: die sanften, wiegenden Bewegungen. Es dauerte eine Weile, bis ich begriff, daß ich in ruhigem Wasser trieb. Staunend blickte ich um mich. Ich hatte das Gefühl, als sei ich dick in Watte eingepackt. Gedämpft und von sehr weit her drangen Geräuschfetzen an mein Ohr.

»Andreas! Andreas!« Das war ja Birgit, die am Ufer stand und mit den Armen gestikulierte. Ruhig und gleichmäßig tauchte ich das Paddel ins Wasser und lenkte das Kanu aufs Ufer zu.

»Mein Gott!« Birgit erdrückte mich fast.

»Ist ja alles gutgegangen«, beruhigte ich sie und löste mich aus ihrer Umarmung. »Guck dir den Hund an ... ganz als sei nichts gewesen.« Kim wälzte sich in den Kieseln.

»Und was hast du gefilmt?« fragte ich neugierig.

»Die Durchfahrt, als du gerade zwischen Wand und Felssäule hervorschießt!« Birgit war stolz auf sich, und ich grinste anerkennend.

»Wo Michael nur bleibt? Bin gespannt, wie es bei ihm gelaufen ist.« Steinbrocken polterten den Berg hinab: Unser Banker war auf dem Weg nach unten. Kamera und Stativ unter die Arme geklemmt, kam Michael den Steilhang heruntergerutscht und blieb auf den Fersen hocken: »Heller Wahnsinn! Das war wie im Film!«

Ich nahm ihm die Geräte ab und legte sie vorsichtig auf die Steine. Michael sprang auf und guckte ins Kanu.

»Schätze mal, du hast so an die hundert Liter Wasser geladen!« lachte er.

»Hast du gute Aufnahmen hingekriegt?«

»Also, ich weiß nicht. Stellenweise warst du mit dem Kanu einfach von der Bildfläche verschwunden. Ich kriegte dich nicht in den Sucher. Gerade als du mittendrin warst, hat der Blickwinkel von da oben einfach nicht mehr gereicht ...« Unbehaglich druckste er herum.

»Oh, nein, bitte nicht! Das sollten *die* Szenen werden! Was machen wir jetzt? Ich kann doch nicht noch mal da durchfahren!«

»Ich habe mir schon was überlegt«, beeilte sich Michael zu sagen. »Wenn es dir nichts ausmacht, können wir beide zusammen unterhalb der Rapids ein Stück bis an die Stromschnelle heran fahren. Von dort aus könntest du dann selbst filmen.«

»Das ist doch nicht dein Ernst?« meldete sich Birgit wütend zu Wort. Ich mußte lachen.

»Hört auf, euch gegenseitig fertigzumachen«, versuchte ich die beiden zu beschwichtigen. »Ich finde, die Idee ist nicht schlecht.«

Michael band die Dingis los. Deren primitive Seilverschnürung hatte ganz im Gegensatz zu den komfortablen Gummistrippen am Kanu den Wassermassen standgehalten. Fest verpackt lagen sie am Strand. Wasserschöpfen. Im Bug des Kanus schwappten mindestens hundert Liter, die ich mit einem Plastikeimer im »Rundumschlag« dem Fluß zurückgab. Die Gewehre und die Lebensmittelsäcke lud ich vorsichtshalber aus und bedeckte sie mit einer Plane. Der strömende Regen hatte noch nicht nachgelassen, und der graue Himmel ließ auf keinerlei Änderung hoffen. Den restlichen, ansehnlichen Gepäckberg, der noch im Boot verblieb, wickelten wir in die Persenning ein.

»Diesmal filmst du vom Stativ aus, okay? Für fünf Minuten reicht der Film. Wir simulieren noch einmal die Ausfahrt. Am besten, du hältst auf das rausschießende Wasser.« Birgit stellte sich hinter die Kamera und visierte die rechte Durchfahrt an.

Wir stießen die Paddel in den Kies und drückten uns vom Ufer ab. Die Strömung trieb uns sofort flußabwärts. Im großen Bogen fuhren wir eine Kehrtwende gegen den Strom und paddelten aus der reißenden Hauptströmung hinaus ins Kehrwasser. In großen Kolken drehten die Fluten unermüdlich ihre Kreise. Was die Wasserlöcher sich einmal einverleibt hatten, ließen sie nicht mehr los. Nackte Baumstämme, vom wochenlangen Herumwirbeln blankgeschält, sahen inzwischen wie gedrechselt aus. Das sind die Stellen, in denen man ertrinkt, dachte ich. Du hast einfach keine Chance, einer solchen saugenden Spirale zu entkommen.

»Michael, übernimm du mal, ich filme!« brüllte ich ins donnernde Rauschen. Nur noch wenige Meter trennten uns von den zusammenstürzenden Flutwellen, die mit Hochdruck aus den fünf Kanälen geschossen kamen. Frontal hielten wir auf »meine« Durchfahrt zu. Ein übles Krachen. Das Kanu erzitterte, als stünde es kurz vor dem Zerreißen. Es bäumte sich auf, und die brodelnde Hauptströmung drückte das Boot auf die Seite. Im Nu liefen wir voll. Der Bug zeigte plötzlich flußabwärts, und die aus dem Durchlaß jagenden Wassermassen brandeten ans Heck. Ich glaubte, sie würden alles zerdrücken, mich eingeschlossen. Die Strömung riß uns flußabwärts.

»Wende ... ins Kehrwasser!« schrie ich aus Leibeskräften. Fieberhaft paddelten wir zurück in ruhigere Regionen.

»Mann, richtiges Wildwasser!« jubelte Michael, der sich auf seinem Holzsitz wie angewachsen hatte in die Höhe heben lassen. »Jetzt fahren wir erst mal zum Möwenfelsen und holen uns ein paar frische Eier!«

»Hast du eigentlich mitbekommen, was gerade passiert ist?« fragte ich ungläubig. Mir saß noch der Schrecken im Nacken, und ich sah schon die Schlagzeilen vor mir. *Ironie des Schicksals: Unterhalb der legendären Five Finger Rapids ertranken zwei Kanuten bei gestellten Filmaufnahmen, nachdem ihnen die eigentliche Durchfahrt gelungen war – Freundin filmte Untergang vom Ufer aus!* Und an Michael war all das spurlos vorübergegangen. In bester Laune saß er vorn im Boot, das Wasser schwappte um seine Knöchel, und er hatte allen Ernstes vor, die steile, aalglatte Säule hoch zur Vogelkolonie zu klimmen.

Im Rückwärtsgang hielt ich das Kanu auf der Stelle, während Michael die Bugleine im gekonnten Lassowurf um einen Felsvorsprung an der Säulenbasis warf. Das Boot legte sich längsseits. Michael sprang mit einem Satz auf den Felsen und zog mich am ausgestreckten Arm nach. Wider Erwarten ließ sich der zerklüftete Stein leicht besteigen. Je höher wir kamen, desto aufgeregter wurden die riesigen Raubmöwen. Unter uns brandeten die Stromschnellen, über uns flogen wütend kreischende Vögel.

»Wenn wir noch höher kommen, greifen sie uns an!« rief ich zu Michael empor, der einige Meter über mir im Fels herumturnte. Er winkte ab und kletterte weiter. Mir blieb nichts anderes übrig, als ihm zu folgen. Nebeneinander standen wir schließlich als Gipfelstürmer inmitten kreischender Möwen auf der Spitze des Felsenturms. Unter uns tobten die Wassermassen, eingehüllt in graue Regenschleier.

»Weißt du eigentlich, daß wir bald abgesoffen wären?« Ich zeigte auf unser Kanu, das sich unten wie eine Nußschale auf dem Ozean ausnahm.

»Nein! Wieso denn?«

»Auf der Grenze zwischen Kehrwasser und Hauptströmung hat's uns ganz ordentlich erwischt. Zentnerschwere Wassermassen drückten das Boot in verschiedene Richtungen. Ich dachte wirklich, wir würden umkippen und ertrinken!«

»Und ich dachte, so ist nun mal das Wildwasser. Aber du hast recht, da unten tosen tatsächlich die gegensätzlichsten Strömungen umeinander.«

In zwanzig Metern Höhe spürten wir den eiskalten Wind. Es war ungemütlich. Die Nässe kroch mir so langsam unter die Regenjacke. Wir machten uns an den Abstieg. Aus den unzähligen Nestern suchten wir uns ein paar wenige brauchbare Eier zusammen. Sie waren so groß wie Gänseeier. Das Gekreische der aufgebrachten Möweneltern ging mir so langsam auf die Nerven. Ich wollte schnellstens weg von hier. Michael balancierte in seiner Kappe mindestens sieben Eier bergab.

Ich schwang mich als erster ins Kanu. »Komm, wir fahren

zurück. Du hast es ja erlebt: Das mit dem Einfahren ins Kehrwasser ist gar nicht so einfach. Laß uns lieber an Birgit vorbeipaddeln und weiter unten, wo es ruhiger wird, mit einer Kehre ans Ufer zurück. Wir haben schon genug Wasser im Boot. Brauchen ja nicht noch mal denselben Fehler zu machen!«

»Seid ihr eigentlich total verrückt geworden? Wißt ihr, daß ich mich zu Tode geängstigt habe?« Birgit war sauer.

»Hast du was gefilmt?« versuchte ich, das Thema zu wechseln.

»Euren Untergang hätte ich filmen können. Stehe hier und kann nichts tun, außer zusehen, wie ihr absauft! Oh, ich könnte euch ...!« Voller Wut schleuderte sie uns ihre Tiraden entgegen.

»Sieh mal, ich habe Möweneier mitgebracht!« wagte Michael einen zaghaften Vorstoß. Das war ein Fehler.

»Das ist überhaupt das tollste! Ich dachte, jetzt haben sie wohl genug – aber nein! Klettert ihr auch noch den nassen Felsen hoch und sammelt Eier!« Zornig schnappte Birgit sich den Eimer und schaufelte mit wilden Bewegungen das Wasser aus dem Kanu. Wie zwei begossene Pudel standen wir daneben. Kim legte sich zu unseren Füßen.

Daß Frauen immer so maßlos übertreiben müssen, dachte ich. Birgit ging die Puste aus, und sie verlangsamte ihr Schöpftempo. Anscheinend hatte sie ihren Ärger abgearbeitet. Wortlos hängten wir die Dingis wieder an, verstauten das Gepäck und legten ab. Unsere Stimmung war auf dem Nullpunkt. Allerdings hatte der Regen etwas nachgelassen. Wie tröstlich. Das Rauschen der Rapids nahm immer mehr ab, der Yukon weitete sich und wälzte sich ruhig und gemächlich durch das Tal. Leise sprach Birgit mit Kim.

»Hast du nun was gefilmt?« fragte ich wie beiläufig.

»Ja, doch!«

Mein Adrenalinspiegel pegelte sich auf Normalmaß ein.

»Seht mal, da kommen die Ring Rapids! Die sind harmlos, da fahren wir so durch.« Schon von weitem sah ich das Gewirr aus Ästen und Baumstämmen, die zwischen Felsbrocken festhingen und das Wasser aufstauten. Beim Heranfahren entdeckten wir viele kleine Durchlässe.

»Sollten wir nicht doch besser erst mal anhalten und die Stromschnellen besichtigen?« schlug Michael vor. Birgit war der gleichen Meinung. Das letzte, was ich vertragen konnte, war ein erneuter Streit. Also legten wir am rechten Ufer an. Hundert Meter flußabwärts rauschte das Wasser wie auf einer langen Rutsche einige Meter tief hinab. Aus dem Durchlaß, den ich mir bereits vorhin ausgesucht hatte, stürzte es sich in wilde Strudel am Fuß der Stromschnellen.

»Sieht doch nicht so schön aus. Ich glaube, es ist besser, wenn ich hier allein runterfahre«, kündigte ich an. »Ich hab' ja schon Übung!« fügte ich noch hinzu.

Wieder allein im Kanu, paddelte ich auf die Mitte der Ring Rapids zu und bugsierte das Boot zwischen verschiedenen Hindernissen hindurch, die eine Art Gasse bildeten. Als säße ich in einer Achterbahn, ergriff die Strömung das Kanu und hob es mit einer gurgelnden Flutwelle in die Tiefe. Mein Magen machte Anstalten, das Unterste zuoberst zu kehren. Aber damit war ich auch schon durch und ritt gemütlich weiter stromabwärts. Kim rannte am Ufer entlang und versuchte, mich einzuholen. Der Schub des Wassers beförderte mich auf den Strand. »Sah ganz schön wild aus!« Michael nickte anerkennend.

Allmählich ließ der Regen nach. Der Abendhimmel riß auf und schickte uns lang entbehrte Sonnenstrahlen. Am äußersten Ende einer langgezogenen Kiesinsel, die mitten im Yukon lag, schlugen wir unser Camp auf.

»Alle Klamotten runter, sonst holen wir uns den Tod!« ordnete Birgit an.

Minuten später war Waschtag. Die Espen hingen voll ausgebreiteter Jacken, Hemden, Unterhosen und Socken. Aus seiner »Umkleidekabine« zwischen zwei Bäumen trat Michael hervor: spiegelblank geputzte braune Halbschuhe, blütenweiße Kniestrümpfe, die sich stramm um seine kräftigen Waden spannten, in den blendend weißen Shorts noch die scharfe Bügelfalte. Als Krönung des Ganzen zierte der Riesenhirschfänger seine rechte Seite. Stolz wölbte sich seine nackte Brust. Er sah einfach idiotisch aus.

Ich preßte meine Hand auf den Mund und bemühte mich, das aufsteigende Lachen zu unterdrücken. Birgit jedoch platzte laut heraus. Minutenlang schallte unser Gelächter über die Insel. Stocksteif und mit aufgerissenen Augen ließ Michael den unhöflichen Anfall über sich ergehen. In unser abebbendes Lachen hinein sagte er endlich: »Na ja, es ist wohl doch noch etwas zu kalt für kurze Hosen. Ich zieh' mir mal was Wärmeres an!«

4

Familie deGraff

Hundegebell und Kindergeschrei: Siedler! In den Lärm, der über den Fluß schallt, mischen sich die Stimmen zweier Erwachsener.

Schon als Kind hatte ich unzählige abenteuerliche Aussteigergeschichten verschlungen. Meist handelten sie von bärtigen, wild dreinschauenden Männern, die mühelos Einsamkeit und Bären bezwangen, an ihrer Seite eine rassige Vollblutindianerin. Gespannt suchten meine Augen das undurchdringliche Blätterdach der vielen Espen am Ufer zu durchforschen. Ein buntkariertes Hemd leuchtete auf. Der kräftig gebaute Mann in Jeans kam die Böschung heruntergeklettert und winkte uns ein freundliches »Hallo!« zu. Mit den Helden aus meinen Büchern hatte er so gar keine Ähnlichkeit. Sieht eher aus wie ein Städter, dachte ich. Was so ein Mann wohl im Busch zu suchen hat? Breitbeinig, die Hände in die Hüften gestemmt, wartete er am Ufer darauf, daß wir anlegten. Na, dem werden wir mal zeigen, wer hier Wildniserfahrung hat! Mich packte plötzlich der Ehrgeiz, und ich wollte unser Kanu mit gekonntem Wendemanöver direkt vor seinen Füßen an Land setzen.

»Anlegen – mit dem Bug gegen die Strömung!« rief ich Michael zu, und wie schon unzählige Male zuvor leitete ich den Wendebogen ein. Doch zu spät! Ich hatte die Entfernung unterschätzt, und die Strömung trieb uns am anvisierten Landeplatz vorbei. Bloß schnell ans Ufer, war mein nächster Gedanke. Alle Paddelkunst außer acht lassend, brach ich mitten im Manöver ab, lenkte geradeaus, und unser Kahn schob sich knirschend aufs flache Ufer. Schmunzelnd kam der Mann uns nach, und in seinen intelligenten Augen stand ein großes Fragezeichen.

»Ihr paddelt auch noch nicht lange, was?« Mir entging der leicht ironische Unterton in seiner tiefen Stimme nicht.

»Immerhin liegen die legendären Five Finger Rapids erfolgreich hinter uns!« trumpfte ich auf und hoffte, daß er den Ärger in meiner Stimme nicht bemerkte. Wie echte Greenhorns hatten wir wieder einmal angelegt! Mein Unmut verflog, als uns das sympathische Lächeln pinkfarbener Lippen entgegenstrahlte. Eine zierliche Frau mit kurzen braunen Locken kam mit einem Troß kleiner Kinder im Schlepptau zur Begrüßung an den Fluß herunter. Unser Empfangskomitee stellte sich vor: »Debbie und Richard deGraff.« Fünf weitere Namen rauschten an meinem Ohr vorbei.

»Sie sind aber Amerikaner!« stellte Michael erfreut fest und legte sofort im reinsten New Yorker Slang los – zumindest hielt ich sein Kauderwelsch dafür. Außer »Michigan« verstand ich kein Wort der Unterhaltung.

»Wir sollen erst mal auf einen Kaffee mit nach oben kommen«, faßte Michael schließlich die vielen Worte zusammen, die sie gewechselt hatten. Gut daß wir unseren Dolmetscher dabeihatten! Das Bellen der beiden deGraffschen Chow-Chows war inzwischen verstummt; eingehend beschnupperten sie Kim und jagten dann mit ihr im Gefolge die Böschung hoch.

»Das ist aber ein schönes Fleckchen Erde!« entfuhr es mir bewundernd. Prächtig gewachsene alte Fichten umstanden ein langgezogenes Blockhaus, das bestimmt seine zwanzig Meter maß. Die halbrunden, roh mit der Axt behauenen Fichtenstämme gaben dem Ganzen ein trutziges Aussehen. Auf dem tief nach unten gezogenen Spitzdach sah es aus wie in einem Trophäenladen: Riesige Elchschaufeln, Karibugeweihe und Schädel von Grizzlybären gaben ein wahres Eldorado für Sammler ab. Von der Sonne makellos weiß gebleicht, mußten die Knochen schon seit Jahrzehnten auf dem Dach liegen. Und erst die Schaufeln über der niedrigen Eingangstür! Wie Propeller standen sie in Augenhöhe von der Wand ab.

»Haben Sie die geschossen?« fragte ich Richard ungläubig.

»O nein, wir sind Newcomer! Das ist der Nachlaß von Cowboy Smith, einem Halbblut. Er hat auch die Hütte gebaut … und alles drumherum!« Richard umschrieb das Anwesen, indem er den Kopf kreisen ließ. Eine Weile beobachtete er uns schweigend, dann platzte er heraus: »Seid ihr zufällig Raucher?«

»Sind wir, aber zur Zeit leider ohne Zigaretten.« Irgendwie hatte ich nicht den Eindruck, daß er uns etwas zum Rauchen anbieten wollte. Und richtig.

»Seit einer guten Woche leben wir hier, und schon habe ich keine einzige Zigarette mehr. Verdammte Raucherei!« schimpfte Richard mehr mit sich selbst. Dann kam ihm eine Idee.

»Wartet mal, ich hatte doch ...« Er machte auf dem Absatz kehrt und lief mit gesenktem Kopf den Trampelpfad am Haus entlang zu einem verfallenen Schuppen. Neugierig folgten wir ihm. Michael grinste mich an und flüsterte: »Mann, ist der auf Entzug!«

Unwillkürlich mußte ich lachen, als Richard sich bückte und eine Kippe aufhob.

»Mir ist gerade eingefallen, daß ich meine ersten Zigaretten am Schuppen geraucht habe, teilweise nur halb!« Frohlockend hielt Mr. deGraff einen langen Zigarettenstummel in die Höhe, zündete ihn an und inhalierte tief die wenigen Züge. Sichtlich befriedigt, setzte er mit uns die Besichtigung fort: »Das hier ist der ehemalige Pferdestall.«

»Pferde? Am Yukon?« fragte ich zurück.

»Hinten in den Bergen sind ein paar alte Minen. Leider kein Gold«, versicherte er uns und zog bedauernd die Achseln hoch.

»Silber und Kupfer wurden da oben abgebaut und von zähen Indianerponies zum Yukon hinuntertransportiert. Ja, und damit kommt auch schon Cowboy Smith ins Spiel, der ein ganz gewieftes Schlitzohr gewesen sein soll. Vor Jahrzehnten siedelte er sich hier am Fluß an und züchtete Ponies. Nur: Irgendwann stellten die Minengesellschaften den unrentabel gewordenen Abbau ein und legten alles still. Cowboy Smith lebte dann noch einige Jahre vom Lachsfang und vom Fallenstellen. Als zu guter Letzt auch die Pelzpreise rapide fielen, mußte er verkaufen.«

Weiter und weiter liefen wir auf dem Pfad, der uns in ein sonnendurchflutetes Tal hinaus führte, eine wahrhaft idyllische Oase unberührter Natur: vom Frühling grün angehauchtes Buschland, mit Fichten und Laubbäumen bestanden, das am Horizont zur bewaldeten Bergkette aufstieg. Richard blieb stehen und atmete tief durch.

»Das alles gehört jetzt mir: Coffee Creek Valley! Übrigens eins der besten Elchreviere in den gesamten Yukon Territories. Unten am Coffee Creek fand ich gleich bei meiner Ankunft Elchspuren, auch von zwei Jungtieren«, schwärmte er.

Auf unserer Tour hatten wir noch nicht viel Wild zu sehen bekommen. Nur als entfernte Punkte an Berghängen, die auch unter Zuhilfenahme des Fernglases nicht größer werden wollten, ließen sich einige Schwarzbären ausmachen. Ich erzählte Richard, daß ich Berufsjäger sei und in Deutschland ein großes Revier bewirtschaftet habe.

Er konnte einfach nicht glauben, daß bei uns weder Elche noch Karibus, geschweige denn Bären, Wölfe oder Dallschafe vorkommen.

»Nur Rehe, Hirsche und ein paar Wildschweine?« fragte er mehrmals nach, als hätte er sich verhört. Bestätigend nickte ich und setzte noch eins drauf, indem ich ihm von den vergleichsweise winzigen Revieren und den strengen Jagdgesetzen berichtete.

»In meinem Tal darf jeder jagen. Wir kennen keine Reviербegrenzungen. Natürlich gibt es auch bei uns festgesetzte Abschußquoten und Schonzeiten, die eingehalten werden müssen, aber so wie bei euch ...« Er ließ den Satz unvollendet.

Inzwischen hatten wir die Richtung geändert. Auf dem alten, nur schwach ausgetretenen Saumpfad, der sich am Coffee Creek entlang wand, schlugen wir uns durch wucherndes Buschwerk zurück zum Wohnhaus. Im seichten Wasser einer kleinen Bucht entdeckte ich ein komfortables Aluminiumboot mit Kabinenaufbau. Am Heck hing ein leistungsstarker Motor. »Das muß ganz schön teuer gewesen sein«, meinte ich zu Richard.

»Das Boot ist im Busch überlebenswichtig«, versetzte er bedächtig. »Außer dem CB-Funk stellt es unsere einzige Verbindung zur Außenwelt dar. Die Kleinen sind ja noch nicht aus dem Alter der Kinderkrankheiten raus. Da ist es schon beruhigend zu wissen, daß wir mit dem Boot in wenigen Stunden das Krankenhaus in Dawson erreichen können. Außerdem schaffe ich damit alles Notwendige zum Leben heran. Für die kommenden Wochen sind wir noch gut eingedeckt. Mal sehen, wie sich die Dinge entwickeln. Bevor der Yukon zufriert, werde ich mir jedenfalls einen Motorschlitten besorgen. Alles zu seiner Zeit.«

Der Pfad endete an der Rückseite des Hauses. Meter um Meter türmten sich leere Umzugskisten an der Hauswand entlang. Schreiend buntes Kinderspielzeug lag wahllos auf dem flachgetretenen

Waldboden verstreut. Ich empfand sie fast schmerzhaft, die künstliche Häßlichkeit der Zivilisation. In diese Ursprünglichkeit paßt das einfach nicht hinein, dachte ich. Und überhaupt: Wo um alles in der Welt sollen die Kinder mit ihren Plastikautos und Dreirädern denn hier fahren? Dafür braucht man wenigstens Asphaltwege.

Das brandneue Mulchgerät und die chromblitzende Motorfräse hatten ihren ersten Einsatz bereits hinter sich. Stolz zeigte Richard uns seinen Garten. Eine große Fläche angrenzenden Buschlands war gerodet worden, und in den akkurat gezogenen Furchen steckten Pflanzstäbe.

»Ich habe schon Kohl, Karotten und Kartoffeln ausgesät. Die Vegetationszeit von Ende Mai bis Mitte August ist kurz, aber dafür scheint die Sonne dann rund um die Uhr. Da kann noch was draus werden!« lachte er zuversichtlich.

Der Mann gefiel mir. Er hat Mut und weiß, was er tut, dachte ich und schlenderte hinüber zu Birgit, die in der warmen Sonne auf einem Baumstumpf saß und sich unter dem fröhlichen Lachen der Kinder mit Händen und Füßen verständlich machte. »Mein Englisch …«, rief sie hilfesuchend, »ich verstehe fast gar nichts!« Die kleinen Mädchen schien das nicht zu stören, sie redeten ununterbrochen auf Birgit ein.

Doch Debbies Ruf: *»Coffee!«* tat seine Wirkung. An uns vorbei drängten sich die Kinder durch die winzige Eingangstür ins schummrige Innere. Zwei Stufen ging es hinunter. Das war der Grund, dämmerte es mir. Das Haus ist in die Erde hinein gebaut, deshalb wirkt es von außen so niedrig.

Einer der Grundpfeiler meines Lebens heißt: Ordnung. Was sich in diesem Haus abspielte, brachte mein Weltbild ins Wanken: das reinste Tohuwabohu! Halb geöffnete Kisten und Kasten, aus denen Kleidungsstücke aller Art herausquollen, waren garniert mit allen möglichen Gerätschaften und Spielzeug in wildem Durcheinander. Unter dem lautstarken Zank der vier Kleinen sollte meiner Meinung nach eine Puppe gevierteilt werden. Unbeeindruckt und gelassen reichte Debbie uns randvoll gefüllte Becher mit duftendem Kaffee und bat, auf den einfachen Holzstühlen Platz zu nehmen. Die tausend Kleinigkeiten, die den runden Eßtisch unter sich begraben hatten, schob sie energisch zu einem großen Haufen beiseite.

Auf einer antiken Lackkommode krähte fröhlich ein nacktes Baby. Mit geübten Griffen wickelte Cathy ihre kleine Schwester. Sie wirkt schon so erwachsen, überlegte ich, und ist doch erst zwölf Jahre alt.

»Rosanna, unser Nesthäkchen«, stellte Debbie freudestrahlend ihre Kleinste vor. Interessiert beobachtete Birgit das strampelnde Baby. Ich meinerseits wandte mich eher praktischen Überlegungen zu und malte mir aus, wie lange es wohl noch dauern würde, bis die erst zur Hälfte montierte Einbauküche funktionsfähig sein würde. Die Einzelteile bedeckten zusammen mit Töpfen und Pfannen den staubigen Bretterfußboden. Debbie hatte mich beobachtet.

»Jetzt sieht es hier schon richtig gut aus. Als wir vor fast einer Woche ankamen, traf mich bald der Schlag. Daß Cowboy Smith nicht noch seine Essensreste auf dem Teller liegenlassen hat ...«

Hilflos blickte sie um sich und stieß einen langen Seufzer aus, der wohl so viel bedeuten sollte wie: Meine Güte, wo bringe ich bloß alles unter? Wie aufs Stichwort warf Richard ein, daß er bis zum Herbst Bäume fällen wolle, um zum einen mehr Licht ums Haus zu schaffen und zum anderen gleich Material für den geplanten Anbau zu haben. Ich war völlig seiner Meinung: Das Haus platzte aus allen Nähten.

»Wir kommen aus Red Rapids in Michigan und wohnten auch dort außerhalb auf einer Farm. Also, Landwirtschaft – damit sind wir groß geworden.« Richard machte eine vielsagende Pause. Ich sah ihn an, und meine Gedanken kreisten um das Thema »Ackerbau und Viehzucht«. Weder das eine noch das andere ist am Yukon möglich, jedenfalls soweit mir bekannt ist. Aber als Aussteiger braucht man jede Menge Ideen und vor allem eine Riesenportion Pioniergeist. Richards nächste Bemerkung holte mich in die Wirklichkeit zurück.

»Probleme wie Drogen- und Alkoholmißbrauch oder die zunehmende Luftverschmutzung bekamen wir auch in Red Rapids zu spüren. Wir mußten uns Sorgen um die Zukunft unserer Kinder machen, und diese Sorgen ließen uns den Schritt in die Einsamkeit tun. Tja, die Yukon Territories haben wir uns ausgesucht, weil hier nur ein halber Einwohner auf einen ganzen Quadratkilometer kommt.

Die Entscheidung, tatsächlich aus Michigan wegzugehen, ist uns nicht leicht gefallen, weil sie auch viele Entbehrungen mit sich bringt. Im vorigen Frühjahr bin ich zum ersten Mal nach Dawson geflogen, um mich hier umzusehen. Durch einen Makler erfuhr ich vom Verkauf des Coffee Creek Valley und lernte Cowboy Smith kennen, einen urigen Burschen, der genug hatte vom kargen Einsiedlerleben. Ich glaube, er wollte zu Verwandten ziehen. Ja, und letzten Herbst bin ich dann wieder hochgeflogen, habe die Hütte gekauft, und jetzt fängt unser neues Leben an!« Lächelnd blickte er in die Runde.

»War es nicht schwierig, als derart große Familie nach Kanada einzuwandern?« fragte ich.

»Stimmt, das bedeutete einen Haufen Papierkram. Aber wir besaßen genug Geld. Die kanadische Regierung hat eine Mordsbürgschaft von uns kassiert.« Richard hielt inne, er schien sich die »Mordssumme« noch einmal zu vergegenwärtigen. Dann fuhr er fort: »Zusammen mit meinem Bruder halte ich noch Anteile an einer Firma in Michigan, und unsere Farm ist verpachtet ...«

Aha, dachte ich, doch kein Illusionist, da steckt Kapital dahinter. »Hört sich gut an ... solide Grundlage«, gab Michael als Finanzfachmann sein Okay.

Beim Eintreten in die Küche waren mir die frischen Kratzspuren am Fensterrahmen aufgefallen. Jetzt traute ich mich endlich zu fragen: »Wieso habt ihr denn das Fenster mit Plastikplane verklebt?« Ich spürte, daß Debbie und Richard sich einen unbehaglichen Blick zuwarfen. Dann antwortete Richard.

»Das war vorgestern abend. Plötzlich stand ein Grizzly vorm Fenster und schaute uns beim Essen zu. Ein Schlag, und die Scheibe zerbrach in tausend Stücke. Die Splitter flogen bis auf den Abendbrottisch!« Spürbar erregt hielt er inne, und seine Frau rutschte unruhig auf ihrem Stuhl hin und her. Die Atmosphäre in der schummrigen Küche war auf einmal angespannt. Die Kinder saßen mucksmäuschenstill auf ihren Plätzen. Unsere staunend geöffneten Münder animierten Richard zum Weitererzählen.

»Also«, nahm er den Faden wieder auf, »wie gesagt, Scherben flogen durch die Luft, es gab ein Riesendurcheinander und viel Geschrei. Ohne weiter nachzudenken, griff ich nach meinem Gewehr, legte an und ballerte dem Grizzly eine volle Ladung in den Kopf.

Steif wie ein Brett kippte er nach hinten.« Richards Atem ging bei der Erinnerung schneller.

»Daß sich das Gewehr überhaupt in Reichweite befand, war mehr einer Ahnung, einem unbestimmten Gefühl zu verdanken. Ihr müßt wissen, auf meinem ersten Rundgang hatte ich dicht am Haus Grizzlyspuren und Wolfsfährten bemerkt. Ich war also gewarnt. Meiner Frau und den Kindern verschwieg ich die Entdeckung. Ich wollte sie nicht beunruhigen, zumal ich nicht genau wußte, wie alt die Fährten tatsächlich waren. Letztendlich bin ich froh, daß unsere erste Bärenbegegnung einigermaßen glimpflich verlaufen ist. Ich glaube, den Kindern und auch uns ist jetzt klar, daß wirklich *wilde* Tiere unsere nächsten Nachbarn sind.«

Am Tisch hatten alle aufmerksam seinen Worten gelauscht.

»Heute nacht bleibt ihr aber hier, und ich mache uns ›Bearburger‹!« verscheuchte Debbie die Erinnerung an den Zwischenfall. Sie erhob sich vom Tisch und sammelte lächelnd die Becher ein. Es bedurfte keiner zweiten Aufforderung: Wir blieben gern.

Schreiend und tobend begleiteten uns die Kinder durch den fast taghellen Abend hinunter zum Kanu. Allem Anschein nach gefiel es ihnen, Besuch zu haben. Wir luden die notwendigsten Dinge für die Nacht aus und schleppten sie gemeinsam den Hang hinauf. Unweit des Hauses stellten wir unser Zelt auf, das Birgit – unterstützt von begeisterten kleinen Helfern – einrichtete. Richard wollte Michael und mir unbedingt sein Fleischhaus zeigen. Die kleine Hütte lag versteckt in einem Erlenwäldchen, gut hundert Meter vom Wohnhaus entfernt. »Sicherheitsabstand« nannte Richard die Entfernung. Damit gehorchte er der goldenen Regel der Wildnis: »Bewahre dein Essen so fern von dir wie nur möglich auf.«

Knarrend öffnete sich die aus dicken Bohlen gefertigte Tür mit ihren zwei langen Eisenriegeln. Vier mal vier Meter maß die Fläche, auf der Richard seine Lebensmittel stapelte. Solide Holzkisten und Blechkanister ließen kaum Platz zum Eintreten. Unter der Decke hing eine rohgezimmerte Holzstellage. Sorgsam ausgebreitet und mit einer dicken Salzschicht bestreut, konservierte Richard den zerlegten Bären.

»An dem werdet ihr noch eine Weile zu kauen haben!« scherzte Michael und betrachtete die mächtigen Keulen aus der Nähe. Wie ein nachlässig an den Haken geworfener Pelzmantel hing das rohe Fell an der Wand. Andächtig befühlten wir unseren ersten Grizzlypelz. Kurze, zimtfarbene dichte Haare. Auf der Unterseite klebten noch Fleischfetzen und angetrocknetes Blut.

»Wenn du das aufheben willst«, wandte ich mich an Richard, »muß die Haut absolut sauber gekratzt werden. Wenn du einverstanden bist, helfe ich dir morgen dabei.«

»Ich kann ein bißchen Hilfe brauchen. Manchmal weiß ich nicht, wo ich anfangen soll!« Richard war ehrlich erfreut.

»Andreas hat Übung. Er hat schon Hunderte von Hirschen und Wildschweinen ›aus der Decke geschlagen‹!« Michael übersetzte mir stolz den waidmännischen Fachausdruck, der ihm gerade wieder eingefallen war. Ich lächelte und erinnerte mich daran, daß ich ihm und seiner Frau vor Jahren mein Revier in Deutschland gezeigt hatte. Er war ja sehr interessiert gewesen, aber seine Frau ... Sie trug sogar im Wald Stöckelschuhe.

Beim Abendessen fiel mir die Entscheidung wirklich schwer. Schmeckte das Bärenhacksteak nun nach Wild oder nach Rindfleisch? Sicher war nur, daß ich »Bär« zum ersten Mal in meinem Leben aß. Das Fleisch war eingepackt in ein knuspriges Sesambrötchen und dick mit Gurken, Tomaten und Zwiebeln belegt. Ich hatte größte Mühe, meinen Mund für diesen »Dreistöcker« weit genug aufzureißen. Ketchup vermischte sich mit Senf und hinterließ klebrige Bahnen auf meinem Handrücken. Mit einem Seitenblick streifte ich Birgit: Ihr erging es nicht besser. Typisch amerikanisch ungeniert, jonglierten jedoch selbst die kleinsten deGraffs gekonnt mit ihrem Bearburger. Den Mund bis zum Rand vollgestopft, erklärte Michael, in New York esse er niemals Hamburger. Augenscheinlich entdeckte er gerade den Spaß an der Sache.

Im flackernden Licht der weißen Kerze auf ihrem Unterteller, die Debbie zur Feier des Tages in die Tischmitte gestellt hatte, versank jegliche Unordnung. Duftende Fichtenscheite knisterten und knackten im tonnenförmigen Yukonofen und verbreiteten wohlige Wärme und Geborgenheit. Kim ließ sich seit Stunden nicht mehr blicken. Ich glaube, sie genoß die neue Freundschaft mit den zwei anderen Hunden; jedenfalls lagen sie friedlich beieinander im Vorraum. Plötzlich wurde ich mir der Stille im Haus bewußt. Ohne daß ich es bemerkt hatte, waren die Kinder mit ihrer Mutter im Schlafraum verschwunden. Debbie kehrte gerade zurück; sie wirkte müde.

»Letzte Nacht haben die Kleinen im Schlaf gestöhnt und geschrien. Es dauert sicher noch eine Weile, bis sie sich an die neue Umgebung gewöhnt haben.« Sorge, aber auch Zuversicht waren auf ihrem Gesicht abzulesen. Mit leiser Stimme – und seine Worte galten wohl mehr Debbie als uns – sagte Richard ernst: »Wir haben Vertrauen in Gott!«

Ich fühlte mich eigentümlich berührt von diesem Bekenntnis. Als sogenannter Atheist glaube ich nicht an den Gott der christlichen Kirchen; mein Gott sind die germanischen Götter. Doch im Grunde bleibt es sich gleich, an wen oder was man glaubt: Es gibt etwas zwischen Himmel und Erde, das uns Kraft und Trost spenden kann. Wie auf Kommando erhoben wir drei uns und beschlossen, Debbie und Richard allein zu lassen. Morgen war schließlich auch noch ein Tag.

Und was für ein Tag! In der herrlich warmen Morgensonne knieten wir Männer über der ausgebreiteten Bärenhaut. Die Fleisch- und Fettstücke verströmten ihren Verwesungsgeruch direkt in unsere Nasen. Richard und mir machte das nichts aus. Nur Michael litt. Angeekelt und mit zusammengekniffenem Mund drehte er sich ständig weg und beobachtete äußerst interessiert die Eichhörnchen, die mit lärmendem Gekreische die Fichtenstämme rauf und runter turnten.

»So riechen sie alle. Wenn ich ein Reh aus der Decke schlage – was für ein Blutgeruch! Aber dieser Bursche hier war immerhin ein *Bär!*« konnte ich mir nicht verkneifen zu sagen. Und als hätte ich etwas zu verkaufen, fügte ich hinzu: »Jetzt kannst du denen in New York erzählen, daß du in der Wildnis des Yukons einem Bären die Haut abgekratzt hast. Na, ist das nichts?«

»Dir ist nicht zu helfen: einmal Jäger – immer Jäger!« Michael schüttelte lachend den Kopf, schnitt mit dem Flachmesser einen dicken Fleischbrocken von der ledernen Haut und warf ihn Kim zu, die halb lauerte, halb in der Sonne vor sich hin döste.

»Was denkst du, wie alt war der Bär?« fragte mich Michael. Ich nahm Augenmaß. »Ein Jungtier, schätzungsweise zwei bis drei Jahre alt. Er muß schon allein unterwegs gewesen sein, denn hätte er noch unter der Obhut seiner Mutter gestanden ... Ich glaube, das Haus stünde nicht mehr!« Fast sah es putzig aus, wie Richard den deutschen Lauten mit unaufhörlichem Stirnrunzeln folgte. Michael übersetzte, und er nickte zustimmend.

»Später werde ich das Fell zum Trocknen aufspannen. Es wird leider knochenhart werden, ich habe nämlich noch keine Chemikalien hier, um es weich und geschmeidig zu gerben. Aber für den Fußboden wird es wohl reichen«, überlegte Richard laut. Sein charakteristisches Schmunzeln, das mir gleich bei der Ankunft so gut gefallen hatte, tauchte um die Mundwinkel auf: »Cowboy Smith, den ich nur zweimal getroffen habe, hat mir ein paar nützliche Tips gegeben. Unter anderem sagte er, daß die Indianerfrauen das Fell eines Bären tagelang weichkauen und zusätzlich Pflanzensäfte verwenden, um später Mützen, Handschuhe und was weiß ich noch alles daraus zu nähen. Meiner Frau kann ich das aber wohl nicht zumuten ...« Er amüsierte sich königlich.

»Nächstes Jahr bin ich besser ausgerüstet. Konnte ja nicht ahnen, daß ich meinen ersten Bären gleich nach der Ankunft schießen muß!« Gurgelnd stiegen Lacher in ihm auf. Wie Richard deGraff da vor mir saß – mit zuckenden Schultern, das Gesicht in unzählige Lachfalten gelegt –, fiel mir auf, daß er bestimmt schon die Vierzig erreicht haben mußte. Und fängt noch einmal ganz von vorn an, mit einer Riesenfamilie dazu, dachte ich bewundernd.

»Andreas!« Birgits Kopf erschien unter dem mächtigen Elchpropeller über der Tür. Eilig winkte sie mir zu und verschwand wieder im Haus.

Als ich eintrat, krachten abgehackte Sphärentöne durch die schummrigen Räume. Neugierig zwängte ich mich zwischen den Kartons hindurch und glitt leise auf einen Stuhl. Wie gebannt starrten Debbie und die Kinder auf das Funkgerät. Eine Männerstimme stieß im Stakkato undeutliche Worte hervor, die Cathy in fieberhafter Eile in ein Heft schrieb. Man konnte den Kugelschreiber über die Linien flitzen hören. Dann herrschte Stille. Debbie drückte einen Knopf am Mikrofon und fragte etwas. Birgit erklärte mir in wenigen Worten, daß sie sich gerade mit einem Lehrer in Dawson unterhielt.

»Jeden Morgen hält er Unterricht für die Buschkinder ab – im Umkreis von zweihundert Kilometern!« Sie war sichtlich beeindruckt und forschte auch in meinem Gesicht nach einem Zeichen der Verwunderung, das wohl vorhanden war. Debbie stieß mit dem Arm ihre Tochter an, die im Moment meine Anwesenheit interessanter fand als das Eintragen weiterer Notizen im Heft. Wieder sauste der Kugelschreiber zum abgehackten Klang der Lehrerstimme über das Papier. Nach einer Weile rief Debbie: *»Good-bye, Paul!«* ins Mikrofon und schaltete das Funkgerät aus. In meinen Ohren hallte die Äthermusik nach.

»Geschafft! Die Verbindung ist nicht die beste«, lachte die Mutter. Die Kinder wippten erwartungsvoll auf ihren Stühlen und lächelten Birgit und mich an.

»Wie funktioniert das mit dem Unterricht?« wollte ich wissen.

»Paul gibt jeden Morgen eine Stunde für alle drei Schulkinder zusammen, Kindergartenstufe bis Hauptstufe für Cathy. Er erklärt, und wir stellen Fragen. Anschließend arbeite ich mit jedem Kind seinen Stoff durch. Ich bin ihre Zweitlehrerin«, merkte sie nicht ganz ohne Stolz an. Und halb zu den Kindern gewandt, fügte sie hinzu: »Ferien fallen für alle Zeiten aus. Nur Samstag und Sonntag gibt's keinen Unterricht. Es ist Vorschrift, daß nach jedem Schuljahr in Dawson persönlich eine Prüfung abgelegt werden muß. Da werden wir diesen Sommer alle hinfahren. Dann lernen die Mädchen auch gleich ihre Lehrer und vor allem die anderen Buschkinder kennen. Ich stelle mir das ganz nett vor.« Alle anwesenden deGraffs sahen so aus, als würden sie sich schon jetzt auf den Ausflug mit dem Boot freuen.

Spontan kam mir die Idee für ein Interview. Mit der Filmkamera hatte ich bereits einige Familienszenen festgehalten, doch ich wollte, daß Debbie und Richard ihre Geschichte noch einmal vor der Kamera wiederholten.

»Würdet ihr mir ein Interview fürs deutsche Fernsehen geben? Mein Film über den Yukon River und die Tiere und Pflanzen, die hier leben, sollte die Menschen nicht aussparen. Pioniere, Leute wie ihr, gehören auch hinein!«

Große Aufregung. Debbie und die Kinder kamen in Bewegung, alle wurden zusammengetrommelt. Während ich Kamera und Stativ vor dem Haus aufbaute, putzte sich Familie deGraff für die Filmaufnahmen heraus. Meine Proteste, ich wolle sie so, wie sie normalerweise aussähen, ließen Debbie und Richard nicht gelten. Vor dem Hintergrund des Blockhauses mit all seinen Geweihen und Schädeln, umgeben von Gestrüpp und Fichten, stellten sie sich wie die Orgelpfeifen auf. Ich war nahe daran, an einem Lachanfall zu ersticken: Richards Stoppelbart war verschwunden, er hatte sich aalglatt rasiert. Sein weißes Baumwollhemd mußte frisch aus der Verpackung gekommen sein, inklusive der typischen Knickfalten. Debbie steckte in einem großblumigen Sommerkleid. Ihre gesunde Gesichtsfarbe hatte sie unter aufgespachteltem Make-up versteckt. Im Arm hielt sie, passend zum Lippenstift, die fröhlich krähende Rosanna in rosafarbener Ausgehgarnitur. Drei frischgeschrubbte kleine Mädchen wirkten mit ihren Schleifen im Haar wie zum Sonntagsausflug herausgeputzt. Und als mein Blick auf den kleinen John fiel, lebten die zwanziger Jahre wieder auf: Im winzigen Stresemannanzug mit passender Krawatte hielt er den Blick auf die hochglänzend gewienerten Schuhe gesenkt. Den gezirkelten Scheitel mußten sie ihm mit dem Beil gezogen haben! In Birgit gluckste es; vorsichtshalber schauten wir uns gar nicht erst an. Nur Michael freute sich mit wohlwollendem Grinsen an dem adretten Auftritt.

Mein Anfall von Heiterkeit ebbte ab, als der Film lief und Richard ernsthaft in die Kamera sprach: »Coffee Creek war schon immer ein Handelsposten. Hier legten die Schaufelraddampfer an, um Lebensmittel an Bord zu nehmen. Im nahe gelegenen Holzfällercamp deckten sich die Kapitäne mit Brennmaterial für die Fahrt auf dem Yukon nach Whitehorse oder Dawson ein. Die Einmündung des Coffee Creek in den Yukon River mit den Kupfer- und Silberbergwerken im Rücken besitzt Geschichte: Schon seit Jahrhunderten siedeln hier Menschen. Und wir sind hierhergekommen, um weitab von den großen Städten unseren eigenen Lebensrhythmus zu finden.«

5

Gold

Wie Wolkenkratzer türmten sich die wattedicken Wolkengebilde in den kobaltblauen Himmel. Die Sonne verstärkte den harzigen Geruch der Natur, und ich erwartete, jeden Moment den Sommer hereinbrechen zu fühlen. Der Yukon wurde zunehmend mächtiger. Gespeist von einem Netz kleiner Nebenflüsse, von denen jeder eine gehörige Portion quellklares Wasser beisteuerte, wollte sich die graubraune Schlammfärbung unseres Stromes dennoch nicht aufhellen. Gemächlich wälzten sich seine trüben Fluten durch das dichtbewachsene Tal.

Die weithin offene Landschaft beherrschte ein monumentaler Tafelberg, auf dessen Plateau die dunkelgrünen Fichten wie Bartstoppeln in den Himmel ragten. Am anderen Flußufer begleiteten uns immer noch die Gipfel der Dawson Range. Dawson Range – für mich war dieser Name untrennbar mit Richard und Debbie deGraff verbunden. Was ihre vielköpfige Familie wohl gerade machte? Das Bärenfell war inzwischen hoffentlich zum Trocknen aufgespannt. Mit der Herzlichkeit alter Freunde hatten wir uns am Ufer verabschiedet. Dabei mußten wir versprechen, irgendwann wieder einmal hereinzuschauen. Die Kinder ließen von Birgit erst nach wiederholten Abschiedsküssen ab, und noch Stunden später diskutierten wir drei im Kanu über die Chancen eines erfolgreichen Siedlerdaseins am Yukon.

Seit dem Zufluß des Pelly Rivers veränderte sich die Flußlandschaft zusehends: Schlick und Kies waren zu Inseln angeschwemmt, auf denen sich im Laufe der Zeit kleinere Laubbäume und Büsche angesiedelt hatten. Die stromlinienförmigen schmalen Eilande zerteilten den Flußlauf in ein unübersehbares Labyrinth von Kanälen. Michael brachte dieser Inselwirrwarr schier aus dem Häuschen. Als passionierter Kartenleser und Liebhaber von Genauigkeit und Präzision stellte er immer wieder aufgebracht fest, daß die Eintragungen in der Karte mit der Realität wenig zu tun hatten. Der tatsächliche Gestalter hier sei das Hochwasser, meinte er, das im Frühjahr und Herbst die Ufergestade abbrach und das Erdreich mit sich fortriß, um es an ganz anderer Stelle als Insel wieder abzuladen.

»Das wäre ein Job für mich: Jedes Jahr als Kartograph zweimal den Yukon rauf und runter paddeln und die Inselwelt auf aktuellem Stand halten!«

Bevor mir eine gescheite Erwiderung einfiel, kam plötzlich Bewegung in Kim. Hastig zwängte sie sich zwischen Birgits Beinen hindurch. Es schien, als wolle sie jeden Moment über Bord springen. Ihre Flanken zitterten vor Erregung.

»Kim! Was riechst du? Was ist los?« Sie reagierte nicht. Mit steil erhobener Nase nahm sie Witterung auf. Keine drei Meter Wasser lagen zwischen dem undurchdringlichen Busch auf der Insel und unserem Boot. Birgit packte Kim fest am Halsband und spähte in das Dickicht. Der Ausruf blieb mir in der Kehle stecken: Wie in Stein gemeißelt, ragte der Riesenschädel einer Elchkuh über dem Buschwerk auf! Obwohl sie unsere Unterhaltung und das plätschernde Eintauchgeräusch der Paddel gehört haben mußte, blickte sie stur geradeaus. Stumm glitten wir im Kanu auf ihre Höhe: Unbewegte braune Glotzaugen starrten uns an.

»Das gibt es doch nicht! Ist die ausgestopft?« entfuhr es mir. Als hätte die Elchkuh meine Worte verstanden und wollte mir nun das Gegenteil beweisen, schwenkte ihr Kopf in Seelenruhe mit unserem Gefährt mit. Verdattert schauten wir drei uns an. Birgit zerrte verbissen an der aufjaulenden Kim, die ihre Vorderpfoten absprungbereit auf den Bootsrand gestemmt hatte.

»Wieso bleibt die da liegen und läuft nicht weg?« Michael hatte beim Umdrehen festgestellt, daß die Elchkuh sich immer noch nicht von der Stelle gerührt hatte.

»Anscheinend ist sie noch keinem Menschen begegnet, und daher stellen wir in ihren Augen keine Gefahr dar.« Mühselig kramte ich hervor, was ich über Elche wußte. »Vielleicht steht sie auch kurz davor, ihre Jungen zu setzen, und will das Bett nicht mehr wechseln? Zum Gebären suchen sie sich gern Inseln aus, um vor Grizzlyangriffen sicherer zu sein.«

»Das möchte ich sehen! Los, laßt uns ans Ufer!« Michael wurde ganz unruhig. In der Zwischenzeit hatte uns die Strömung beinahe bis ans Ende der Insel getrieben. Auf dem allerletzten Zipfel gelang es uns, das Gespann mit Getöse in eine aufgehäufte Kieshalde zu rammen. Bis zu den Knöcheln versanken wir im lockeren Untergrund, als wir aus dem Kanu sprangen und zurück zur Elchkuh liefen. Sogar Kim hatte Mühe, sich durch den filzigen Busch zu schlagen, der ihr Fell wie zu einem Topfschrubber aufrauhte. Das Bett war leer! Wir sahen nichts als plattgewalzte Büsche, wo eben noch der mächtige Leib der Elchkuh gelegen hatte.

»Wie schade!« schimpfte Michael fassungslos. »Dabei haben wir uns so beeilt. Sie saß doch ganz ruhig da.«

»Tja, vielleicht versteckt sie sich jetzt woanders. Wir können ja die Insel durchsuchen.« Ich gab Kim den Befehl: »Such!« Schwanzwedelnd nahm sie die Elchfährte auf und jagte uns kreuz und quer über die Insel.

»Hierher, Michael, hier!« Frische Trittsiegel im Schlick … und die Hufabdrücke zeigten eindeutig aufs Wasser. Kim beschnupperte die Spur, die von den Wellen, die ans Ufer schlugen, unweigerlich ausgelöscht wurden.

»Hier ist sie weg und zur Nachbarinsel rübergeschwommen.«

»Aber wieso denn?« fragte Michael aufgebracht und spähte aufs nächste Eiland hinüber.

»Wahrscheinlich fühlte sie sich bedroht, als wir in den Kies gedonnert sind«, versuchte ich eine möglichst einfühlsame Erklärung.

»Ich verstehe nur nicht, wieso Kim uns nicht gleich zu dieser Stelle geführt hat, anstatt mit uns die ganze Insel abzugrasen. Vielleicht hätten wir die Elchkuh rüberschwimmen sehen. Wenigstens das!« Michael schien regelrecht beleidigt.

»Also, hör mal! Kim ist zwar ein Schweißhund, der auf Wildfährten trainiert ist, aber sie ist kein Wunderhund, der eine frische Fährte von der allerfrischesten unterscheiden kann. Das würde ja an Hellseherei grenzen!« Ich bemühte mich, kühl zu antworten, und verkniff mir die Erwiderung: Städter! Absolut keine Ahnung von Tieren und von Jagdhunden schon mal gar nicht. Unsere Laune war jedenfalls hin. Störrisches Schweigen herrschte zwischen uns, als wir zum Kanu zurücktrotteten.

Es ist wirklich nicht zu verachten, wenn man auf großer Fahrt eine begnadete Köchin an Bord hat: In der Pfanne auf dem kleinen Gaskocher warfen Pfannkuchen große Blasen. »Ich seh' euch den Appetit schon an, ihr braucht gar nichts zu sagen!« Birgit reichte uns Teller mit duftenden Pfannkuchen, doch Michael dachte immer noch an »seinen« Elch.

»Ich hätte gern ein Foto von der Kuh gehabt, eine Großaufnahme. Das war *die* Gelegenheit!«

»Dein Urlaub ist ja noch nicht zu Ende, es wird schon noch klappen. Und wenn nicht«, warf ich spitzbübisch ein, »machst du halt eins im New Yorker Zoo!« Der bitterböse Blick, den unser Banker mir zuwarf, ließ mich verstummen.

»Wir haben gerade das letzte Möwenei von den Rapids gegessen.« Birgit war es zuwider, wenn ein Gewitter in der Luft lag, und sie versuchte, Gemeinsamkeit herzustellen, indem sie uns an die durchstandenen Abenteuer erinnerte. Mein Groll war noch nicht ganz verflogen, doch ihr zuliebe gab ich klein bei und murmelte ein leises *»Sorry!«* in Michaels Richtung. Die Elchsaison begann ja gerade erst, und ich war mir fast sicher, daß wir noch eine Kuh mit ihren Jungen zu Gesicht bekommen würden. Ich entschied, daß Michael schlichtweg zu ungeduldig war. Schließlich befanden wir uns nicht in einem Naturpark mit garantiertem Wildaufkommen!

Den warmen Kies im Rücken, streckte ich mich erst einmal aus und döste in der Mittagssonne. Ich spürte, wie Kim sich zwischen meinen Beinen eine Kuhle schaufelte und mir ihren Kopf auf den Oberschenkel legte. Das war ihr Lieblingsplätzchen. Das gleichmäßige Rauschen des Wassers, der trillernde Gesang der Vögel und das Klappern des Eßgeschirrs rückten mehr und mehr in den Hintergrund meines Bewußtseins. Vor meinen geschlossenen Augenlidern tanzten in wirbelnden Sprüngen goldgelbe Sonnenpünktchen.

An meinen nackten Füßen spürte ich die prickelnde Kühle des Baches. Plätschernd hüpften die Wellen über perlweiße Kieselsteine und brachen sich an meinen Knöcheln. Die Sonne strahlte nicht mehr über mir, sie hüllte mich ganz in ihren goldenen Glanz ein und ließ mich mit dem schimmernden Klumpen in meiner Hand eins werden. Pures Gold, so groß wie ein Möwenei! Aufjauchzend warf ich den Kopf in den Nacken und stieß einen markerschütternden Freudenschrei aus, bis hinauf zu den Baumwipfeln, die erzitterten und sich ehrfurchtsvoll neigten. »Ich bin auf einen Goldfluß gestoßen!« rief ich ihnen zu, und wie im Rausch durchwühlte ich das Flußbett. Jedes Klonk, *mit dem ein weiteres Nugget meine Schürfpfanne füllte, ließ meinen Herzschlag für einen Moment aussetzen: Jetzt bin ich reich!*

»Andreas! Wir wollen weiter!« Wie durch eine Nebelwand drang Michaels Stimme an mein Ohr, und ich fühlte, wie sich mein Gold in Luft aufzulösen begann. Unwillig schlug ich die Augen auf und hielt meine Hände prüfend vors Gesicht: Sie waren leer. »Mensch, du hast mir gerade mein Gold geklaut!« fuhr ich Michael an. Birgit und er lachten mich aus. Sie hatten natürlich keine Ahnung, wovon ich sprach. Nur ungern verließ ich meine goldene Elchkuhinsel.

Die Sonne hatte den Zenit bereits überschritten, und wir fuhren vorbei an noch nackten, frisch aufgeworfenen Kiesinseln. Gemeinsam spannen wir den »goldenen Faden« weiter.

»Was du aber auch immer für Träume hast!« kommentierte Michael meine Fantasiegebilde und nahm die Gelegenheit wahr, sich als eingefleischter Banker über Gold auszulassen. Detailliert und anschaulich schilderte er das Auf und Ab der Goldpreise. Letztendlich sei Gold auch nur eine Ware, versuchte er mir klarzumachen. Dennoch – das prickelnde Gefühl in meiner Hand konnten seine nüchternen Worte nicht auslöschen.

Erst jetzt fiel mir auf, daß wir trotz unseres kräftigen Paddelschlags kaum vorankamen. Die Strömung hatte merklich nachgelassen, und vor uns schien sich das Wasser sogar zu stauen. Auf diesem Abschnitt gewann der Yukon das Aussehen eines Mündungsdeltas: Unzählige Inselchen teilten den Hunderte Meter breiten Fluß in viele kleine Kanäle, die sich erst in der Ferne wieder zu einem mächtigen Wasserlauf vereinigten.

»Wir sind in einem Hochgebirgsbecken. Entweder wir legen uns noch mal richtig in die Riemen, oder …« Birgit rutschte unruhig auf ihrem Sitzkissen hin und her und unterbrach mich: »Vorn rechts ist eine nette Insel für die Nacht.« Dieser milden Ermahnung, für heute das Paddel aus der Hand zu legen, kamen wir bereitwillig nach und hielten auf ein kleines Eiland mit Erlenwäldchen zu, in dessen Richtung sie deutete.

Das allabendliche Einrichten des Lagers war bereits zur Routine geworden. Einer von uns – meist war es Michael – suchte eine ebene Fläche und stellte das Zelt auf. Ich war fürs Feuerholz zuständig und hielt Ausschau nach einer windgeschützten Kochstelle, die außerdem in ausreichendem Sicherheitsabstand zum Schlafplatz lag. Schließlich konnte man ja nie wissen, ob sich des Nachts nicht noch ein Bär oder ein Wolf bei uns mit verpflegen wollte. Birgit schaffte Lebensmittel und Kochgeschirr heran. Und Kim blieb auch nicht untätig: Sie ging auf Fährtensuche und schnüffelte das Ufer ab. Ihrer guten Nase entgingen auch ältere Spuren nicht, die sie ein Stück weit ins Unterholz verfolgte. Überhaupt: Seitdem der Schnee geschmolzen und damit auch die Zeit des Winterschlafs vorbei war, lagen unsere Gewehre jede Nacht griffbereit an unserer Seite.

Auf dieser Insel gab es Feuerholz in Hülle und Fülle, und ich bemühte mich, die trockenen Äste möglichst kunstvoll aufeinanderzuschichten. Es war doch ein herrlicher Moment, wenn die ersten Flammen aufzüngelten und das knackende Holz in rotglühende Stäbe verwandelten! Birgit schöpfte sich einen großen Topf Wasser aus dem Yukon: Waschtag war angesagt.

»Heh, guck mal da drüben auf der Insel!« Ich drehte mich zu Michael um. Auf dem gegenüberliegenden Eiland ragte einsam ein mächtiger abgestorbener Baum aus dem niederen Buschwerk, und auf der obersten kahlen Astgabel thronte ein riesiger Seeadlerhorst. Über dem gewaltigen Nestrand blitzte ein schneeweißes Köpfchen auf: *Bald Eagle*, der Wappenvogel der USA, und nur hundert Meter von uns entfernt! Ein Gefühl der Erhabenheit, des Einsseins mit der Natur durchströmte mich. In der Vergrößerung meines Fernglases blickte ich diesem ganz besonderen Vogel direkt in die Augen: goldgelbe Pupillen, umrahmt von einem schwarzen Rand. Darunter ein kräftiger, stark gebogener Schnabel, angsteinflößend weit aufgerissen. Fütterung, schoß es mir durch den Kopf. Dann mußte der männliche Adler im Anflug sein. Noch bevor ich Zeit hatte, diesen Gedanken zu Ende zu denken, schien ich mich auch schon unmittelbar unter den mächtigen braunschwarzen Schwingen zu befinden. Ich setzte das Glas ab und bekam aus der Ferne noch mit, wie sich der Adler elegant auf dem Rand seines Horstes niederließ. Die Art, wie er seine Flügel mit immerhin drei Metern Spannweite um den Körper legte, erinnerte mich an das Einfalten eines überdimensionalen Fächers.

»Was er wohl seiner Herzallerliebsten gerade zusteckt?« fragte ich Michael mehr theoretisch, denn von seinem Standort aus hatte er ebenso wenig Einblick wie ich.

»Vielleicht ein leckeres Entchen?« entgegnete er grinsend. In der Gewißheit, daß uns die Adler nicht abhanden kommen würden – anders als der Elch –, bereiteten wir unsere eigene Fütterung vor: im Feuer gegarte Kartoffeln, dazu saftiges Cornedbeef aus der Dose. Auf allseitigen Wunsch versprach Birgit zum Dessert Pfannkuchen mit Marmelade. Daß wir alle drei unter Nikotinentzug litten und viel lieber eine Zigarette zum Nachtisch gehabt hätten, brauchten wir nicht auszusprechen.

Während wir die in Alufolie gewickelten Kartoffeln im Feuer hin und her rollten und Birgit sich ihre Haare von den letzten Sonnenstrahlen trocknen ließ, lauschten wir der Musik des tiefrot verdämmernden Abends. *Tok-Tok-Tok-Tok* palaverten irgendwo ein paar Rauhfußhühner und stimmten so auf ihre Art in die melodiösen Singvogelrufe ein. Weit, weit entfernt meinten wir das Geheul eines Wolfs zu vernehmen. *Ih-Ih-Ih* schrie der Seeadler zu uns hinab, überflog das Camp und ließ sich auf einer hohen Fichte am Festlandufer nieder. Stille senkte sich über den gewaltigen Fluß, der mir mit seinen niemals endenden Fließgeräuschen zur zweiten Heimat geworden war.

Am nächsten Morgen bot sich uns auf der Adlerinsel ein unverändertes Bild. Das Weibchen brütete im Nest, und ihr Partner fütterte sie dann und wann mit Leckereien. War er weder mit Jagen noch mit Füttern beschäftigt, ruhte er sich auf einem der weitausladenden Fichtenzweige aus.

»Ich möchte zu gern mal rüberpaddeln und mir den Horst aus der Nähe ansehen!« Unschlüssig stand Michael am Strand und zwirbelte seinen Vollbart. Ein verlockender Gedanke! Wo war das Männchen? Stocksteif hockte der Seeadler im Baum und äugte unverwandt zu uns herüber. Ich war mir sicher, daß er jede unserer Bewegungen mit scharfem Auge erfaßte.

»Birgit, wir nehmen Kim mit rüber. Willst du auch mitkommen?«

»Nein, nein, geht ihr nur allein auf die Pirsch. Hoffentlich nimmt euch der König der Lüfte die Annäherung nicht übel!« Etwas besorgt blickte sie uns nach.

Wir fühlten uns wie die Indianer auf dem Kriegspfad, als wir möglichst lautlos mit dem Kanu ablegten und mit ruhig durchgezogenen Paddelschlägen das gegenüberliegende Ufer ansteuerten. Doch der Adler ließ sich nicht täuschen: Sirrendes Flügelschlagen kündigte seinen Sturzflug an. Pfeilschnell kam er mit wütendem *Ih-Ih-Ih* auf uns heruntergeschossen. Instinktiv riß ich beide Arme über den Kopf und duckte mich weg. Den Luftsog der mächtigen Schwingen konnte ich auf meiner nackten Haut spüren. Aus den Augenwinkeln sah ich, daß der riesige Vogel sich wieder hochschwang und einen großen Bogen flog, wohl um erneut anzugreifen. Der Ruck, mit dem das Kanu am Ufer aufsetzte, warf mich fast vom Sitz. In großen Sätzen jagten Michael und ich durch die struppigen Büsche auf den einzigen Baum zu. »Hier sind wir sicher!«

Die rußig geschwärzte Erle streckte ihre bizarr geformten, kahlen Arme weit von sich. Auge in Auge starrten wir zu den großen Vögeln über uns hinauf. Es sah fast putzig aus, wie die beiden Adler über den Nestrand schauten und uns beobachteten. Gegenseitig belauerten wir uns eine ganze Weile. Die Situation entspannte sich erst, als es den beiden anscheinend zu langweilig mit uns wurde und ihre Köpfe im Horst verschwanden. Aus der Nähe nahm sich das Nestgebilde regelrecht monströs aus. Die Trutzburg maß über drei Meter im Durchmesser und war kunstvoll aus armdicken Ästen geflochten. Die Wände schätzten wir auf beinahe einen Meter Stärke. Gewiß hatten schon Generationen von Seeadlern in diesem antiken Horst gebrütet.

»Wäre doch jammerschade, wenn der Baum eines Tages unter dem Gewicht zusammenbricht!« Kritisch betrachtete ich das leblose Geäst.

»Das sieht ja wie in einer Geflügelschlachterei aus.« Angeekelt und zugleich fasziniert, kroch Michael am Boden herum und wühlte in dem undefinierbaren Gemisch aus Federn und Kot. Kim tat es ihm natürlich nach. Wie eine Planierraupe schob sie ihre Nase durch den Dreck und suchte nach eßbaren Überresten von Enten und Eisvögeln, deren Federn sich in weitem Umkreis fanden.

»Sieh mal, schwarzweiße Federn von Mr. Eagle persönlich!« Als hätte er pures Gold gefunden, hielt Michael mir die kostbaren Mauserfedern entgegen. »Die würde ich gern mit nach Hause nehmen! Aber in den USA ist schon der Besitz solcher Federn strafbar. Außerdem komme ich damit niemals durch den Zoll.« Ich schlug vor, daß er sich zumindest bis Dawson eine Feder an die Baseballkappe stekken könne.

Noch hundertfünfzig Kilometer gemeinsam auf dem Fluß. Ob Michael wohl hin und wieder an seinen Rückflug denkt? Manchmal meinte ich, einen wehmütigen Zug um seinen Mund zu bemerken, wenn wir abends beim Lagerfeuer über der Karte saßen und ich mit Birgit unsere weitere Route absteckte. Aber da Michael von sich aus das Thema nicht anschnitt, beließ ich es bei meinen Beobachtungen. Ich selbst nehme auch nicht gern Abschied und bin im Grunde froh, wenn ich den Augenblick hinauszögern kann.

Als wir im Zeitlupentempo unter dem Baum hervortraten, war sofort aufgeregtes Flügelschlagen zu hören. Adler und Mensch behielten sich im Auge. »Hoffentlich hat er sich in der Zwischenzeit an uns gewöhnt und läßt uns jetzt in Ruhe«, flüsterte ich Michael zu. Während wir das Kanu vom Strand abstießen und die wenigen Meter zu unserer Insel hinüberpaddelten, trieb mich ein kribbeliges Gefühl förmlich zu einem Spurt an. Den Kopf immer noch eingezogen, bemerkte ich beim Anlanden zu Michael: »Jetzt waren wir ihrem Nest so nahe und haben ihnen doch nichts getan. Sie müssen einfach unsere friedliche Absicht gespürt haben.«

Er hatte mir kaum zugehört und lief eilig zu seinem Gepäckberg. Birgit schaute neugierig zu ihm hin und ließ sich das dramatische Auffinden der erbeuteten Mauserfedern erzählen. Michael wühlte in seinem Rucksack und förderte einen olivgrünen Filzhut zutage. Freudestrahlend knuffte er ihn in Form, dekorierte die Adlerfedern unterm Hutband und stülpte ihn sich auf.

»Den hätte ich beinahe vergessen, der ist noch aus Bayern.« Mit dem grünen Unikum auf dem Kopf sah er wahrhaftig wie ein waschechter Alpenhirte aus – und das am Yukon River!

Milch! *Das Land, in dem Milch und Honig fließen* … Teil eins hätten wir schon mal – zumindest ließ mich das der Anblick des White

Rivers glauben. »White River! Seinetwegen findet der längste Lachsrun der Welt statt!« Michael wurde ganz pathetisch. Er stand am Ufer, die Arme weit geöffnet, als wolle er den Fluß umarmen. »Königslachs! Der laicht *nur* im White River. Allerdings sehen die Fische aus wie Zombies, wenn sie hier ankommen.«

»Wie soll ich mir das denn vorstellen?« wollte ich von ihm wissen.

»Du weißt doch, wie ein gesunder Fisch aussieht. Stell dir vor, der Lachs tummelt sich in der Beringsee und frißt sich voll. Dann steigt er von dort in den Yukon und schwimmt zweitausendfünfhundert Kilometer weit – und zwar ohne Nahrung aufzunehmen. Er zehrt sich sozusagen selbst auf. Was meinst du, wie würdest du danach aussehen?« Mit breitem Grinsen schaute er mich auffordernd an.

»Ich schätze, ich würde einer gefledderten Wasserleiche ähneln. Obendrein durchlöchert von Bärenkrallen, denen ich so gerade eben entrinnen konnte.«

»Eben. Genau so sieht der Zombie-Königslachs aus. Das einzige, was ihn überhaupt zu diesem Marathon treibt, ist sein Instinkt. Er *muß* einfach den White River erreichen und seinen Laich ablegen, um dann in die ewigen Jagdgründe einzugehen.«

»Mich würde interessieren, wie viele Fische starten und wie viele von ihnen überhaupt ankommen«, überlegte ich laut. Michael hatte keine Ahnung. Er wußte nur, daß der Laichtrieb dermaßen stark ausgeprägt ist, daß die zum Arterhalt notwendige Zahl Lachse den White River Jahr für Jahr erreichen. Ganz schön zähe Burschen, dachte ich anerkennend.

Mir war aufgefallen, daß Michael schon lange nicht mehr zur Angel gegriffen hatte, und bei dieser Gelegenheit fragte ich ihn nach dem Grund. Lakonisch antwortete er: »Das trübe Wasser reizt mich nicht besonders zum Angeln. Weißt du, man kann den Kampf unter Wasser gar nicht mitverfolgen … Aber morgen erreichen wir den Zufluß des Steward Rivers. Das könnte wieder mal ein Hechtfest geben! – Und da ist noch etwas, ihr werdet es kaum glauben …« Mit geheimnisvoller Stimme, als kündige er eins der sieben Weltwunder an, legte Michael eine aufreizende Pause ein. Birgit und ich wippten ungeduldig mit den Köpfen, um seinen Redefluß wieder in Gang zu bringen. Endlich ließ er sich dazu herab, das Geheimnis zu lüften.

»Am Steward River Ecke Yukon ist ein Generalstore eingezeichnet!« Da blieb uns wirklich der Mund offenstehen. Die beglückende Vorstellung einer qualmenden Zigarette breitete sich wie blauer Dunst in unseren Hirnen aus. Beide gleichzeitig stürzten wir uns auf Michael und warfen ihn unter lauten »Juhu«-Rufen zu Boden. Kim drängte sich schwanzwedelnd mit in die Balgerei. Allerdings schien sie nicht so recht zu wissen, ob hier zum Spaß oder im Ernst gerauft wurde. Michael schnappte nach Luft und befreite sich als erster aus dem Knäuel wild fuchtelnder Arme und Beine. Es gelang ihm tatsächlich, so weit Ordnung in den verrückten Haufen zu bringen, daß wir schon kurze Zeit später eifrig paddelnd den Yukon flußabwärts fuhren. Mit der Bemerkung: »Kommt, Strecke machen! Denkt an morgen mittag!« hatte er uns ins Kanu getrieben.

An jenem Abend philosophierten wir bei rotem Bohneneintopf und pappigem kanadischem Toastbrot über Bedürfnisse, welche in diesem Ausmaß wohl allein die sauerstoffreiche Luft des Yukons im menschlichen Körper zu wecken vermag.

Der nächste Morgen stand ganz im Zeichen eines schnellen Aufbruchs. Weiter ging's! Doch es wurde Mittag, ohne daß sich die Einmündung des Steward Rivers gezeigt hätte, geschweige denn ein Generalstore. Jeder von uns versuchte, seine Enttäuschung vor den anderen zu verbergen. Selbstquälerisch führten wir uns die Hochgenüsse der Zivilisation vor Augen: Auf der Zunge zergeht ein schmieriges Stück Schokolade, während du dich in heißem Badewasser aalst und die aufsteigenden exotischen Düfte inhalierst.

Michael, von Natur aus eher sparsam, hatten wir schon so weit, daß er bereit war, zwanzig Dollar für eine lausige Dusche zu zahlen. Dabei wurde uns in aller Deutlichkeit bewußt, daß wir den Annehmlichkeiten des sogenannten zivilisierten Lebens noch lange nicht abgeschworen hatten. Trotz wochenlangen Outdoor-Daseins vermißten wir sie immer noch. Mit abnehmendem Tageslicht begann unsere Stimmung unaufhaltsam gegen Null zu sinken.

»STORE!« Wie aus einem Mund brüllten wir das magische Wort. In großen verwitterten Lettern kündigte ein Holzschild den Laden an. Auf der Spitze einer Insel, die weit in den Yukon hineinragte, entdeckten wir schließlich das eher unscheinbare Holzhaus. Automatisch blickte ich auf die Uhr: Es war bereits sieben.

»Hoffentlich haben die noch auf, es ist schon sieben!« Michael brach in schallendes Gelächter aus und hielt sich glucksend den Bauch. »Deutsche Öffnungszeiten! Ich lach' mich tot! Hier kannst du immer einkaufen.« Ich lächelte verlegen. »Ist ja gut, Mister Amerika! Laß uns lieber anlegen, anstatt die Öffnungszeiten zu diskutieren.«

Drei Meter hohes schlickiges Steilufer. Irgendwo mußte es doch eine Leiter oder etwas Ähnliches geben. Wie sonst sollte man da oben einkaufen? »Ich klettere den Steilhang hoch und zieh' euch rauf. Rammt das Paddel ein, sonst treiben wir ab!« kommandierte ich kurzentschlossen und sprang wie eine Katze an die schlickige Wand. Die eingewachsenen buschigen Zweige gaben unter meinem Gewicht nach, und langsam, aber sicher glitt ich den Hang hinunter. Mit Gewalt geht hier gar nichts, stellte ich fest und untersuchte schnell, aber gründlich das Steilufer. Baumwurzeln, die sich wie ein Netz feiner Adern durch den Hang zogen, ließen sich mit bloßen Händen freilegen und als eine Art Strickleiter benutzen. Stückchenweise erklomm ich so die Böschung. Kostbare Zeit verrann, bis sich endlich auch Birgit und Michael matschverschmiert über den Rand des steilen Ufers schoben.

»Geschlossen!« Es klang wie ein jämmerliches Stöhnen. Michael rüttelte an der Ladentür und trat erst zur Seite, als er meinen zu allem entschlossenen Gesichtsausdruck wahrnahm. Donnernd schlug ich gegen die schmächtige Holztür. Durch das winzige Glasviereck versuchte ich einen Blick ins dunkle Innere zu werfen. Geschlossen! Unmöglich! Das wollen wir doch mal sehen! Wütend machte ich Anstalten, die Tür weiter zu traktieren.

»Hör auf, Andreas! Da ist Licht im Anbau.« Birgit zerrte mich von der Tür weg und zog mich zur Hinterseite des Hauses. Zögernd öffnete sich dort eine zweite Eingangstür, und in dem schmalen Spalt erschienen die Umrisse einer Frau. Ein gebeugtes Mütterchen trat auf die spärlich erleuchtete Veranda hinaus. Mit einer Hand hielt sie ihre Wolljacke über der Brust zusammengerafft, mit der anderen strich sie sich die schulterlangen grauen Strähnen aus dem Gesicht. Erwartungsvoll lächelte sie uns an. Ihr dunkler Teint ließ das Weiß ihrer Augen stärker hervortreten. Während Michael ihr erklärte, daß wir unbedingt Zigaretten und Schokolade brauchten –

sie müsse also den Laden nochmals für uns öffnen –, bemerkte ich ihre ausgesprochen markanten Gesichtszüge. Wie eingemeißelt wirkten die tiefen Falten um Mund und Augen. Sie mußte halb Indianerin, halb Weiße sein, überlegte ich und lächelte verlegen, als ich ihren Blick auf mir ruhen spürte. Offensichtlich amüsiert, schüttelte sie den Kopf. Ich war irritiert. Von wegen keine Ladenschlußzeiten, dachte ich und fühlte meinen Zorn gegen Michael wachsen. Unentschlossen standen wir herum und warteten darauf, daß die Frau sich doch noch erweichen ließe.

»Jetzt verstehe ich! Nicht, daß ich euch nichts verkaufen will«, begann es ihr zu dämmern. »Ich habe nichts mehr. Jeder hier am Yukon weiß, daß der Laden seit mehr als drei Jahren geschlossen ist.« Plötzlich wirkte sie müde und traurig und fuhr in schleppendem Ton fort: »Als mein Mann damals starb, habe ich aufgegeben. Der Store war von Anfang an seine Idee gewesen, er hing daran. Gelohnt hatte sich das Geschäft schon seit Jahren nicht mehr. Zu viele Siedler ordern inzwischen per Funk in Dawson. Und die Schaufelraddampfer fahren schon seit den sechziger Jahren nicht mehr auf dem Yukon.« Sie bedeutete uns, daß wir ihr folgen sollten, und schloß den Laden auf. Im Halbdunkel gähnten leergefegte Regale, und auf dem Tresen – nichts weiter als eine dicke Staubschicht. Wie schade, dachte ich, hier war wirklich absolut nichts mehr zu holen! Mit einer schwungvollen Handbewegung komplimentierte uns die alte Indianerin dann auch hinaus.

»Leider kann ich nichts mehr für euch tun. Zigaretten und Süßigkeiten brauche ich hier nicht!« Mit sanfter, ruhiger Stimme rief sie uns ein leises *»Good-bye!«* zu.

Völlig frustriert stürzten wir uns geradezu den Abhang hinunter. Auf den Schuhsohlen rutschten wir die drei Meter in die Tiefe und schoben Lavaströme matschiger Erde vor uns her, um am Ende mit einem halsbrecherischen Sprung im schwankenden Kanu zu landen.

»Hinter der Insel müßte eigentlich der Steward River einmünden. Vielleicht retten wir den Abend mit Fisch?« Michaels Optimismus in allen Ehren – diesmal bewahrheitete er sich nicht. Das hohe Steilufer zog sich auch nach dem Zufluß noch endlos weiter. Müde und verschlammt schlugen wir unser Zelt auf einer winzigen

Kiesbank auf. Kaltes Cornedbeef aus der Dose konnte uns mit unserem Schicksal am allerwenigsten versöhnen, und binnen kürzester Zeit waren wir in unseren Schlafsäcken verschwunden. Außer einem kurzen »Gute Nacht!« fiel kein Wort.

Zum ersten Mal, seitdem wir auf dem Yukon lebten, wurde es in unserem Zelt nicht richtig dunkel. Michael hatte sein Gesicht mit einem dunkelblauen Pullover abgedeckt. Ich hingegen mußte mich in einem dämmernden Wachzustand von Stunde zu Stunde quälen, weil ich schon den Gedanken irritierend fand, etwas könne mir die ganze Nacht hindurch auf die Augen drücken.

»Also, nächstes Mal machen wir das anders. Viel zu hoch gesteckte Erwartungen! So eine selbstangezettelte Quälerei möchte ich nicht noch einmal erleben.« Mit der Gabel schlug Birgit auf den Pfannkuchenteig ein, als sei er an allem schuld. Michael und ich verständigten uns mit einem knappen Seitenblick: Laß sie wüten. Wir hatten ein erfrischendes Bad genommen, im Becher dampfte heißer duftender Kaffee, und auf den Pfannkuchen lockte daumendick Marmelade – das alles versöhnte uns mit der Welt. Wir hockten auf dem warmen Kies und fanden, daß das Steilufer bei Tageslicht lange nicht so düster und dramatisch wirkte.

»Zwei oder drei Tage noch, dann sollten wir Dawson erreicht haben.« Michael behielt immer den Überblick. Verstohlen schaute ich zu ihm hinüber. Er wird mir fehlen, dachte ich und fühlte, wie der Fluß unsere Freundschaft gefestigt hatte.

Mühelos paddelten wir nach dem Frühstück das Kanu aus dem Gebirgsbecken hinaus und gewannen mit zunehmender Strömung an Fahrt. Der Fluß wand sich in einer langen Linksbiegung durch die immer grüner werdende Landschaft. Heute wird es bestimmt heiß, dachte ich, wir hatten schon jetzt an die zwanzig Grad.

»Dallschafe!« Michael zeigte nach links auf das Felsmassiv hinauf. Weit oben hoben sich weiße Flecken deutlich vom grauen Gestein ab. Unterwegs hatten wir öfter stecknadelgroße weiße Punkte an den Berghängen entdeckt – viel zu weit entfernt, um einen genaueren Blick darauf werfen zu können.

»Sollen wir da mal hoch?« Meine Lust, Neues zu erkunden, meldete sich. »Ich könnte die Kamera mitnehmen und filmen.« Mit aufmunternden Blicken versuchte ich, den Rest der Mannschaft für meinen Vorschlag zu begeistern. Michael fing sofort Feuer, doch Birgit verzog mißmutig das Gesicht. Nein, sie hatte keine Lust zu einer Klettertour. Schade, dachte ich enttäuscht. Hieß das, ich würde in allernächster Zukunft ohne Michael Alleingänge unternehmen müssen?

»Wir suchen dir jetzt ein sonniges Plätzchen, bauen das Zelt auf und bleiben heute hier, einverstanden? Es ist nämlich Sonntag, und da machen wir mal blau.« Gutgelaunt grinste ich Birgit an, die zögernd, aber zustimmend nickte, und steuerte in die seichte Uferregion.

Froh, endlich mal wieder kräftig ausschreiten zu können, durchstreiften Michael und ich kniehohes Buschland, das auf stufenartig ansteigende Trockengrashänge zulief. Kamera und Gewehr über der Schulter, kraxelten wir Hang um Hang hinauf. Je höher wir kamen, desto karger wurde der Bewuchs. Zwischen winzigen Flechten entdeckten wir die ersten kleinen schwarzen Kugeln: Schafskot.

»Das da vorn ist die letzte Terrasse, da müßten sie eigentlich stehen«, flüsterte ich. Geduckt schlichen wir den Hang hinauf und achteten sorgfältig auf unsere Tritte, unter denen sich immer wieder Steine lösten, die polternd in die Tiefe kullerten. Unwillkürlich hielt ich den Atem an, als sich unsere Köpfe über den letzten Rand schoben: Eine Herde weißer Leiber döste friedlich in der Sonne.

»Was jetzt?« wisperte Michael aufgeregt.

»Wir riskieren es einfach!«

Auf Zehenspitzen pirschten wir uns leise an die Tiere heran, die uns anscheinend noch nicht wahrgenommen hatten. Plötzlich ertönte lautes Gemecker von der obersten Felskuppe: Ein mächtiges Altschaf stand allein auf der Felsspitze und wütete zu uns herunter. Schlagartig wandten sich zwanzig Augenpaare in unsere Richtung. Vor Schreck blieben wir wie angewurzelt stehen. Dann kam in den gewaltigen Körper des Altwidders Bewegung. Er richtete sich auf und wuchs zur Größe eines Ochsen heran. Durch die Herde trabte er auf uns zu, und die anderen Tiere wichen zur Seite.

Das mächtige Schneckengehörn elegant auf dem massigen Schädel balancierend, führte der Chef der Truppe sogleich einen Schautanz auf. Ich kannte dieses Imponiergehabe von Hirschen. Unruhig tänzelte der Widder hin und her, bäumte sich ein wenig auf und schlug mit den Vorderläufen drohend gegend den Fels. *Klack!* Man hatte den Eindruck, der harte Aufprall der zentnerschweren Massen ließ regelrecht das Gestein erzittern. Uns wurde mulmig. Respektvoll traten wir einige Schritte rückwärts. Das schien den Widder zu beruhigen, zumindest stand er jetzt unbewegt auf der Stelle und betrachtete uns neugierig mit seinen bernsteinfarbenen Augen.

Einige der weiblichen Schafe erhoben sich ebenfalls und stierten uns stumm an. Nur die kleinen Wollknäule blökten und versuchten, sich unter ihre Mütter zu drängeln, um zu trinken. Uns blieb nichts anderes übrig, als abzuwarten, bis sich die Situation entspannte. »Ihr Fell ähnelt dem der Eisbären«, flüsterte ich Michael zu. »Es ist genauso filzig und dicht.«

Minuten verstrichen, ehe wir uns trauten, langsam hinüber zu den Felsklippen rechter Hand zu gehen. In aller Ruhe wiederkäuend, hatten die Tiere sich wieder zu kleinen Gruppen zusammengefunden; mehrere durchkämmten die Flechtenteppiche auf dem Plateau, ohne weiter Notiz von uns zu nehmen. Mich wunderte, daß die Schafe hier oben grasten, obwohl es weiter unten richtig Grünes zu fressen gab. In gebührendem Abstand und ohne die Tiere anzuschauen, bewegten wir uns im Zeitlupentempo auf den Felsrand zu. Plötzlich ging es vor unseren Füßen mindestens hundertfünfzig Meter tief steil nach unten.

»Whow!« riefen wir wie aus einem Mund überrascht aus. In einem einzigen weiten Bogen, der mit dickem Pinselstrich in die Landschaft gemalt schien, durchströmte das braun glitzernde Wasser des Yukons das satte Grün der unendlichen Waldflächen. Mehr als vier Kilometer Flußlauf erstreckten sich vor uns, und wir standen genau in der Mitte. In weiter Ferne zeichneten sich die Schneegipfel der Rocky Mountains weißglänzend vor dem Himmelsblau ab. Ein winziger weißer Punkt in der Tiefe war unser Kanu.

»Zum erstenmal haben wir einen Panoramablick über den Fluß. Komisch, daß uns bisher nie eingefallen ist, mal irgendwo hochzuklettern!« Michael blickte mich fragend und kopfschüttelnd an. Ich deutete nach unten: »Guck mal, die Inseln. Wie an einer Perlenschnur aufgereiht.« Lange Zeit standen wir stumm nebeneinander, und ich konnte nicht umhin zu denken, daß es jedem Menschen vergönnt sein sollte, wenigstens einmal im Leben hierherzukommen.

Ein lautes *Krak-Krak* ließ uns aufhorchen. In einer Felsnische zwanzig Meter unter uns entdeckten wir ein Nest flügelschlagender junger Kolkraben. »Sieh mal, die machen ihre ersten Flugversuche!« rief ich aufgeregt und zählte drei Jungvögel, die noch scheu auf dem Nestrand hockten und sich anscheinend nicht so recht trauten, dem Beispiel ihrer Eltern zu folgen. »Die muß ich filmen!« Michael beugte sich vor. »Da kommen wir nicht ran«, stellte er nüchtern klar.

»Dann halt mich am Gürtel fest, und ich lehne mich so weit wie möglich vornüber!« Er nickte. Ich verlagerte mein Gewicht gleichmäßig auf beide Beine und stellte die Füße sicher auf den Stein. Die schwere Filmkamera drückte ich bis zum Anschlag in meine Achselhöhle – dann ließ ich mich vertrauensvoll nach vorn in die Tiefe fallen. Michaels fester Griff um meinen Gürtel schnürte mir fast die Luft ab.

»Junge, jetzt hängt dein Leben in meiner Hand!«

»Und an meiner Hosenschnalle. Wenn die aufgeht ...« Wie ein Blatt im Wind schwankte ich über den Klippen und versuchte, brauchbare Aufnahmen zu schießen.

»Okay!« keuchte ich schließlich, und Michael zog mich zurück auf festen Boden. »Ganz schön wacklige Angelegenheit! Dabei ist garantiert kein einziges scharfes Bild rausgekommen!« Ich lachte und setzte die Kamera ab. Als nächstes überlegte ich mir einen guten Aufnahmestandort für die Dallschafe, die unverändert friedlich grasten. Der beste wäre oben beim Altschaf. Nur da war es mir zu gefährlich. Das Mordsvieh mußte eine Art Wachposten sein. Steinadler und natürlich auch Grizzlies sind nämlich ganz wild auf die frischgeworfenen Lämmer.

»Andreas, guck mal!« Michael stupste mich an und zeigte auf zwei Jungwidder. Wie wild scharrten beide an der gleichen Stelle und leckten um die Wette. Auch die Herde wurde aufmerksam, und ein Schaf nach dem anderen drängte sich um die beiden jungen Herren, die keinen Millimeter zur Seite wichen. Völlig ungerührt leckten sie weiter.

»Was gibt es da Besonderes?« fragte ich entgeistert. Michael brach in schallendes Gelächter aus. »Was ist los?« erkundigte ich mich noch einmal.

»Du wirst es nicht glauben, aber genau an der Stelle habe ich vorhin gepinkelt!«

»Gepinkelt? Du meinst, die lecken so begeistert deinen Urin?« Ich mußte ein ziemlich blödes Gesicht gemacht haben, denn Michael platzte schon wieder los.

»Und überhaupt«, fing er an und versuchte, sein Lachen unter Kontrolle zu bringen, »Dallschafe! Die wertvollste Trophäe, die man in den USA nur haben kann! So scheu und nur in schwer zugänglichen Gebirgsmassiven zu erjagen! Ich seh' ihn noch vor mir: Steve, einen Freund aus New York und passionierten Großwildjäger. Bei ihm zu Hause hängt ein ausgestopfter Dallwidder über dem Kamin – von den Hörnern bis zur Brust. Er wollte mir tatsächlich weismachen, was für ein hartes Stück Arbeit es war, diesen Widder zu erlegen. Und nun schau dir das hier an: Zehn Meter entfernt von uns steht die ganze Herde. Fast könnte ich sie mit der Hand berühren!« Armer Steve, dachte ich, Michael wird dir deine Trophäe noch madig machen.

Während er mir seine Geschichte erzählte, hatte ich die Tiere nicht aus den Augen gelassen. Das Gerangel und Geschubse der beiden Widder sah immer mehr nach Kampf aus. Die neugierigen Schafe waren zurückgewichen, und der alte Widder stellte sich wachsam im Hintergrund auf. Als wollten sie einen Fechtkampf austragen, postierten sich die Jungwidder einander gegenüber und nahmen aus zwei Metern Entfernung Anlauf. Mit gesenktem Gehörn rannten sie los. Als ihre Schnecken mit berstendem Krachen aneinander schlugen, hatte ich sie voll im Sucher. Wie betäubt verharrten sie, schüttelten sich kurz, und das Ritual begann von neuem. Die Wucht des zweiten Aufpralls ließ das etwas kleinere Tier jedoch zurücktaumeln. Damit war der Kampf entschieden. Hoch erhobenen Hauptes schritt der Sieger zurück zum Urinfleck.

»Superaufnahmen! Das hast du gut gemacht – daß du da hingepinkelt hast, meine ich.« Zufrieden stiegen wir beide ohne Eile vom Felsmassiv hinab.

»Es geht mir ja nicht aus dem Kopf. Was hat denen an meinem Urin bloß gefallen?«

»Ich kann mir nur denken, daß es die Salze waren, die du ausgeschieden hast. Die Schafe müssen doch total entmineralisiert sein.«

»Wie kommst du darauf?«

»Habe ich alles mal in der Berufsjägerausbildung gelernt.«

»Wie ich immer sage«, Michael machte eine Pause und grinste, »einmal Jäger – immer Jäger!«

»Und wie sich's gehört mit Jagdhund!« setzte ich lachend hinzu und hatte Mühe, Kim davon abzubringen, mir vor Freude übers Gesicht zu lecken. Bei diesem kleinen Aasfresser wußte ich ja nie, an welchem Fraß sie sich gerade vergangen hatte.

Da fiel mir ein recht amüsanter Zwischenfall bei der sogenannten Gesellschaftsjagd wieder ein. Lauter vornehme Leute waren zu diesem Anlaß versammelt, besonders die Damen gaben sich fein. Im Beisein einer Lady, die unbedingt hautnah miterleben wollte, wie man einen Hirsch aus der Decke schlägt, zerteilte ich das Tier waidmännisch. Um das Geweih als Trophäe präparieren zu können, trennte ich den Kopf ab und schälte mit dem Messer die Augäpfel aus den Höhlen. Sie kullerten auf den Boden. Spitzer Aufschrei. Als darauf noch Kim die beiden Augäpfel wie Fallobst zu fressen begann, hörte ich neben mir ein unterdrücktes Würgen. Leichenblaß und mit verzerrten Gesichtszügen stierte die Dame zuerst auf Kim und dann entsetzt auf mich. Ich konnte nur mit den Achseln zucken, um ihr zu verstehen zu geben: Das ist normal. Sicher eine interessante Lehrstunde für sie. Ihre Trophäen zu Hause wird sie seitdem vielleicht mit anderen Augen ansehen.

Birgit lag faul in der Sonne und las in einem Buch: Sie ging ihrer Lieblingsbeschäftigung nach. Jeder von uns sollte drei Bücher mitnehmen, hatte sie bestimmt, die wir kreisen lassen würden. Ich hatte noch nicht mal *ein* Buch in die Hand genommen, während sie schon mit meinem Kontingent fertig war. Michael riß mich aus meinen Gedanken. Bäuchlings lag er über der ausgebreiteten Karte.

»Rechter Hand kommt noch der Reindeer Mountain mit sechzehnhundert Metern Höhe, danach erreichen wir Dawson.« Er seufzte. »Und dann, meine Lieben, müßt ihr ohne Onkel Michael weiterfahren!« Ich nickte nur stumm, und Birgit legte ihm tröstend die Hand auf den Arm.

»Dawson soll doch eine richtige Stadt sein, oder? Ich höre weder Autolärm noch sonst irgendwelche Zivilisationsgeräusche.« Angestrengt lauschten wir in die Dämmerung.

»Häusergiebel voraus!« rief Michael plötzlich.

Da war sie – eine Stadt, die scheinbar nur aus Dächern zu bestehen schien. Im Näherkommen erkannten wir einen hohen Wall, der Dawson flutsicher abriegelte.

»Der Klondike River! Rechts!« brüllte ich vor lauter Aufregung, diesen goldträchtigen Fluß endlich mit eigenen Augen zu sehen. Michael zeigte schon wieder nach links auf die Gebirgsmassive: »Durch diese Berge schlängelt sich der Top-of-the-World-Highway bis nach Alaska.«

Daß wir unsere Paddel nicht vor lauter Freude in die Luft schleuderten, war wirklich ein Wunder. Aber wir brauchten sie dringend, da sich der Yukon auf schätzungsweise siebzig Meter verengt hatte und uns mit seiner deutlich erhöhten Fließgeschwindigkeit rasant mitriß. Wo sollten wir anlegen? Der Wall entpuppte sich als riesige Felsbrockenhalde, die aus gesprengtem Gestein aufgeschüttet schien: schwer zu begehen und zehn Meter hoch. Nach einem nicht ganz ungefährlichen Landemanöver sprangen Michael und ich von Stein zu Stein den Hang hinauf.

»Eine süße kleine Stadt!« rief ich begeistert, als ich in das farbenfrohe Lichtermeer der unzähligen Glühlampen blinzelte, welche die Umrisse der buntgestrichenen Holzhäuser nachzeichneten. Verheißungsvolle Leuchtreklamen, röhrende Pick-up-Trucks und chromblitzende amerikanische Straßenkreuzer vervollständigten die Szenerie der berühmt-berüchtigten kanadischen Goldgräberstadt. Steile Treppen auf der Rückseite des Walls führten direkt zur Hauptstraße. Uns gegenüber funkelte lockend die Einladung ins Schlaraffenland: GENERALSTORE!

»Ist das nicht wahnsinnig lecker?« Michael verschlang sein Schokoladeneis, als würde er in eine dicke Scheibe Brot beißen. Vier verschiedene Sorten Schokoladenriegel hatte ich in Rekordzeit ausprobiert. Die ersten Züge aus der *Players* brachten meinen Kreislauf total ins Trudeln, und mir wurde entsetzlich schwindelig. Ich preßte die riesige braune Papiertüte vor meinen schmerzenden Magen und kletterte hinter Michael den Steinwall zu Birgit hinunter.

Im ersten Freudentaumel wußte sie nicht, ob sie nun lieber rauchen oder essen sollte. Mir war einfach nur noch schlecht. Das ständige Geklapper, mit dem das Boot gegen die spitzen Steine dümpelte, dazu die wild umhertanzenden Dingis in der schnellen Strömung – das alles zerrte an meinen Nerven.

»Campingplatz« verhieß die Leuchtreklame am gegenüberliegenden Flußufer. Gleich neben der ersten lärmenden Touristengruppe schlugen wir unser Zelt unmittelbar am Wasser auf und verbrachten die erste Nacht in der Zivilisation beim unaufhörlichen Dieselgetucker der kleinen Fähre, die selbst in den frühen Morgenstunden noch unverdrossen über den Fluß hin und her fuhr.

Beim Frühstück am anderen Morgen saßen wir einander unausgeschlafen und blaß, wie gerädert, gegenüber. »Heute suchen wir uns eine billige Pension mit separaten Zimmern«, beschlossen wir einmütig. Dazu mußten wir allerdings wieder zur Stadt hinüber paddeln.

Mit äußerster Kraft arbeiteten wir gegen die starke Strömung an, bis auch ich endlich einsah, daß wir alle aussteigen mußten. »Es hilft nichts, wir müssen das Boot flußaufwärts treideln!« Michael zog die Heckleine hinter sich her, während ich, die Bugleine um die Taille geschlungen, über die dicken Felsbrocken am Ufer vorausstolperte. Für den knappen Kilometer Landweg brauchten wir sage und schreibe ganze zwei Stunden.

Dort, wo am anderen Ufer der Klondike in den Yukon River mündete, steuerten wir das Kanu in die Strömung und ließen uns flußabwärts zum rechten Ufer treiben. Fast schon im Flußlauf des Klondike Rivers erspähten wir eine kleine Sandbucht, wo wir mit unserem Gespann anlegen konnten.

Als nächstes stand die Zimmersuche auf dem Plan. Michael und ich marschierten in die Stadt und versuchten, eine Pension aufzutun, die drei Erwachsene, einen Hund und dazu ein sechs Meter langes Kanu aufnehmen würde. Der dritte Telefonanruf schien erfolgversprechend: »Ja, das ist völlig in Ordnung. Wartet, ich komme mit dem Pick-up und lade euch auf.« Ole Olafson hieß der freundliche Mann, der uns am Strand abholen wollte. Das heiße Bad rückte in greifbare Nähe!

Ein blonder, blauäugiger Hüne in reichverzierten Cowboystiefeln kam die Bootsrampe heruntergepoltert. Als er unsere kleine

Gruppe mit dem Riesengepäckberg in Augenschein nahm, schüttelte er lachend den Kopf und spuckte sich demonstrativ in die Hände. Zu dritt schulterten wir das leere Kanu und hoben es auf die geräumige Ladefläche. Hinten drauf, eingekeilt zwischen den tropfenden Dingis und unseren tausend Gepäckstücken, ließen Michael, Kim und ich uns den warmen Wind um die Ohren sausen. Birgit war zu Ole ins Führerhaus geklettert. Quer durch Dawson ging die holprige Fahrt über unbefestigte Straßen, auf denen der Truck gewaltige Staubwolken aufwirbelte, die unbarmherzig bis in unsere Nasenlöcher drangen.

»Snowshoe Inn« verkündete das Schild. Das war also Oles Pension, auf deren Schotterparkplatz wir langsam einfuhren. Das zweistöckige, weißgestrichene Holzhaus sah wirklich proper aus. Hinter dem spitzen Hausgiebel ragte ein mächtiger Berg auf, der Midnight Dome (zu deutsch »Mitternachtskuppel«), wie Ole uns erläuterte.

»In fünf Tagen, am einundzwanzigsten Juni, ist der längste Tag des Jahres oder die kürzeste Nacht, ganz wie man will.« Er lächelte verschmitzt. »Dann ziehen die Leute aus Dawson auf den Berg und beobachten das Spektakel am Polarkreis. Der liegt nur zweihundertzwanzig Kilometer weiter nördlich. Ein tolles Schauspiel, wenn man die voll am Himmel stehende Sonne mit dem aufgehenden Mond zusammen sieht!« Für Ole Olafson schien es völlig normal zu sein, daß man zweihundertzwanzig Kilometer weit gucken kann. Mir fehlte da etwas die Vorstellungskraft.

An der Tür griff Ole zum Stiefelknecht, zog seine prächtigen Wildwesttreter aus und forderte uns auf, das gleiche zu tun. Meine halbhohen Outdoorschuhe hätte ich auch ohne den hölzernen Abstreifer vom Fuß bekommen, aber ich wollte höflich sein. Auf Strumpfsocken traten wir ins Wohnzimmer. Verwirrt blickte ich mich um: Auf mahagonibraunen, zierlich geschwungenen Möbelstücken lagen überall kleine weiße Häkeldeckchen und gaben dem Raum das Aussehen einer Puppenstube. Die schien mir so gar nicht zu diesem bulligen Mann zu passen, der eher einem norwegischen Holzfäller glich. Mit einladender Handbewegung ließ Ole uns auf dem rosa Plüschsofa Platz nehmen, und wie die Hühner auf der Stange saßen wir folgsam nebeneinander und füllten eifrig unsere Anmeldeformulare aus.

Familiäre Atmosphäre, dachte ich erfreut und riskierte einen Blick auf die riesigen silberbeschlagenen Schwerter, welche die dunkelgrüne Tapete zierten. Auf einer Kommode in der Ecke unter dem Fenster entdeckte ich asiatische Nippesfiguren, die sorgfältig in Reih und Glied aufgestellt waren; von einem chinesischen Lacktischchen warf mir ein goldbemalter Buddha sein ewiges Lächeln zu.

Klack-Klack! Die zierlichen Füße steckten in goldfarbenen Sandaletten. »Meine Name ist Mei-Ling«, stellte sich die Blüte des Orients mit glockenheller Stimme vor und verneigte sich vor uns dreien. Wir hockten ganz verzaubert auf dem Sofa und brachten nur die Andeutung einer Verbeugung zustande. Mit einem rauhbeinigen Cowgirl, das einem beim Händedruck die Finger quetscht, hätte ich gerechnet, auch mit einer Indianerin, ganz in mattschimmerndes Karibuleder gehüllt. Doch mit diesem exotischen Wesen wußte ich hier oben im kanadischen Norden wenig anzufangen.

Die filigrane Figur in Jeans und T-Shirt wurde plötzlich sehr geschäftlich: In knappen Worten erläuterte sie uns die Hausregeln, die unter allen Umständen eingehalten werden müßten, wie sie betonte. Und mit Blick auf die friedlich zu meinen Füßen liegende Kim: »Gegen Hunde habe ich überhaupt nichts, aber nicht im Haus!« Kurzerhand ordnete sie an, daß Kim draußen im Schuppen zu bleiben habe. Meine Entgegnung, dies sei ein wirklich netter Hund, blieb mir im Halse stecken. Mei-Ling hatte spürbar Autorität an sich.

»Außerdem – dieses ganze Gepäck da draußen, das soll ja wohl nicht alles auf die Zimmer, oder?« Eine steile Falte erschien zwischen ihren Mandelaugen. Wortlos schüttelten wir die Köpfe. »Gut, das meiste könnt ihr im Schuppen unterbringen.« Sie schien zu überlegen, ob sie damit am Ende ihrer Litanei angekommen sei. Ich sah es ihr an: Ihr war noch etwas eingefallen. Immer noch freundlich lächelnd, erkundigte sie sich mit flinker, atemberaubender Gestik, ob wir bereits mit ihrem Mann Preise ausgehandelt hätten, wobei sie ihm einen schnellen Seitenblick zuwarf.

Ole Olafson saß gelassen in seinem Sessel, den Kopf aufgestützt, und verfolgte amüsiert unser eher einseitiges Gespräch. Wir nickten wieder. Damit schien alles zu Mei-Lings Zufriedenheit geregelt, und

Lake Laberge

Zwischen der Indianersiedlung Holy Cross und dem Eskimodorf Russia Mission

Einer der vielen Nebenarme des Yukon

Kim genießt die Abendstimmung

Über das Eis des Lake Laberge

Letzter Blick über den Yukon River

Yukon Flats – die Ruhe vor dem Sturm

Beginn der Regenzeit im ausgehenden Sommer

Auf dem zugefrorenen Andreafsky River

»Kleiner Klaus«, Birgit und Andreas im Chaos Camp

Blick auf Dawson City vom Midnight Dome aus

2 kg Goldstaub

Die Grizzly-Mine

Die Sluesbox in Aktion

Richard beim Absammeln der Nuggets

Nuggets

»Diamond Tooth Gerties Gambling Hall«

Richard deGraff salzt das Bärenfell

Familie deGraff komplett

Die alte »Northcamp«

Die Coastmountains am Andreafsky River

Der erste Schnee Ende September

Birgit und Michael

Andreas bei der dritten Reparatur

Dallschaf auf Wachposten

mit einer Freundlichkeit, die mir zum ersten Mal seit ihrem Eintreten echt erschien, bot sie an, Tee zuzubereiten, während wir unsere Räumlichkeiten in Augenschein nahmen.

Die exotische Einrichtung setzte sich bis in die Zimmer fort; die Duschkabine allerdings entsprach dem üblichen westlichen Standard. Unter wollüstigem Stöhnen ließen Birgit und ich den heißen Strahl über unsere Körper rinnen. »Die ist bestimmt aus Thailand – per Katalog geordert!« Täuschte ich mich, oder klang da ein Funken Boshaftigkeit in Birgits Worten mit? Frauen können schon biestig sein, dachte ich verwundert.

Die anschließende Teezeremonie fiel kurz aus. Ich entschuldigte uns damit, daß wir den Gepäckberg wunschgemäß beseitigen mußten. Ole half dabei, das Kanu auf den frühlingshaft sprießenden Rasen zu schleppen, wobei er uns immer wieder versicherte, daß vor ihrem Haus noch nie etwas weggekommen sei. Mit gemischten Gefühlen machten wir uns auf ins Städtchen.

Dawson City gab sich ganz im Stil des Goldrauschs, der Ende des letzten Jahrhunderts diese Siedlung entstehen ließ. »So an die tausend Einwohner leben heute hier – Weiße, Indianer und Goldgräber aller Schattierungen«, kommentierte Michael bei unserem Gang durch die schmalen Straßen, in denen sich schlichte Blockhäuser mit aufwendig gebauten Holzhäusern im viktorianischen Stil abwechselten. Dazwischen gab es unkrautüberwucherte Parzellen, auf denen ergraute Holzfassaden langsam dem Dauerfrostboden entgegensanken. Das Blau des Himmels blitzte durch gähnend leere Fensteröffnungen. Wände in grotesker Schieflage trugen verwitterte Schilder, auf denen Waren aus längst vergangener Zeit angepriesen wurden.

Ole hatte Michael erzählt, daß das heutige Gold die Heerscharen von Touristen seien, die im Sommer von überall her anreisten, um die legendäre Goldgräberstadt mit ihrer besonderen Atmosphäre hautnah zu erleben. Entlang der Hauptstraße reihte sich Geschäft an Geschäft: pompös aufgemachte Westernfassaden, hinter denen schäbige Bretterbauten verborgen lagen. Und dazwischen … eine Pizzeria! Im weiß-grün-roten Design lockte das vornehme Restaurant. Beim Anblick der wagenradgroßen, üppig belegten Teigfladen lief uns das Wasser im Mund zusammen. Da unser Hund im

Restaurant nicht erwünscht war, wurden wir nach draußen auf die Veranda verwiesen. Ergeben hockten wir auf dem morschen Bretterboden und genossen die lang entbehrte Köstlichkeit im Schneidersitz.

Dabei machte ich den Fehler, in Minutenschnelle eine überdimensionale Schinken-Tomaten-Käse-Kreation zu verschlingen. Mein Magen setzte sich postwendend zur Wehr. Dem Würgen ließ sich kein Einhalt mehr gebieten, und die Pizza ergoß sich im Schwall über den Lattenrost. Ich schämte mich wirklich – allerdings noch mehr für meinen Hund als für mich. Kim konnte nun mal an Eßbarem, in welcher Form auch immer, nicht vorbeigehen. Das machte jegliches Aufwischen unnötig. Michael und Birgit schienen widerstandsfähigere Mägen zu haben; sie drehten sich diskret zur Seite und aßen weiter.

»Das tut mir leid, aber ich bin diesen Zivilisationsfraß einfach nicht mehr gewohnt!« verteidigte ich schwach den unerfreulichen Zwischenfall. Verständnisvolles Grinsen, gemischt mit unterdrücktem Ekel, war die Antwort. Nur Kim fand die Situation völlig in Ordnung. Abwartend, wenn auch vergebens, lauerte sie auf weitere Beute.

In der lauen Abendluft mischten wir uns wieder unters Volk und bummelten zusammen mit sommerlich gekleideten Touristenfamilien und abgerissenen Althippies die »goldene Meile« entlang. »Diamond Tooth Gertie's Gambling Hall – einziges legales Spielkasino in ganz Kanada!« stand glückverheißend auf einem nostalgischen Holzschild. Kurzentschlossen folgten wir der »Diamantenspur«.

»Hier sind wir richtig!« verkündete Michael großspurig und schob sich als erster durch die aufschwingende Saloontür. Dichte Rauchschwaden, mit Alkoholdunst durchmischt, schlugen uns entgegen. Sie schienen sogar noch die schreiende Cancan-Musik abzudämpfen. Ich war von dem bunten Treiben wie erschlagen und wußte nicht, wohin ich zuerst schauen sollte. Fasziniert blieb ich einfach mitten im Gang stehen.

»He, du da«, tippte mir jemand von hinten auf die Schulter. Ich drehte mich um und stand einem schmächtigen Männlein mit ausgemergelten Gesichtszügen gegenüber. »Dein Messer!« Mit unmißverständlicher Geste verlangte er, ich solle das Futteral vom Gürtel abschnallen und ihm mein harmloses Allzweckwerkzeug überreichen. Hilfesuchend blickte ich mich nach Michael um. Der war jedoch in der Menge untergetaucht. Da blieb mir nichts anderes übrig, als mich vorerst von meinem Messer zu trennen. Ich folgte dem schmächtigen Mann durchs Gewühl hinüber zu einem vorsintflutlichen Bankschalter mit hölzernen Gitterstäben. Gewichtig schritt er um den Tresen herum, rückte seine Schirmmütze zurecht, kassierte mein Messer ein und händigte mir im Gegenzug eine Metallmarke aus. »Hakennase« taufte ich ihn und fühlte mich beim Anblick seiner schwarzen Ärmelschoner deutlich ins letzte Jahrhundert zurückversetzt – oder zumindest in einen jener Wildwestfilme, in denen Banditen den Bankkassierer zwischen genau solchen Stäben hindurch zu erschießen pflegen. Meine Überlegungen standen mir anscheinend ins Gesicht geschrieben, denn Hakennase verscheuchte mich mit unwirscher Handbewegung.

Tumultartiger Lärm brach an einem der Roulettische aus: Zwei stoppelbärtige Kerle, karierte Tücher in Westernmanier um den Hals geknotet und verbeulte Filzhüte auf den grauen Locken, stritten sich wortreich mit einigen Indianern um die Einsätze. Über ihre Köpfe hinweg suchte ich nach Birgit und Michael. Mein Blick blieb an der Bühne hängen, auf der gerade die Tanzgirls spitze Jauchzer ausstießen und ihre Rüschenröcke bis zur Taille hochrissen. Das Geklimper des Pianisten wurde von dröhnendem Lachen übertönt. An der endlosen Bartheke steckten Goldgräber die Köpfe zusammen und schraubten ihre Tageserträge flüsternd in schwindelerregende Höhen. Ein letztes Kreischen der Tanzgirls, und aufreizend streckten sie gierigen Männerblicken ihre wohlgeformten Hinterteile entgegen.

Anzüglich grinsend riß ich mich vom Bühnengeschehen los und wandte mich den Spielern zu. Einen von ihnen kannte ich: Michael. Mit hochrotem Kopf lehnte er am Blackjack-Tisch und drehte nervös einen Chip zwischen den Fingern.

»Wie sieht's denn bei dir aus?« flüsterte ich ihm zu.

»Ganz schlecht! Hab' schon zweihundert Dollar hiergelassen. Einmal setz' ich noch, dann hör' ich auf.« Dem Spielfieber verfallen, konzentrierte er sich ganz auf seine Karten. Birgit tauchte neben mir auf und drängte sich an mich. Augenscheinlich fühlte sie sich zwischen den lärmend nach Reichtum und Glück Suchenden recht verloren, die sich so wenig von den goldenen Glücksrittern des letzten Jahrhunderts unterschieden. Der Rippenstoß, mit dem Michael mir seinen letzten Gewinn von *»Fifty Bucks«* kundtat, schmerzte. Damit er glücklich blieb, eskortierten wir ihn zurück auf die staubige Straße.

Birgit und ich jedenfalls freuten uns schon sehr auf die erste Nacht in einem richtigen Bett! Aber anstatt gemeinsam unsere erste Chance zur Liebe seit Wochen so richtig auszukosten, übermannte uns sanft, aber unerbittlich tiefer Schlaf.

Im sonnendurchfluteten Wohnzimmer richtete Mei-Ling ein zauberhaftes Frühstück her; die Eieromeletts verströmten zartes Ingweraroma. In monotonem Plauderton erzählte sie, daß sie seit drei Jahren hier lebe, ihre Heimat aber Thailand sei. »Er hat mich im Oktober geholt, und als er mir mein neues Zuhause zeigte, war es weiß und kalt. Das blieb so bis zum Mai. Ich habe viel geweint, damals.« Sie arrangierte ihr Lächeln neu und meinte leichthin, daß sie sich mit den Jahren an diese Art Leben gewöhnt habe.

Ole Olafson kam mit einem dynamischen »Guten Morgen!« in unsere Runde gepoltert. Die Unterhaltung zerschellte an seiner hünenhaften Gegenwart wie hauchzartes Teegeschirr. Sogleich bot er uns an, daß wir seinen Truck für eine kleine Erkundungsfahrt benutzen könnten. Endlich raus zu den Goldfeldern! Wir waren begeistert.

Über die Front Street, Dawsons Hauptstraße, gelangten wir auf den legendären Klondike Highway. Dröhnende Hillbilly-Musik quäkte aus dem Autoradio, und der warme Wind wirbelte den Staub der Straße in die Fahrerkabine. Zu dritt schaukelten wir im röhrenden Truck dem Ursprung des Goldes entgegen. Michael fühlte sich ganz am rechten Platz und grinste jedesmal breit vor Freude, wenn, wie er meinte, die V-Acht-Maschine beim Schalten mindestens einen halben Liter Benzin schluckte. In Anspielung auf unsere wochenlange Kanutour in der Stille und Einsamkeit der Wildnis fragte ich ihn im Spaß, ob es nicht sinnvoll wäre, auch am Kanu einen kleinen Außenborder zu installieren? Verwirrt sah er mich an, worüber ich mich köstlich amüsierte.

Die Goldfelder am Klondike River rückten in unser Blickfeld:

eine unwirtliche Steinwüste, übersät mit Kieshügeln, die, um und um gegraben, das Tal zu einer unüberschaubaren Kraterlandschaft machten. Erst die urzeitlich rundgeschliffenen Gebirgshügel in der Ferne geboten dem Einhalt. In meinem Innern kämpfte Enttäuschung mit Faszination. Wo waren all die Männer geblieben, die, auf Fotos und in Büchern wortreich beschrieben, einsam am Flußufer mit Pfanne und Schaufel nach Gold schürften? Ich schluckte, holte tief Luft und faßte die Realität ihrer unübersehbaren modernen Nachfolger ins Auge: *Dredges.* Wie erstarrte eiserne Monster hoben sich mehrere Stockwerke hohe Schaufelbagger aus der Mondlandschaft.

»Laßt uns da unten einfach mal rumfahren!« brach ich das allseits überraschte Schweigen. Wortlos schwenkte Michael in einen plattgewalzten Kiesweg ein, von dem zahllose Seitenwege zu den meterhohen Halden führten. Plötzlich hörte ich einen Dieselmotor aufknattern, und etwas platschte ins Wasser. Voller Hoffnung, die alten Goldgräberzeiten doch noch wiederaufleben zu sehen, näherte ich mich einer Gruppe *Miner.* Abgearbeitete Gesichter wandten sich mir zu. Ich schätzte, daß keiner von ihnen unter fünfzig war.

»Hallo! Schon fündig geworden?« begann ich leutselig. Die Männer unterbrachen stirnrunzelnd ihre Arbeit, doch ihre Mienen verrieten nicht, was in ihnen vorging. Ich fühlte mich unbehaglich, ganz unerwünschter Eindringling.

»Was gibt's?« fragte mich ein hagerer Mann im karierten Hemd, der mich über seine dicke Hornbrille hinweg musterte.

»Wir sind aus Deutschland«, erklärte ich und zeigte auf Birgit und Michael, die wartend im Auto saßen und herüberlächelten, »und drehen einen Film über den Yukon. Können wir bei euch ein paar Aufnahmen machen?« Die hüpfenden Erd- und Gesteinsbrocken auf dem Rüttelband fesselten meine Aufmerksamkeit. Ziemlich altes Gerät.

»Wie sieht's aus?« brachte ich meine Frage in Erinnerung. Der *Miner* schien noch zu überlegen und blickte eher unwillig drein.

»Viel gibt's hier nicht zu sehen. Mehrere Maschinen sind kaputt, und wir warten auf Ersatzteile. Bis dahin arbeiten wir im Handbetrieb. – Fast wie in alten Zeiten!« lachte er plötzlich auf, und seine Kumpel stimmten zögernd in sein Lachen ein. Ich nutzte die Gunst der Stunde, lief schnurstracks zurück zum Truck und griff meine Kamera. Der Mann mit der Brille stellte sich als Pete vor und erläuterte mir beim Rundgang die Funktion des Rüttelbandes. Normalerweise wird das erzhaltige Erdreich maschinell aufs Band befördert, doch seit Wochen schon mußten die Männer ihre alten Schaufeln benutzen. »Auf diese Weise lassen sich natürlich keine Berge versetzen.«

Pete hatte recht, viel gab es nicht zu filmen. Er zog eine Art Filterschublade unter dem Rüttelband heraus und zeigte auf mehrere bräunliche kleine Klumpen: Goldstaub. Ich entdeckte nicht die Spur glänzenden Metalls.

»Muß noch weiterverarbeitet werden«, kommentierte Pete, als er mein enttäuschtes Gesicht sah, und schob die Lade zurück unter das Band. Die Führung schien beendet, denn er machte sich wieder am Dieselmotor zu schaffen. Ich versuchte es ein letztes Mal und fragte beherzt, ob es nicht eine große, funktionierende Mine gebe, wo ich den kompletten Ablauf der Goldgewinnung filmen könne? Pete fuhr mit dem Schraubenschlüssel durch die Luft: »Okay. Die einzige wirklich erfolgreiche Mine am Klondike ist die Grizzly Mine von Richard und Lee.« Das klang, als hätte Pete uns ein streng gehütetes Geheimnis verraten. Ich erwartete nur noch, daß er sich nach unerwünschten Zuhörern umschauen und den Finger warnend auf den Mund legen würde. Um so überraschter war ich, als er statt dessen hinzufügte, heute abend würde er uns den Weg zeigen.

Zur verabredeten Zeit erschienen Birgit und ich bei Pete – nun endgültig nur noch zu zweit. Michael hatte in einem knallgelben Wasserflugzeug auf dem Yukon River gen Osten abgehoben. Wieder und wieder waren wir uns in die Arme gefallen und hatten einander beteuert, der Yukon habe unsere Freundschaft zusammengeschweißt. Bestimmt würde es Jahre dauern, bis Michael uns in Deutschland besuchen käme. Und meine Abneigung gegen New York kannte er.

»Ach, wißt ihr, irgendwie bin ich wieder bereit für das hektische Stadtleben, obwohl ich auch gern bis nach Alaska gepaddelt wäre. Macht ihr für mich ein Foto von einer Elchkuh mit Jungen, ja? Versprochen?«

Unsere letzten Abschiedsworte gingen im Motorengedröhn unter. Fast ruppig schlug Michael mir auf die Schulter, küßte Birgit und schwang sich in den winzigen Einstieg. Sein Kopf erschien noch einmal in der Luke, und er brüllte über den Lärm hinweg: »Und grüß die Königslachse von mir! Erzähl ihnen, dieses Jahr sind sie mir noch einmal entkommen!« Donnernd schoß der Hochdecker auf seinen breiten Tanks über die Wellen, und es schien, als finge das ganze Yukontal an zu vibrieren. Mit dem glitzernden Wasserschleier, den der gelbe Vogel mit sich hinauf in die Wolken riß, entschwand unser Späher und Kartograph.

Petes Stimme drang an mein Ohr: Englisch. Ich stand noch immer auf Kriegsfuß mit dieser Sprache, obwohl ich in den vergangenen Wochen viel dazugelernt hatte: Michael ließ während des Paddelns keine Gelegenheit aus, mich mit Vokabeln regelrecht vollzustopfen. Ich war ihm dankbar dafür, denn ab heute mußten Birgit und ich uns allein durchschlagen. Während ich Pete zuhörte, mußte ich lächeln. Mir war ein Vergleich zum Thema Sprachen eingefallen, den ich irgendwo einmal gelesen hatte und der mein Verhältnis dazu treffend zum Ausdruck brachte: Sprachen sind wie große flauschige Kissen, welche die Völker voneinander trennen. Die Kommunikation wird in ihnen erstickt und nahezu unmöglich gemacht. Wenn wir versuchen, uns mit der Grammatik einer fremden Sprache auszudrücken, haben wir sofort den Mund voller Federn. Sobald ich Englisch sprach, empfand ich genau dieses Gefühl. Den Mund voller Federn, antwortete ich daher Pete: »Ja, ich werde den Yukon bis zur Beringsee hinunterpaddeln.«

Seine kritische Miene hellte sich auf, und er pfiff anerkennend durch die Zähne. Serpentine um Serpentine schraubte sich sein Pick-up den Berg hoch, dessen durchlöcherte Kiesflanken einem Schweizer Käse ähnelten. »Richards und Lees Claim – der komplette Berg!«

Die müssen ja im Gold schwimmen, dachte ich und fragte Pete, ob die beiden wirklich reich geworden seien.

»Sind so ziemlich die einzigen hier im Tal des Klondike, die es zu etwas gebracht haben«, entgegnete er, eine Mischung aus Bewunderung und Neid in der Stimme. Dann machten die Dieselgeräusche schwerer Maschinen jede weitere Unterhaltung unmöglich.

Ein riesiger Schaufelradlader wälzte sich uns entgegen. Gelassen steuerte Pete den Wagen an dem haushohen Ungetüm vorbei, das mit ohrenbetäubendem Lärm und schrillem *Fiep-Fiep-Fiep* seine eisernen Zähne in die Erdhügel rammte. Das Erdreich, das aus hoch erhobenen Schaufeln auf die Ladefläche hinabstürzte, ließ das monströse Gefährt erzittern und brachte es bedrohlich ins Schwanken. Erschrocken zogen Birgit und ich die Köpfe ein, während Pete lachend seine Zigarette von einem Mundwinkel in den anderen rollte und den Wagen mit hartem Ruck anhielt, kurz bevor er eine schäbige Bretterbude rammte.

»Das Arbeitscamp«, erläuterte er, griff sich einen der bunten Plastikstühle und rammte ihn in den Boden. Die Beine weit von sich gestreckt, richtete er sich häuslich ein. Ich probte dieselbe Westernmanier und stellte zu diesem Zweck zwei weitere Klappstühle neben Pete. Auf unseren Logenplätzen aufgereiht wie im Kino, hockten wir da und beobachteten die beiden Goldgräber bei der Arbeit. Pete warf einen kurzen Blick zur Uhr: »Dauert noch eine halbe Stunde, dann machen die Jungs Pause!« Gegen das Stöhnen und Ächzen der Maschinerie anzureden war praktisch unmöglich, daher schwiegen wir alle drei.

An den Gedanken werde ich mich erst gewöhnen müssen, daß das Gold im Klondiketal heutzutage industriell abgebaut wird, dachte ich und spürte ein dumpfes Gefühl der Enttäuschung. Was ich da vor mir sah, laut und lebensecht, zerstörte meine letzten Illusionen. Plötzlich trat Stille ein. Ich traute meinen Ohren nicht, in denen es trotzdem weiterhämmerte. »Wie können die das bloß den ganzen Tag lang aushalten? Mir kribbelt's immer noch in den Beinen«, bemerkte ich fassungslos und sah zu Birgit hinüber, die nur mit den Achseln zuckte und sich plötzlich kerzengerade aufrichtete.

»Hallo!« riefen uns zwei Männer mit neugierigen Seitenblicken zu. Auch sie ließen sich auf Plastikstühle fallen. Fragend schauten sie Pete an und nahmen uns ins Visier. Wie ein Wasserfall sprudelten die Worte aus Petes Mund. Es verstand sich von selbst, daß ich kaum einen »Tropfen« seiner Sätze verstand.

»Aha, aus Deutschland seid ihr. Hi, ich bin Richard.« Freundlich lächelnd schüttelte uns einer der Goldgräber kräftig die Hand.

»Und das ist mein Bruder Lee.« Noch ein kerniger Händedruck. Richard schob seinen Cowboyhut weit in den Nacken und wischte sich mit einem karierten Taschentuch den Schweiß vom Gesicht. Er dürfte die Sechzig überschritten haben, dachte ich und studierte seine faltige Haut wie eine Landkarte. Sein durchnäßtes Baumwollhemd steckte in einer originalen Stresemannhose, dazu trug er grobe Cowboystiefel. Ich bemühte mich, mir nicht anmerken zu lassen, wie befremdet ich über seinen Aufzug war. Lee hingegen trug selbst bei fünfundzwanzig Grad Hitze eine dicke Winterjeans und natürlich auch Cowboystiefel. Er nestelte an seiner randlosen Nickelbrille und zog den *Cooler* näher heran, aus dem er eisgekühlte Getränke anbot.

»Noch eine Stunde, dann stellen wir die Maschinen ab und checken, was wir heute eingenommen haben.« Er blickte mir in die Augen und zögerte einen winzigen Moment, bevor er weitersprach: »Das kannst du filmen.«

Die Art und Weise, wie er mich anschaute, empfand ich als persönlichen Tauglichkeitstest in Sachen Gold. Mir schoß das Adrenalin durch die Adern. Ich glaube, ich errötete sogar. »Ich würde auch gern mal einen ganzen Ablauf filmen, der ist mir nämlich überhaupt nicht klar«, lächelte ich und winkte ab. »Rein theoretisch bin ich allenfalls mit Pfanne und Schaufel vertraut.«

»Warte erst mal ab, bis du das Gold auf den Sieben glänzen siehst – wir sind nämlich an einer ganz dicken Ader dran!« kündigte Lee dramatisch an, und seine Augen funkelten. Dann sprang er unvermittelt auf: Es ging weiter. Das war das Zeichen für Pete, seinerseits aufzubrechen. Er müsse zurück zu seinem Claim, sagte er, nach dem Rechten schauen. »Ihr wißt jetzt ja, wo es langgeht«, meinte er noch und klemmte sich auch schon hinters Steuerrad. Der Pick-up zog eine mächtige Staubfahne hinter sich her, die sich bald in der Weite des Tals verlor.

»Hast du bemerkt«, fragte ich Birgit, »daß Richard sich unsicher war, ob er uns das überhaupt zeigen soll? Bin wirklich gespannt auf die dicken Klumpen!« Ich mußte an meinen Goldtraum denken.

Mit donnerndem Gerumpel und quietschenden Bremsen kam ein Schwerlaster die Serpentinen zu uns heruntergekrochen, eingehüllt in schwarze Abgaswolken. Am Rande des Lagerplatzes, auf dem wir saßen, lud er polternd Tonnen von Gesteinsbrocken ab. Wieso bringt der Gestein vom Berg? Hier unten liegt doch wahrhaftig genug herum, wunderte ich mich, und es fiel mir schwer, neugierig und tatenlos stillzusitzen und auf den Feierabend zu warten.

Obwohl es bereits acht Uhr war, schien die Sonne unvermindert stark und tauchte den Himmel in ein prächtiges Farbenmeer. In zwei Tagen war Sommersonnenwende. Für mich hatte jener Tag eine besondere Bedeutung, betrachtete ich doch die Edda als meine Bibel. Lebenspendende Sonne! Am einundzwanzigsten Juni würde sie ihre stärkste Kraft entfalten, die auf »Mensch, Tier, Flur und Schiffe« überging. Naturverbunden und ursprünglich, gab mir die germanische Mythologie die Gewißheit, an die eigenen Urwurzeln gelangt zu sein. Thor und Odin sprechen aus den Liedern und Geschichten der Edda zu mir, sie kann ich fragen, wenn ich nicht mehr weiter weiß. Doch ich sehnte auch schon wieder die pechschwarzen Nächte herbei. Seitdem es erst ab drei Uhr morgens überhaupt schummrig wurde, hatte ich kaum ein Auge zugetan.

Der Lärm erstarb Maschine um abgeschaltete Maschine. Richard und Lee winkten uns zur sogenannten *Sluicebox* hinüber. Auf Stelzen zog sich der künstliche Wasserkanal in Bauchhöhe mehrere Meter bergabwärts. Ungefähr in der Mitte war eine Art Abzweigung angebracht.

»Das Erde-Stein-Gemisch wird auf den Stahlsieben ständig mit einem dicken Wasserstrahl bearbeitet. Zwölftausend Liter pro Minute rauschen da durch«, erklärte mir Richard und zeigte auf die Öffnung des tellergroßen Rohres, aus dem jetzt nur noch ein schmales Rinnsal herausfloß. »Das leichte Gefälle der Box bewirkt, daß die ganz dicken Gesteinsbrocken sofort über das Bandende hinausschießen. Die mittleren wäscht der Strahl aus dem Erdreich aus. Sie landen ebenfalls auf der Abraumhalde.« Er machte eine bedeutungsvolle Pause und ging mit uns zur Verzweigung an der Sluicebox hinüber.

»Seht ihr die Stahlschablone an der Verteilerstelle? Die Löcher in dem Schieber haben exakt die Größe der zu erwartenden Goldklumpen. Wir haben da unsere Erfahrungswerte und wissen, wie groß der größte jemals gefundene Klumpen war. Na ja, und dementsprechend sind die Löcher gebohrt.«

»Aber was passiert, wenn wirklich mal ein überdimensionaler Goldklumpen dabei ist? Wenn der für die Löcher zu groß ist, rauscht er dann einfach vorbei und landet unentdeckt im Abfall?«

»Das könnte passieren, ist aber unwahrscheinlich«, antwortete Richard gelassen und setzte hinzu: »Das große Geld machen wir ohnehin mit dem Goldstaub, und der wird auf die weiter unten liegenden feinen Metallvliese gewaschen.« Lee und Richard zückten ihre Pinzetten und sprangen behende auf die drei Meter breite Sluicebox.

»Jetzt kommt der spannendste Moment des Tages. Paßt gut auf!« Richard zog das erste Vlies unter den Sieben heraus: In dem schlickigen Brei glitzerte und funkelte es. Schnell und geübt spürten die beiden Goldgräber mit ihren Pinzetten das Gold auf. Wie hungrige Hühner pickten sie nach den kleinen Körnern – eins nach dem anderen landete auf Richards bereitgehaltener Handfläche. Neben mir hörte ich Birgit heftig atmen. Mir selbst verbot ich Gemütsaufwallungen hinter der laufenden Kamera. Schließlich wollte ich alles filmen und hatte Richards »Goldeignungstest« nicht vergessen. Silber, rostige Eisennägel und glänzender Hämatit, das »schwarze Yukongold«, wie dieser Stein genannt wird, bereicherten den Schlamm, den Lee in eine ordinäre Plastikwanne entleerte. Richard hielt uns seine geöffnete Hand hin, auf der wir sage und schreibe zwölf Goldklümpchen, so groß wie Kirschkerne, zählten.

»Extrem gute Ausbeute heute. Ich sagte euch ja, wir sind auf eine dicke Ader gestoßen!« frohlockte er und strahlte mindestens genauso wie das gelbe Metall in seiner Hand. Sieb um Sieb enthielt Goldnuggets, die in einem kleinen Lederbeutel verschwanden.

»Der Schlamm hier«, sagte Richard und hob die Plastikwanne hoch, »ist noch viel mehr wert als die Nuggets: Goldstaub. Ich schätze, das sind zweieinhalb Kilo.« Lee rückte seine Brille zurecht, kratzte sich am Kinn und schüttelte den Kopf.

»Bestimmt über drei Kilo heute«, verbesserte er gelassen und nickte bedächtig.

»Morgen abend machen wir oben am Camp die Feinwäsche. Das solltest du unbedingt filmen«, schlug Richard vor. Er zwinkerte Birgit zu, die noch ganz verzückt lächelte, und versprach, morgen dürfe sie seine Prunkstücke bewundern. Frauen und Gold! Gut, daß

Birgit keinen übermäßigen Gefallen an Schmuckstücken findet – und daß Richard schon so alt ist, dachte ich im stillen. Wir verabredeten uns für den Morgen.

Birgits gleichmäßige Atemzüge zeigten an, daß sie fest schlief, während ich sehnsuchtsvoll auf das Einschlummern wartete. *Im Zwielicht der einsetzenden Dunkelheit dämmerte ich hinüber an den Rapid Creek, an dessen Ufer ein Feuer lichterloh brannte. Wettergegerbte Hände hielten metallene Schürfpfannen in die Flammen, um sie zu schwärzen. »Erst dann kannst du zwischen den Steinen das Gold aufblitzen sehen«, flüsterte geheimnisvoll eine tiefe Männerstimme. Einsetzender Wind ließ das Bild verwehen, und plötzlich fegte ein orkanartiger Sturm durch den Wald, der die Blätter von den Bäumen riß und unser Zelt in die Luft wirbelte. »Die Fichte!« gellte Birgits Aufschrei durch das tosende Treiben. Vor meinen entsetzt aufgerissenen Augen stürzte eine endlos in den Himmel ragende Fichte um. Wie eine aufgerissene Wunde klaffte der mächtige Wurzelteller aus dem Erdreich; die unzähligen Wurzelstöckchen erzitterten im Sturm. Plötzlich Stille. Wie von unbekannter Hand geführt, durchwatete ich das Flußbett und stapfte genau auf den Wurzelteller zu. Schimmernd und blitzend wie Glöckchen am Weihnachtsbaum hielt das Wurzelgewirr walnußgroße Goldklumpen umschlungen. Ich brauchte mich nur noch zu strecken und sie abzupflücken. Jemand packte mich und schüttelte mich hin und her. Aufhören! Hör doch auf, dachte ich und streckte meine Hände nach dem Gold aus …*

»Es ist bald Mittag, wach auf, du Langschläfer!« Im grellen Sonnenlicht erschien Birgits Gesicht, das sich über mich beugte und mich gutgelaunt anlachte. Gepeinigt stöhnte ich auf und rollte mich fester in die Decke. Ich wollte zurückkehren in meinen Traum, doch da war er schon verschwunden, mein wunderbarer Goldbaum.

»Irgendwie macht mich das fertig«, stellte ich beim Frühstück unbefriedigt fest und fragte Birgit, wie sie mit dem Inbegriff des Reichtums zurechtkam, der mir noch nie in meinem Leben so nah gewesen war.

»Wieso? *Wir* haben doch kein Gold«, entgegnete sie nüchtern.

Als wir bei der Grizzly Mine ankamen, winkte Lee von seinem Raupenfahrzeug zu uns hinunter, damit beschäftigt, Gestein auf die Sluicebox zu baggern. Heute waren auf dem Lagerplatz riesige Halden aufgetürmt.

»Woher kommt das denn alles?« brüllte ich Lee zu.

»Hat Al während der Nacht oben aus den Bergen hergekarrt. Am Bonanza Creek haben wir mit anderen zusammen mehrere Claims gepachtet, die wir gemeinsam bewirtschaften.« Er nickte kurz in Als Richtung, der anscheinend einer dieser Partner war. »Am Klondike ist nicht mehr viel zu holen. Zu viele Leute wühlen die Hügel zum x-ten Mal durch.«

»Bonanza Creek – ist das nicht da, wo Joe Carmacks vor hundert Jahren die ersten Nuggets aufgesammelt und dadurch den Goldrausch in Gang gesetzt hat?« fragte ich. Lee nickte und balancierte eine randvolle Baggerschaufel über die Sluicebox, die gleich darauf donnernd in einer Staubwolke versank. Am unteren Ende der Box rangierte Richard mit einem zweiten knatternden Caterpillar vor und zurück. Er lud den Abraum auf, der wenige Meter weiter zu einer neuen Kieshalde aufgeschüttet wurde. Auch sein Monsterbagger stieß dicke schwarze Abgaswolken aus. Dazu das Rattern der Siebe und das unablässige Rauschen des Wassers – das alles erinnerte mich mehr an den Straßenbau als ans Goldschürfen.

Birgit hatte sich Kim geschnappt und kraxelte mit ihr über die Halden. Vielleicht findet sie ja noch ein paar Nuggets, dachte ich amüsiert und richtete die Kamera auf das Geschehen unmittelbar vor mir. Endlos rumpelte das Erz übers Förderband. Als würde jemand unversehens eine Vollbremsung machen, kam die Maschinerie plötzlich aufjaulend zum Stillstand. Arbeitsende. Wie am Vorabend sammelten die Brüder die Goldklumpen von den Vliesen. Ihren Gesichtern war es deutlich anzusehen: reiche Ausbeute! Wie kann man das nur ertragen, überlegte ich stirnrunzelnd und fühlte ein Grummeln im Bauch, jeden Abend Hunderttausende einzusacken?

»Folgt uns nach oben zum Wohnwagencamp!« rief Richard uns zu und trieb seinen Truck mit durchdrehenden Rädern die Schotterpiste bergauf. Von der Höhe hatte man einen ungehinderten Blick über das Tal des Klondike, das sich tief in die Gebirgsmassive eingegraben hatte. Als würde es unten schneien, wirbelten die weißen Blütenblätter der Erlen und Espen durch die heiße Luft. »Wohnwagen« war eigentlich nicht die zutreffende Bezeichnung für die beiden Schlachtschiffe von Campmobilen, die krönend auf dem Grün der Bergspitze standen.

»Unsere Frauen!« Wie auf ein Zeichen kam aus jedem der Wagen eine Frau herausgeklettert. Die Ältere, die ich so um die Sechzig schätzte, war Richards Ehefrau. Sein Bruder Lee, der immerhin schon fünfundsiebzig Lenze zählte, küßte eine junge asiatische Frau auf die Wange; sie mochte gerade die Dreißig überschritten haben. Birgit und ich warfen uns verstohlene Blicke zu und grinsten. Eigentlich hatte ich mir vorgestellt, daß die beiden Oldtimer allein lebten, wo sie doch anscheinend Tag und Nacht arbeiteten.

»Setzt euch! Es gibt was Feines zu essen«, lud Richard uns ein, Platz zu nehmen. Asiatische Küche wurde serviert: unzählige kleine Speisen – und alles fleischlos. Ich wurde mal wieder nicht satt.

»Darf ich euch zum Nachtisch noch etwas Pizza anbieten? Die liegt seit heute mittag im Wagen und ist bestimmt wieder heiß!« Grinsend holte ich einen Stapel Pappkartons hervor, dem der leckere Geruch einer ganzen Pizzabäckerei entströmte.

»Hoffentlich ist da kein Schweinefleisch drin!« empfing mich Lee und merkte an, daß sie alle Moslems seien. Vor Überraschung ließ ich beinahe die kostbaren Teigwaren fallen. »Gemüse« und »Früchte des Meeres« fanden ihre Abnehmer, die »unreinen« Pizzas schmausten Birgit und ich mit Hochgenuß. Den Sechserpack Bier im Auto unterschlug ich vorsichtshalber.

Nach dem üppigen Mahl schleppte Richard seine Raritätensammlung herbei: zwei schwarze Aktenkoffer, die mit Samt ausgeschlagen waren. Mir gingen die Augen über, und in meinen Fingern zuckte es verdächtig. In einem der Fächer schimmerte der schwarze Kontinent Afrika, gleich daneben ein Bär, mit krummem Buckel erstarrt, oder weiter oben ein schlank geformter Fisch ... selbst das goldene Möwenei fehlte nicht, von dem ich damals auf der Insel geträumt hatte: Nuggets in allen Größen und Formen, die sagenhafte Ausbeute eines langen Goldgräberlebens am Klondike River.

»Ein Nugget ist ein von der Natur geschaffenes Unikat. Und schaut mal die Farbe! So richtig goldgelb, typisch für den Klondike.« Richard geriet ins Schwärmen und hielt Birgit einen ebenmäßig geformten goldenen Kieselstein an den Halsausschnitt. Den Kopf auf die Seite gelegt, nahm er Augenmaß. »Wie für dich gemacht, mein hübscher Rotschopf!« Völlig begeistert betrachtete er meine Freundin. Die errötete leicht und wehrte das Schmuckstück verlegen ab. Richard schmunzelte. »Ja, seit mehr als zwanzig Jahren graben wir hier und haben schon Millionen zutage gefördert. Eigentlich reicht es uns langsam, und wir versuchen, die Mine zu verkaufen. Leider hat sich bis jetzt noch niemand gefunden, der uns zwei Millionen US-Dollar dafür zahlen kann.«

»Zwei Millionen?« hakte ich nach. »Ist das nicht zu wenig?«

»Eigentlich schon, aber damit kommen wir für den Rest unseres Lebens aus, oder Richard?« Der Fünfundsiebzigjährige lachte und schlug sich auf die Schenkel.

»Ach, Gold ... Ich könnte inzwischen auch nach Erbsen graben!« Ich verstand nicht ganz, wie Lee das meinte. Um Erbsen und Gold in einen Topf zu werfen, mußte man schon Multimillionär sein, kombinierte ich.

»Wo lebt ihr eigentlich, wenn ihr nicht in der Mine arbeitet?«

»Im Oktober friert hier so langsam alles ein, dann machen wir die Maschinen winterfest und fahren mit unseren Wohnmobilen in die Heimat: Oregon an der Westküste der USA. Nach sechs Monaten Goldgräberleben *genießen* wir den Komfort solide gebauter Häuser so richtig.« Lee hatte ganz ruhig gesprochen und dabei den Blick in die Ferne schweifen lassen.

»Aber lange hält es uns da nicht. Wir sind einfach aktive Typen«, ergänzte Richard die Schilderung seines Bruders. »Außerdem verabscheuen wir den Winter – auch in Oregon.«

»Seit einigen Jahren unterstützen wir internationale Entwicklungsprojekte«, fuhr Lee wiederum fort. »Vor drei Jahren haben wir eine Schule in Malaysia finanziert und vor Ort die Aufbauarbeiten beaufsichtigt. Dabei habe ich meine Frau Sun kennengelernt!« Er strahlte und streichelte ihr verliebt über den Rücken. Na ja, kein Wunder, dachte ich, bei so einer hübschen jungen Frau. Was für nette komische Kauze!

»Jetzt geht's aber zur Sache!« schreckte Lee mich auf. »Feinwäsche ist angesagt, drüben im Bus!« Abrupt stand er auf und ging mit uns hinter die Wohnwagen. Durch die Schlachtschiffe vor neugierigen Blicken geschützt, parkte ein ausrangierter knallgelber Schulbus mit heruntergelassenen Rolläden. Als Lee die Tür öffnete, schlug uns eine Welle flimmernd heißer Luft entgegen. Wo früher Schulkinder auf den Sitzen herumhampelten, hatten die Brüder eine komplette Waschanlage installiert: Wasserschläuche, Zinkeimer, Wannen und ein breites Spülbecken, über dem eine große Scheibe angebracht war. Elektrokabel führten zu einem Schaltkasten. Das Ganze hatte das Aussehen einer mittelalterlichen Giftküche, und ich war gespannt, was hier gleich passieren sollte.

Wichtigtuerisch lief Lee mit Wannen und Schüsseln hin und her, stellte irgendwo Wasser an, legte Hebel um ... und plötzlich begann die gerillte Scheibe langsam zu rotieren, während sie sich gleichzeitig aus der Horizontalen in die Vertikale aufrichtete. Wunder der Technik, dachte ich fasziniert. Den Schlick aus den Sieben verteilte Lee gleichmäßig auf der Scheibe, über die nun aus feinen Düsen unablässig Wasser lief. Je länger das Wasser floß und den Dreck in das Loch in der Mitte schwemmte, desto stärker glitzerte und funkelte es auf der rotierenden Fläche von unzähligen Goldstaubkörnchen. Meine Anspannung wuchs, und ich hatte Mühe, beim Filmen eine ruhige Hand zu bewahren. Lee schüttete das Gold herunter und belud die Scheibe von neuem. Bereits nach kurzer Zeit ließ eine weitere Schicht Goldstaub die Scheibe wie eine aztekische Sonne erstrahlen. Abgesehen vom Rieseln des Wassers und dem leisen Motorengeräusch, herrschte in der brütenden Hitze absolute Stille. Goldstaub zu Goldstaub – die Plastikwanne begann sich allmählich zu füllen. Lee spülte jeden benutzten Eimer und jede Wanne um und um und siebte noch das letzte Krümelchen heraus.

»Du läßt wirklich keine Spur Gold verkommen!« bemerkte ich ob seines Wascheifers und lachte.

»Das macht immerhin einen Dollar pro Korn«, entgegnete er ernst. Plötzlich schaute er uns belustigt an: »Da fällt mir eine Geschichte ein, die euch gefallen wird. In einem Sommer sind hier im Klondiketal zwei Schweizer reich geworden. Und wißt ihr wie? Ganz einfach: Sie haben sich altes Kartenmaterial von der umliegenden Umgebung und den Claims in den Bergen besorgt und sind alle verlassenen Minen abgegangen. Früher wurden sämtliche

Sluiceboxen und Rutschen aus Holz gebaut – *komplett* aus Holz. Und an den Stellen, wo Bretter aneinanderstießen, haben die Kerle einfach die Ritzen ausgekratzt. Fünfzigtausend Dollar sollen sie damit gemacht haben – für so wenig Arbeit!« Lee schüttelte heftig den Kopf, als könne er die Geschichte immer noch nicht glauben. Das ist überhaupt ein guter Gedanke, schoß es mir sofort durch den Sinn: Wir werden unterwegs auch mal kratzen!

Auf einmal waren Birgit und ich allein im Bus. Ich weiß nicht, ob es nur an der flirrenden Hitze im Innern lag, daß sich die Atmosphäre plötzlich verdichtete und mir der Schweiß in Bächen am ganzen Körper hinunterlief. Verstört horchte ich, was Lee draußen wohl trieb.

»Mann, ist der verrückt, uns hier allein zu lassen? Ich brauch' doch nur mal in die Wanne zu greifen und mir eine Handvoll Gold in die Tasche zu stecken – das würde kein Mensch merken!« wisperte ich Birgit zu und erzählte ihr, daß ich mich als Kind immer diebisch gefreut hatte, wenn ich in fremden Gärten mal einen Apfel vom Baum »schraubte«. Aber das hier war wirklich etwas anderes! Auf eine Art war ich sogar stolz, daß Lee uns so großes Vertrauen entgegenbrachte und uns beide mit Kilos von Gold allein ließ. Schweißtriefend kam er wieder in den Bus gestapft und machte sich daran, die Scheibe zu reinigen.

»Bewahrt ihr diese vielen Kilo Goldstaub hier oben einfach so auf? Das sind doch etliche tausend Dollar!«

Gelassen hob er die Schultern: »Was soll schon groß passieren? Alle zwei Tage fahren wir nach Dawson zur Bank und deponieren das Gold im Safe, bis der Goldaufkäufer kommt.« Diese Einstellung paßte zum »Erbsengraben«. Andererseits – wenn er so viel davon hatte, könnte er mir ruhig ein paar Krümel abgeben, fand ich in meiner Naivität.

Lee schien mit dem siebten Sinn ausgestattet zu sein: »Ich kann euch gern mal erzählen, wie ihr goldhaltiges Gestein erkennt!«

Als echtes Greenhorn spitzte ich die Ohren und lauschte gespannt seinen Worten. »Also«, fing er an, »ihr müßt auf Quarzadern im Muttergestein achten.« Ich warf ein, daß ich zu Hause eine kleine Mineraliensammlung hätte und wüßte, wie Quarz aussieht. Lee brummelte zustimmend.

»Quarzadern sind ein untrügliches Zeichen«, wiederholte er eindringlich. »Im Bodenbereich der Wand müßt ihr außerdem nach Aussackungen schauen, dort bildet sich so eine Art Tasche. Das liegt daran, daß Gold viermal so schwer ist wie Stein. Im Laufe der Jahrtausende wird es nach unten in den Fels gewaschen. Und genau da müßt ihr suchen! Am besten grabt ihr noch einen Meter tief in den Boden und prüft das Erdreich. Findet ihr auch nur ein kleines bißchen Goldstaub, ist das sofort eine heiße Spur. Mit der Spitzhacke so tief wie möglich graben und das umgebende Geröll ständig prüfen! So kreist man eine Fundstelle ein, um das Herz einer Ader zu finden.« Lee hatte zu Ende erzählt und sah mich mit großen Augen erwartungsvoll an. Langsam blies ich meine Atemluft aus.

Er lachte nur und klopfte mir auf die Schulter: »In diesem riesigen Land liegt noch so viel Gold unentdeckt im Boden ... Man schätzt, daß erst etwa zwanzig Prozent geschürft sind. Du hast also noch gute Chancen!« Verdammt noch mal, er hatte recht! In Dawson würde ich mir Pfanne und Schaufel kaufen und unterwegs mein Glück versuchen. Am liebsten wäre ich sofort losgestürmt.

Birgit trieb es aus dem Bus, in dem die Luft langsam zum Schneiden dick geworden war. Kim hob kaum den Kopf, als wir uns zu den anderen setzten und literweise Kaltes in uns hineinschütteten.

»Kennst du nun den Ablauf und die Magie des Goldwaschens?« prostete Richard mir zu. Die beiden Frauen lachten. »Auch der Reichtum des Goldes ist vergänglich«, winkte er ab. »Die großen Gesellschaften haben schon lange dichtgemacht: zu hohe Lohnkosten und dazu neue Umweltauflagen. Wer ein Loch gräbt, muß es heute gleich wieder zuschütten.« Die Vorstellung brachte ihn zum Lachen. »Dawson City ist das beste Beispiel: In der Hoch-Zeit des Goldrauschs wühlten dreißigtausend Mann fieberhaft im Klondike, am Bonanza Creek und am Rabbit Creek. Die meisten von ihnen waren Glücksritter, die das Gold verspielten oder verhurten – ganz zu schweigen von jenen, die Goldschürfen und harte Arbeit von vornherein nicht miteinander in Verbindung brachten. Wenn sie sich nicht einfach bücken und die Nuggets auflesen konnten, war angeblich kein Gold zu finden, und sie machten sich lieber auf den Weg zu neuen Ufern. Mit selbstgezimmerten Flößen schipperten sie den Yukon hinunter und strandeten oftmals schon in den

Flats, wo sie sich im Gewirr der unzähligen kleinen Wasserläufe verirrten und niemals wieder herausfanden. Diejenigen, die damals die Westküste Alaskas erreichten, machten Nome zum neuen Eldorado.«

Richard dachte einen Moment nach. Sein starrer Blick ging durch mich hindurch ins Leere und verlor sich in der Tundra des Nordlands an der Beringstraße. Niemand am Tisch sprach ein Wort.

Fast andächtig hatte ich an seinen Lippen gehangen. Jedes seiner Worte ließ die alten Goldgräberzeiten wieder aufleben, die mich – als reichlich bebilderter Lesestoff – schon seit frühester Kindheit begleiteten. Gold ist wie eine Droge: Sie kann heilsam sein, aber sie kann dich auch zerstören. Diese Warnung aus der Lektüre meiner Jugendzeit sollte für mich nicht gelten. Ich will ja auch nur ein kleines bißchen Gold finden, rechtfertigte ich mich. Solche Männer wie Lee und Richard jedenfalls waren Goldgräber *mit Substanz!*

6

Der Bär

Die Hölle bricht los im Yukontal. Eine krachende Lichtexplosion zerreißt die schwarze Wolkenwand. Ich habe nur noch einen Gedanken: Weg vom Fluß ans rettende Ufer!

»Paddel schneller! Vielleicht zieht die Front hinter uns vorbei.« Wie durch einen Schleier höre ich Birgits Worte und warte förmlich darauf, daß der Himmel über mir zusammenbricht. Der Gewittersturm peitscht die dunklen Wolken von backbord Richtung Dawson, und Sturmböen wühlen Luft und Wasser auf. Verdammt, ich habe das Gefühl, daß ich aus dem Heck herausrage wie ein Blitzableiter. Ich sitze viel zu hoch.

Sirrend elektrisiert ein greller Lichtstrahl die schwüle Atmosphäre. Ich halte den Atem an und zähle: eins, zwei, drei – krachend entlädt sich die Spannung. Das Zentrum des Unwetters ist noch einen Kilometer entfernt. Da, die ersten dicken Tropfen platschen auf meine Hände. Krampfhaft halte ich das Paddel fest.

Vorwärts, vorwärts, dröhnt es in mir, und ich spüre wieder die glühenden Holzspäne, die sich in meine Haut einbrennen. Vater, hilf mir! Entsetzt starre ich auf die umherschießenden, rotglühenden Punkte, die mir solche Schmerzen bereiten. Mein Apfelbaum! Zerborsten ragt der Stamm in den schwarzen Himmel. Das Feuerwerk nimmt einfach kein Ende. Ich will das nicht sehen und schlage die Hände vors Gesicht. Plötzlich werde ich hochgerissen. Wumm!

Ich bin auf dem Fluß. Auf einmal ist mir lausig kalt, und ich zittere. Die alte Geschichte sitzt mir immer noch in den Knochen … dabei bin ich sonst so mutig! Das Grollen wird leiser. Neben unserem Kanu tauchen schützende Berghänge auf – das Inferno bleibt an ihrer Rückseite.

»Tut das gut, endlich wieder draußen zu sein!« Ich war nicht nur wegen des abziehenden Gewitters erleichtert. Dawson, die vielen Menschen – mir reichte es.

»Laß uns bald anlegen.« Birgit wandte sich um und lächelte. Ach, es war ein schönes Gefühl, verstanden zu werden!

»Kim, kannst rauskommen – alles vorbei!« rief ich munter, und wie auf Kommando schaufelte sich ihr braunes Köpfchen unter der Plane hervor. Sie gähnte und streckte sich.

»Rechts mehr gegenhalten!« gab ich Birgit Anweisung, die nun zum ersten Mal mit mir die Anlegewende fuhr und sich redlich abmühte, das Holz souverän zu handhaben.

»Ramm das Paddel ins Ufer, und zieh das Kanu dicht ran«, kommandierte ich und hörte den Kiel knirschend auf den steinigen Untergrund aufsetzen. Das war das Zeichen für Kim. Schwanzwedelnd machte sie sich zum Aussteigen bereit, sprang aus dem Boot und tobte sich erst einmal am Ufer aus.

»Ich wußte gar nicht, daß Paddeln so anstrengend ist! Morgen habe ich bestimmt einen fürchterlichen Muskelkater.« Birgit krabbelte mit steifen Gliedern aus dem Bug und massierte sich heftig die Oberarme.

»Ach, daran gewöhnst du dich«, versicherte ich mitfühlend, »die ersten hundert Kilometer sind die schlimmsten.«

»Sehr witzig«, versetzte sie trocken und schleifte den Zeltsack hinter sich her auf eine spärliche Grasfläche.

»Noch eine Stunde bis Mitternacht!« rief ich ihr zu, während ich für mein Lichtfeuer alle Äste aufraffte, die am Ufer herumlagen. Selbst zu Hause ging ich an diesem besonderen Tag in den Wald und zelebrierte die Mittsommernacht. Allerdings mischte sich in meine Vorfreude ein wenig Wehmut: Michael war nicht mehr dabei. Heute nacht würden wir dennoch miteinander verbunden sein: Um zwölf Uhr wollte er in New York vom Empire State Building Richtung Polarkreis blicken und an uns denken.

Das dürre Holz knackte und sprotzte, daß die Funken nur so stoben, und mit dem letzten Bissen Pizza verschwand auch die letzte greifbare Erinnerung an die Stadt Dawson. Die hellste Nacht des Jahres war in durchsichtiges, blaues Licht getaucht. Nur noch Sekunden bis Mitternacht.

»Hei, hei!« Mit wildem Ruf und Riesenanlauf katapultierte ich mich über die hoch auflodernden Flammen. »Laßt mich alle Abenteuer heil überstehen und die Beringsee erreichen!« Inbrünstig schleuderte ich meinen Wunsch hinaus in die helle Nacht, auf daß ihn die Götter des Nordens erfüllen mochten. Mit jedem Sprung wurde ich kühner.

»Also, ich weiß nicht, heute nacht siehst du aus wie ein Wikinger – mit rotem Vollbart.« Birgit hockte im Schneidersitz auf der Wiese und beobachtete mich. Ihr Gesicht war in ein dämonisches Licht getaucht.

»Spring doch auch mal!« schlug ich vor und ließ mich ganz außer Atem neben sie auf den Boden fallen.

»Über *den* riesigen Scheiterhaufen?« fragte sie lachend und schüttelte heftig mit dem Kopf. »Laß uns lieber mal das Feuer ausmachen und – schlafen gehen.«

Gleich mit den ersten Sonnenstrahlen bekamen wir sie hautnah zu spüren, die Moskitos. Die Geißel des hohen Nordens fiel über uns her, als wir ausgeschlafen und nichtsahnend den Reißverschluß unseres Zeltes öffneten. *Ratsch!* Geistesgegenwärtig schloß ich den kleinen Spalt sofort wieder. Sekunden waren es nur gewesen, in denen die Viecher eindringen konnten, aber das reichte aus, sie zu Hunderten im Zelt vorzufinden.

»Wo ist das Mückenmittel?« rief ich Birgit zu und schlug wie wild um mich. »Lieber kriege ich Hautkrebs, als daß ich mich auffressen lasse!«

»Au, verdammte Biester!« Birgit wühlte verzweifelt in dem Durcheinander von Unterwäsche und T-Shirts herum und erschlug zwischendurch einen Moskito nach dem anderen. Mit lauter brennenden Stichen übersät, mußte ich trotzdem lachen.

»Der Michael hat sich rechtzeitig abgesetzt! Ich seh' ihn vor mir, ganz und gar eingehüllt in sein Fliegennetz«, prustete ich und zerquetschte mit Wonne einen der vollgesogenen Quälgeister auf meiner Hand, als er gerade abheben wollte.

»Sieh dir das an, wieviel Blut er mir abgesaugt hat. Unglaublich!« stieß ich hervor und hielt Birgit meinen rotverschmierten Handrücken hin. Angeekelt verzog sie das Gesicht und klatschte mir die Flasche *OFF* in die Hand.

»Hast du eigentlich mal OP-Hilfe gemacht? Du haust mir die Flasche hin, als hätte ich um ein Skalpell gebeten.« Sie grinste nur und verteilte in Windeseile übelriechende Flüssigkeit auf jedem Fleckchen ihrer bloßen Haut. Beißend saugten sich auch meine Moskitostiche mit der chemischen Keule voll.

Lustlos hockten wir eine Zeitlang im Zelt und horchten auf das unheilvolle Gesumm draußen. Schließlich wagte ich mich als erster vor; wir konnten ja nicht den Rest des Sommers drinnen verbringen. Draußen war es viel schlimmer, als ich befürchtet hatte. Rechtzeitig zum Sommeranfang schienen Millionen von Insekten gleichzeitig geschlüpft zu sein. Die sonst so klare Luft war schwarz von stecknadelkopfgroßen Körpern, und eine dicke Traube hing um Kims Nase.

»Birgit, das mußt du dir ansehen!« rief ich entsetzt und wischte beherzt den Klumpen weg. Blutende Bißwunden blieben zurück.

»Das ist ja fürchterlich!« Birgit weinte fast und tupfte dem Hund die Nase ab.

»Kim scheint die Stiche gar nicht zu spüren«, wunderte ich mich und schaute den Hund an, als sei er das Monster: Völlig ungerührt lag das liebe Tier in der Sonne und schlug noch nicht mal mit der Pfote nach den Biestern.

»Ich habe Fotos von riesigen Elchen gesehen, die von Moskitoschwärmen tagelang regelrecht verfolgt wurden, bis die Blutsauger sie absolut leergetrunken hatten.« Ein Schauder durchlief meinen Körper, und plötzlich mußte ich mich überall kratzen.

»Mit uns machen sie das jedenfalls nicht – wir verschwinden augenblicklich«, entschied Birgit. Als ginge es ums Überleben, fing sie hastig an, das Camp abzubrechen.

Bevor wir ablegten, kramte sie tatsächlich ein Stück Gaze hervor und befestigte es als Schleier an ihrer Schirmmütze. »Aus der Reiseapotheke.«

»Gute Idee!« erwiderte ich spöttisch.

So toll schien ihre Erfindung dann doch nicht zu sein. Unentwegt nestelte sie an ihrer Gesichtsverkleidung herum und schnappte nach Luft.

»Lohnt sich nicht – sind ohnehin kaum Mücken auf dem Fluß.« Ich lachte sie aus und genoß den Fahrtwind, der mir die heißen Beulen kühlte.

Da wir schneller als mit Fließgeschwindigkeit dahinsegelten, benutzte ich mein Holz als Ruderpinne und korrigierte nur dann und wann die Richtung. Ohne Michael und seinen Gepäckberg waren wir runde neunzig Kilo leichter – auch wenn wir jetzt überflüssigerweise gut zweihundert Gramm Schlauchboot im Gepäck mitführten. Als wir in Dawson das Kanu neu trimmten, brachte Birgit es einfach nicht übers Herz, unsere Bremsklötze in den nächsten Abfalleimer zu werfen. »Man weiß nie, ob wir sie nicht noch mal brauchen ...«

Spätabends machten wir Rast auf einer Kiesinsel. Das bläulich schimmernde Licht verstärkte das satte Sommergrün der Bäume und warf schimmernde Lichtbrechungen auf den Yukon River.

»Diese Nacht ist viel zu schön zum Schlafen. Laß uns durchfahren!« Ich war nicht die Spur müde. Verzaubert von der Anmut des unwirklichen Lichts und den vielen Geräuschen, ließen wir das Kanu sanft ins Wasser gleiten. Das Gemurmel des Flusses antwortete dem säuselnden Wind. Fernes Wolfsgeheul mischte sich ein, und die Schreie der anderen Tiere ließen die Nacht lebendig werden. Knackende Äste kündigten eine Elchkuh an, die im Gefolge ihrer beiden Kälber zum Fluß hinunterstieg und sich ausgiebig satt trank. Die Gruppe schien keine Notiz von uns zu nehmen, und mich wärmte das Gefühl, ein Teil ihrer Welt zu sein.

Ein leises Schwappen nur war zu hören, wenn mein Paddel eintauchte und einen Bogen beschrieb, um still zum nächsten Schlag auszuholen. Dabei wiegte sich das Kanu im Rhythmus der Bewegung – welche Harmonie, mußte ich denken.

Ein Wolf! Vorn auf der Böschung tauchte ein schwarzer Timberwolf aus dem Busch auf und hielt die Nase witternd in den Wind. Er hatte uns noch nicht wahrgenommen, denn ohne Scheu kam er in unsere Richtung gelaufen. Ich hielt den Atem an. Plötzlich blieb der Wolf stehen und entdeckte das herannahende Boot. Es dauerte keine Sekunde, bis er reagierte und zurück ins Dickicht floh.

»Fantastisch, diese hellen Nächte«, sagte ich leise. »Bis aufs einzelne Haar konnte ich seine dunkle Maske um die Augen erkennen.«

»Wie die leuchteten – bernsteinfarben«, flüsterte Birgit zurück. Ich nickte und beobachtete Kim. Lauernd saß sie mit zitternden Flanken im Kanu. Einzig und allein die kurze Leine, mit der sie festgebunden war, hinderte sie am Absprung.

»Was man bloß alles versäumt, wenn man schläft!« tönte es leise vom Bug. »Ja«, entgegnete ich aufseufzend und heftete meinen Blick wieder aufs Ufer.

Jählings quietschte Kim auf. Zum Greifen nah, trieb ein Biber in mein Blickfeld. Die struppigen Zweige in seinem Maul sahen aus wie ein Floß, das er vor sich herschob. Irritiert schwenkte er urplötzlich vom Kanu weg. *Klatsch! Klatsch!* Wie Gewehrschüsse hallten seine Schwanzschläge durch die nächtliche Stille. Die ledrige Kelle hob sich steil aus dem Wasser und platschte mit kurzem Knall wieder auf. Wir waren ihm offensichtlich nicht geheuer. Eilig änderte der Biber seine Richtung und verschwand im Astgewirr eines umgestürzten Baums am Ufer.

Ich wartete darauf, daß ich ihn noch einmal zu Gesicht bekäme, doch der emsige Deichbauer war untergetaucht. Auch so einer, der die Wasserläufe mitgestaltet, dachte ich amüsiert und hielt im Vorbeifahren Ausschau nach seiner Burg. Und tatsächlich: Der enorme Kuppelbau aus ineinandergesteckten Ästen und Zweigen versperrte dem einfließenden schmalen Creek schon zur Hälfte den Zugang zum Yukon. Viel fehlte nicht mehr, und hier würde ein neuer toter Seitenarm entstehen.

»Sollen wir nicht doch bald mal schlafen?« quengelte Birgit und gähnte demonstrativ.

»Kuschel dich doch ins Gepäck. Ich möchte bis zum Sonnenaufgang wachbleiben und fahren. Derart helle Nächte gibt es nicht viele«, verteidigte ich meinen Entschluß. Das fahle Licht des Mondes genügte, um die violette Dämmerung der letzten Nachtstunden auszuleuchten.

Birgit fand eine halbwegs bequeme Lage und versuchte zu schlafen. Nur Kim blieb mit mir auf Beobachtungsposten und kündigte durch ihr unruhiges Getänzel den prächtigen Rotfuchs an. Scheu wieselte er am Saum des Wassers entlang und schnüffelte das Ufer nach Eßbarem ab. Seine buschige Rute wippte bei jedem Schritt. Als wir auf seine Höhe glitten, knurrte Kim leise – doch laut genug, um Meister Reinecke zu erschrecken und zu verjagen.

Ich war in Hochstimmung: Eigentlich fehlte jetzt nur noch der Auftritt eines Grizzlybären … Statt dessen zuckten die ersten Sonnenstrahlen des erwachenden Tages über die fernen Bergspitzen und tauchten den Himmel in ein zartes Morgenrot. Der strahlende Feuerball schob sich millimeterweise höher, bis er im vollen Rund seine Wärme versprühte. Müdigkeit kroch mir allmählich in die Knochen. Einen ganzen Tag und eine ganze Nacht war ich durchgepaddelt. Höchst zufrieden mit dieser aufregenden Aktion, steuerte ich auf eine unbewachsene Kiesinsel zu. Schon allein wegen der Moskitos wollte ich nur noch auf Inseln und an möglichst windigen Stellen zelten.

»Müssen wir schon aufstehen?« fragte Birgit schlaftrunken und reckte sich.

»Ich baue jetzt erst mal unser Zelt auf, und dann schlafen wir!« Daraus wurde allerdings so gut wie nichts. Bis Mittag hatte die Sonne unser Zelt in ein Treibhaus verwandelt. Schweißgebadet kroch ich daraus hervor und wäre zu gern Kim nachgeschwommen, der die sieben Grad Wassertemperatur nichts ausmachten. Immer und überall holte sich dieser Hund, was er gerade brauchte! Ich fragte mich, wann sich das Yukonwasser endlich auf eine erträglichere Badetemperatur erwärmt haben würde.

Die folgenden Tage und Nächte schlief ich kaum, sondern paddelte meist durch. Birgit gewöhnte sich daran, während der Fahrt ein Nickerchen zu machen. Mühelos trug uns die Strömung des Flusses durch wilde grüne Täler, in denen gelbe und hellblaue Sommerblumen aufblinkten. An Michaels Stelle hatte ich jetzt das Kartenlesen übernommen und erwartete den Einfluß des Fortymile Rivers. Ein Flußsystem ähnelt in dieser Hinsicht einem Straßennetz mit Knotenpunkten, die einem helfen, sich in der Wildnis zu orientieren.

Der Fortymile River brachte kristallklares Wasser in den Yukon – und es war warm! Birgit entdeckte dieses Phänomen, als sie ihre Hand durchs Wasser gleiten ließ. Und noch bevor wir unser Camp auf der kleinen Insel in der Einmündung aufschlugen, sprangen wir schon in T-Shirt und langer Hose ins Badewasser. Den Fortymile flußaufwärts entdeckte ich an den Ufern Brennesseln und dickblättrigen Flußrhabarer. Kim paddelte mit ihren kleinen Pfoten voneweg und japste, wenn sie eine der Wasserfontänen abbekam, die wir übermütig ausprusteten.

»Sauer! Das Wasser ist total sauer«, rief ich Birgit zu, die ebenfalls den Mund verzog. Meine Neugier war geweckt, das mußte ich näher untersuchen. Luftholen und abtauchen. Auf dem moorig braunen Grund des Flusses regte sich kein Leben. Weder waren Fische zu sehen, noch schwebten Wasserpflanzen in der Strömung – nur Äste vermoderten in der Tiefe. Ich sog die Lungen voll Luft und kraulte unter Wasser auf den Zusammenfluß zu. Das lärmende Rumpeln der wandernden Steine im Yukonbett schwoll zum Dröhnen an, als würde jemand aus großer Höhe eine Baggerladung Felsbrocken abkippen.

Ob Fische eigentlich hören können? Wenn ja, mußten sie bei diesem Krach unter Wasser auf die Dauer taub werden. Obwohl ich mich nicht weiter als mit dem Oberkörper aus dem warmen Fortymilewasser vorgewagt hatte, riß mich die Strömung plötzlich in den eiskalten Fluten des Yukons flußabwärts. Minuten vergingen, bis ich mich zurück ins warme Wasser gearbeitet hatte, eine eisig kalte Ewigkeit.

Blütenweiße Schaumkronen tanzten als Sahnehäubchen auf der glatten Wasseroberfläche. Ich grinste. Vor Kälte bibbernd, schwamm ich mit kräftigen Zügen zurück zu unserem Lagerplatz. Die Shampoospur endete bei Birgit. In voller Montur stand sie, von oben bis unten eingeseift, im seichten Wasser und hielt Waschtag.

»Du wäschst ja gleich alles mit«, rief ich übermütig und begann mich auszuziehen. Schließlich lagen Wäsche und Menschen zum Trocknen ausgebreitet auf dem warmen Kies.

»Hier haben bestimmt mal Leute gesiedelt«, überlegte ich laut. Birgit blickte kurz von ihrem Buch auf. »Wo Brennesseln wachsen, muß der Boden fruchtbar sein.«

Ich setzte mich auf und blickte über das ausgedehnte Wiesengelände, hinter dem ich ein Moor vermutete. Weit hinten meinte ich die spärlichen Überreste einer Hütte zu sehen – oder war das bloß eine Fata Morgana? Ich jedenfalls war zu faul, mich auf eine Expedition ins Moor zu begeben. Kurz nach Mitternacht setzten wir das Kanu ins Wasser und verließen das fruchtbare Marschland am Fortymile River, in dem sich einfach zu viele Moskitos heimisch fühlten.

»Ich will lieber todmüde paddeln als mir den Rest der Nacht mit der Mückenjagd um die Ohren schlagen«, hatte ich Birgit entnervt auseinandergesetzt. Der Anblick der blutverschmierten Innenwände unseres Zeltes konnte es inzwischen mit jedem Schlachthof aufnehmen.

»Mir gefällt es, mich im Kanu in den Schlaf wiegen zu lassen«, hatte sie gelassen zugestimmt. Gemeinsam rafften wir unsere Siebensachen zusammen und weckten Kim, die – nach Wachhundmanier – vor dem Zelteingang zusammengerollt vor sich hin träumte.

Nur ab und zu tat ich einen Paddelschlag. Seit unzähligen Stunden schon schob uns die Strömung durch endlose, langgezogene Flußwindungen. Als mächtiger Strom durchmaß der Yukon weite Täler.

»Weißt du noch«, begann ich, »wie wir am Lake Laberge in einem meterbreiten Rinnsal gestartet sind? Und nun diese Weite! Wären da nicht die Berge, wir könnten bis zum Nordpol schauen.« Beeindruckt nickte meine Begleiterin.

Die schier unvorstellbare Größe dieses Landes wurde mir bewußt, und in das Gefühl grenzenloser Freiheit mischte sich ein Funke Verlorenheit – wahrscheinlich lag es am Kanu, das sich auf dem majestätischen Fluß wie eine Nußschale ausnahm. Mein Traum vom Nordland währte nur Sekunden, und schon trieb uns die Strömung in der Kurve auf das linke Steilufer zu. Birgit drehte sich erschrocken um. »Wollen wir anlanden?« fragte sie entgeistert und ließ ihr Paddel führerlos durchs Wasser schleifen.

»Was machst du? Paß auf, daß dir das Paddel nicht weggerissen wird!« brüllte ich sie an. Allein schon der Gedanke trieb mir die Schweißperlen auf die Stirn. Mit sattem Ruck rauschten wir auf das schmale Kiesufer.

»Ist sowieso egal«, kommentierte ich unsere Landung, »weit und breit keine Insel in Sicht. Dann können wir auch oben auf dem Hang campieren.« Sofort mußte ich wild um mich schlagen: »Verdammte Biester! Wir entkommen ihnen nicht.«

»Tröste dich, ich habe uns eine Flasche Moorwasser abgefüllt, sozusagen essigsaure Tonerde, ein altes Hausmittel gegen Insektenstiche!«

»Schwester, einen getränkten Tupfer, bitte!« brüllte ich wie am

Spieß und hielt meiner Krankenschwester die frischen Bisse auf meinem Arm zur Behandlung hin. Das Moorwasser und die chemische Keule stanken zum Himmel, hielten aber wenigstens eine Zeitlang Schmerzen und Moskitos fern.

Zwanzig Meter schleppten wir unsere Ausrüstung über die kiesige Halde hoch und wurden mit einem zauberhaften Rundblick belohnt: In sanften Biegungen schlängelte sich der Yukon dahin.

»Ein schönes Fleckchen hier«, begeisterte sich Birgit und sank in die weichen Graspolster.

Lang saßen wir eng beieinander und verloren uns in der grandiosen Landschaft. Im dämmrigen Abendlicht kühlte sich die heiße Luft des Tages langsam ab und schickte dann und wann eine frische Brise zu uns hinauf. Die Zahl der Blutsauger hatte sich um den Faktor zehn verringert: Nicht mehr Tausende, nur noch Hunderte piesackten uns.

»Ich glaube, langsam gewöhne ich mich an die Stiche. Sie schwellen kaum noch an«, stellte Birgit befriedigt fest und betastete ihr rotgepunktetes Gesicht.

»Streuselkuchen!« neckte ich sie und drückte sie ins weiche, dicke Waldgras. Kim gab es irgendwann auf, an unseren Umarmungen teilhaben zu wollen. Blöder Hund, dachte ich halb belustigt, *das* sollte er doch nun langsam kennen.

Ausgeschlafen, hungrig und frisch verliebt, bereitete ich leckere Pfannkuchen mit ganz viel Marmelade zum Frühstück. Madame kam, vom feinen Duft angelockt, mit wirrem Haar aus dem Zelt gekrochen. Kim zog noch ihre obligatorische Schnüffelrunde durch den Wald und beeilte sich plötzlich, als wir den ersten Bissen zum Mund führten. Gefräßig wie immer, saß sie uns gegenüber und schluckte jedesmal trocken, wenn wir einen Happen aßen. Nur mühsam unterdrückte ich mein Lachen, aber Erziehung mußte sein. Erwartungsvoll bewegte das liebe Tier seinen Kopf mit jeder unserer Bewegungen mit. Dem treuen Hundeblick aus gierig aufgerissenen Augen opferte Birgit wenigstens die Hälfte ihrer Mahlzeit. Ich war der bessere Esser und Erzieher, fand ich.

Grrrr! Grrrr! – »Kim, sei ruhig! Du hast wirklich genug bekommen«, schnauzte ich den Hund an, der sich lauernd aufstellte und zum Fluß hin starrte. Da ist ein Tier, schoß es mir durch den Kopf, und ich straffte mich unwillkürlich. *Grrr! Grrr!* Kim fletschte die Zähne und tanzte aufgeregt hin und her.

Plötzlich schiebt sich ganz vorsichtig ein großer schwarzer Bärenkopf über die Plateaukante. Keine sechs Meter ist er von uns entfernt; wir stieren in kleine dunkle Augen. Mir setzt der Herzschlag aus. In meinem Kopf schlagen die Gedanken rad. Wieso konnte sich der Bär unbemerkt die Kieshalde hochschleichen? Das hätte ich doch hören müssen! Verdammt, mein Gewehr liegt hinter mir im Zelt, aber dazu ist jetzt keine Zeit … Unglaublich flink erscheint der massige Körper des Bären auf dem Hang. Der haut nicht ab! Statt dessen richtet er sich zu voller Größe auf und läßt seine Reißzähne blinken.

Grrr! Grrr! – »Kim!« schreie ich ahnungsvoll, und meine Stimme überschlägt sich. Zu spät. Wie von der Tarantel gestochen, schießt mein Hund laut kläffend auf den Schwarzbären los. Erschrocken irren dessen Augen umher … die Erle an der Abbruchkante! Mit einem gewaltigen Satz hechtet der Bär zu dem Baum hin und klettert wie ein Affe am Stamm hoch. Auf halber Höhe hält er inne. Zwei Meter über der wütend bellenden Kim hängt der massige Schwarzbär im Baum und beobachtet ängstlich den tobenden Hund, der wie rasend am Stamm hochspringt. Das ist meine Chance. Gewehr schnappen, laden, in Anschlag gehen und entsichern. Routiniert führe ich die Handgriffe aus und bin auf einmal ein voll konzentrierter Jäger. Sollte die Situation umkippen, überlege ich kühl, und der Bär Kim angreifen, erschieße ich ihn auf der Stelle. Breitbeinig, das Gewicht auf beiden Füßen, den Bergstutzen fest an die Schulter gelegt, visiere ich über Kimme und Korn zwischen die Augen des Bären. Ruhig schwenke ich mit jeder seiner Bewegungen mit. Neben mir spüre ich Birgits fliegenden Atem.

Gruff! Gruff! Drohend bleckt der Schwarze die Zähne und schlägt mit der zottigen Bärenpranke nach Kim. Der Hund ist nicht zu bremsen, im Gegenteil, immer höher springt Kim an dem Stamm hinauf und versucht, den Bären zu packen.

»Einmalig – das muß ich filmen!« Das Gewehr unterm Arm, haste ich zum Zelt und greife nach meiner Kamera. In dieser Sekunde rutscht der schwarze Koloß am Stamm abwärts, als säße er in einem Lift. Die Rinde ist zu weich, sie hält sein Zentnergewicht nicht mehr. Übergangslos rast der Schwarzbär die steile Kiesböschung zum Ufer hinunter, verfolgt von einer kläffenden Kim.

»Ach, du Scheiße!« Verzweifelt male ich mir aus, wie der Bär irgendwann mitbekommt, daß er nur von einem kleinen Hund verfolgt wird, den er mit einem einzigen Hieb zerschmettern kann. Birgit steht stocksteif da und bringt kein Wort heraus.

»Hinterher!« brülle ich sie an. »Und vergiß das Stativ nicht!«

»Jetzt? Das kann doch nicht dein Ernst sein!« schreit sie plötzlich auf. Ich unterdrücke eine Entgegnung, denn unvermittelt taucht der Bär wieder auf dem Hang auf. In Riesensätzen überquert er die ebene Fläche und jagt in den Wald hinein. Hechelnd auf seinen Fersen: Kim. Kopflos stolpere ich den beiden nach, haste über Baumwurzeln und dicke Grasbüschel, springe über kleine Gräben und versuche, die Richtung beizubehalten.

Plötzlich wechselt der giftige Hetzlaut des Hundes in den tiefen Standlaut: *Hau! Hau!* Sie hat den Bären gestellt, denke ich ängstlich. Durch den dichten Fichtenwald kann ich weder Hund noch Bär erspähen und verharre einige Sekunden, bis Kims Standlaut mir erneut den Weg weist. Ist Birgit noch hinter mir? Ein ganzes Stück entfernt blitzt zwischen den Bäumen das Stativ auf. Mit erhobenem Gewehr gebe ich ihr ein Zeichen: Schließ dicht auf!

Helle Hetzlaute. Verdammt, es geht weiter. Zurückschnellende Fichtenzweige schlagen mir ins Gesicht. Ich schimpfe leise vor mich hin und halte schützend die Kamera hoch.

Hau! Hau! Hau! Seit Minuten derselbe Laut: Kim muß den Bären nun endgültig gestellt haben. Mein Herz pocht wie wild, und ich bleibe stehen. Im selben Moment beginnt auch schon der mühselige Kampf mit den Moskitos, die mich zu Hunderten umschwirren. Ich schlage um mich und warte, bis Birgit herankommt. Stille. Ich lecke an meinem Finger und prüfe die Windrichtung:

»Jetzt ganz vorsichtig! Wir schleichen uns gegen den Wind an, sonst treiben wir die beiden noch endlos vor uns her«, wispere ich.

»Aber das Knacken der Äste ...«, wirft Birgit besorgt ein.

»Psst!« zische ich. Fragend schauen wir einander an, und ich meine, ein langgezogenes, tiefes Stöhnen zu vernehmen. Die weichen Graspolster dämpfen unsere Trittgeräusche. Noch bevor ich die Tiere sehen kann, höre ich Kims zorniges *Grrr! Grrr!*

Am Rande der kleinen Lichtung entdecke ich Meister Petz hoch oben auf einem starken Ast in einer stämmigen Fichte. Wütend verteilt er Schläge in die Luft, die der unten knurrenden Kim gelten. Ihr grelles Gebell klingt allmählich heiser. Furios tobt sie um den Baum herum. Meine Güte, hat dieser kleine Hund Mut und Kondition, denke ich und lächle Birgit kopfschüttelnd zu. Hinter mir im Gewirr der Zweige hockt sie auf der Erde. Die Hände zu Fäusten geballt, beobachtet sie nervös das laute Treiben. Gewehr oder Filmkamera? Kurzerhand entscheide ich mich fürs Filmen und montiere betont ruhig die Kamera auf dem Stativ. Langsam zehrt die permanente Anspannung auch an meinen Nerven. Die summenden Aufnahmegeräusche gehen in dem lauten Spektakel völlig unter.

Kims Bewegungen haben sich auf Zeitlupentempo verlangsamt, und ihr tiefer Standlaut ähnelt jetzt mehr einem abgewürgten Krächzen. Sie ist völlig erledigt. Beim Bären macht sich so etwas wie Langeweile breit: Ruhig schaut er in alle Richtungen und wirft einen stummen Blick auf Kim. Ast für Ast klettert er tiefer, sein mächtiger Hintern nähert sich dem gefletschten Gebiß meines Hundes. *Grrr!* Wie angestochen, saust der Bär den Stamm wieder hoch, zurück auf seinen Ast. Anscheinend hat Kim ihn kurz erwischt. Ich unterdrücke ein Lachen und presse die Lippen zusammen. Langsam bekommt die Situation eine komische Komponente.

Doch das Lachen vergeht mir schlagartig: röhrendes Brummen und Fauchen von oben. Der Bär beugt den massigen Kopf zu Kim hinunter. Stumm fixieren sich die Tiere. *Oohm!* Der langgezogene Drohlaut läßt Kim kalt. Der Tanz geht weiter.

»Kim!« Birgit steht neben mir und ruft zaghaft. Keine Reaktion. Die Fichte wird geschüttelt. Der Bär hat seine Taktik geändert und beginnt, sich vehement am Stamm zu schubbern. Der brummelnde Ton wird immer mehr zu einem Wimmern. Ich halte die Situation nicht mehr aus; jetzt fühle ich Mitleid mit dem Bären.

»Nun ist es aber genug!« flüstere ich entschieden und bedeute Birgit, ich würde in die Höhle des Löwen marschieren. Mit ausgestrecktem Arm, den Kopf tief zwischen die Schultern gezogen, greife ich mir kurzentschlossen die völlig überraschte Kim. Mit hartem Ruck zerre ich sie am Halsband rückwärts ins Dickicht. Widerborstig stemmt sie ihre Läufe in den weichen Waldboden und versucht, sich nach dem gestellten Feind umzusehen. Ihr lautes, kämpferisches Jiffeln hält den Bären allerdings nur noch fünf Minuten an seinem Platz. Dann rutscht er wie ein geölter Blitz am Stamm hinunter und spurtet in die Büsche. Ich lausche: Das Knacken im Unterholz entfernt sich.

»Du verrückter Hund – das hast du toll gemacht!« Beide knien wir vor der schweratmenden Kim und sprechen beruhigend auf sie ein. Langsam begreift sie, daß ihr Opfer auf und davon ist.

»Das kann kein ausgewachsener Bär gewesen sein«, überlege ich, »wahrscheinlich ein zwei- oder dreijähriger. Normalerweise macht ein erwachsener Bär so einen kleinen Hund platt! Immerhin ich habe tolle Aufnahmen gemacht.« Kamera und Gewehr geschultert, mache ich mich mit den beiden anderen auf den Rückweg.

»Was hast du denn?« fragte ich Birgit, die schweigsam neben mir hertrottete. Ich schaute sie von der Seite an: Sie brütete irgend etwas aus, das war deutlich zu spüren.

»Also, mein Lieber«, mühsam beherrscht stieß sie die drei Worte hervor und holte tief Luft, bevor sie fortfuhr: »Brenzlige Situation hin oder her – ich will weder, daß du mich anbrüllst, noch, daß du nur an deine blöde Filmerei denkst, während wir alle in Lebensgefahr schweben!« Ihr zorniger Blick, mit dem sie mich vernichtend anblitzte, verschlug mir einfach die Sprache. Na ja, ein kleines bißchen recht hatte sie schon. Auf der anderen Seite – schließlich unternahm ich die ganze Tour ja, um einen Film zu drehen!

Zwei Seelen kämpften in meiner Brust: Die eine verlangte nach Abenteuer, die andere nach Frieden. Ohne mich einem Seelenstriptease zu unterziehen, der erfahrungsgemäß leicht in einen endlosen Streit ausufern konnte, entschied ich mich für neutralen Boden: Beim Abbrechen unseres Lagers schleppte ich bereitwillig alles allein ins Boot.

»ALASKA.« Sechs eingestanzte Buchstaben auf einem winzigen Metallschild waren der einzige Hinweis, daß wir gerade in das wildeste Land des Nordens einfuhren. Enttäuschend.

»Auch wenn's noch so unspektakulär ist – die Grenze möchte ich filmen!« Ich grinste bei dem Gedanken, daß sich die mächtigen Vereinigten Staaten von Amerika noch nicht mal ein imposantes Schild leisteten. Statt dessen gab es nur eine faustdicke Eisenstange, mitten in die Landschaft gerammt.

»Birgit, vielleicht lehnst du dich mal ganz locker an den Pfahl da«, gab ich Regieanweisung für mein erstes Grenzfoto. »Und halt bitte still, trotz der Moskitos!«

Matt lächelnd turnte Birgit um den Pfosten herum. »Kannst auch mal die Rückseite aufnehmen, dann wissen wir wenigstens, wo wir hergekommen sind: Yukon Territories«, las sie laut und zog die Worte wie Kaugummi in die Länge. Das Ganze erinnerte mich an Modefotografen, wie man sie sich klassisch vorstellt: Schweißtriefend motiviert der arme Kameramann die lässig hingehauchten Models zu immer neuen Verrenkungen.

»Also noch mal: Alaska die zweite!« rief ich betont dynamisch und machte ein paar Faxen hinter der Kamera. Schwenks über Fluß und Pfahl, Totale und Nahaufnahmen – irgendwie mußte es doch möglich sein, dieser Grenze Profil zu verleihen!

»*Hier* ist die eigentliche Grenze!« rief Birgit plötzlich und winkte mich aus fünfzig Metern Entfernung zu sich heran. Schnurgerade führte eine schätzungsweise zehn Meter breite Schneise durch den dichten Fichtenwald und verlor sich am Horiziont. Das war doch wenigstens was, dachte ich und zoomte die Endlosigkeit heran.

»Andreas! Das Kanu ist verschwunden!« Sekunden vergingen, ehe Birgits Aufschrei in mein widerstrebendes Hirn eindrang.

»Du spinnst, das kann gar nicht sein. Kim ist im Kanu – da traut sich niemand ran!« entgegnete ich, überzeugt davon, daß Birgit nicht richtig gucken konnte. Im Laufschritt rannte ich über die Anhöhe, um selbst einen Blick auf den Fluß zu werfen – nichts.

»Das gibt es nicht! Ich habe das Boot doch richtig festgemacht!«

»Hast du es mit beiden Leinen vertäut?« fragte Birgit und stierte flußabwärts, als könne sie das große weiße Kanu durch bloßes Hinstarren wieder herbeizaubern.

»Ich bin mir nicht sicher«, erwiderte ich und versuchte krampfhaft, mich zu erinnern. Abgesehen von mehreren bootslangen Baumstämmen, die von der Strömung die zwei Kilometer lange Gerade entlanggerollt wurden, war der Fluß absolut leer. Ich konnte mir einfach keinen Reim darauf machen.

»Wenn sich das Kanu losgerissen hat, müßte es irgendwo flußabwärts zu sehen sein«, murmelte ich. »Das Filmen hat doch nicht so lange gedauert … schlimmstenfalls treibt es hinter der nächsten Biegung.«

Ohne ein weiteres Wort zu verlieren, rannte ich los. Was mochte Kim widerfahren sein, die immerhin mutterseelenallein an Bord saß? Endlich – die Kurve. Ich rang nach Luft. Auf einer Strecke von mindestens drei Kilometern nur Wasser, kein Boot. Jetzt überleg mal, zwang ich mich zur Ruhe. Irgend etwas geht hier nicht mit rechten Dingen zu. Die Strömung ist zwar sehr schnell, aber so rasant nun auch wieder nicht. Vielleicht ist das Kanu gesunken? Oder jemand hat es geklaut! Wo aber ist dann Kim abgeblieben? Ein beunruhigender Gedanke nach dem anderen blitzte in meinem Kopf auf. Hilflos machte ich mich auf den Rückweg. Was konnte ich noch tun? Im Gehen schaute ich immer wieder flußabwärts – und hoffte auf ein Wunder.

»Andreas!« Birgits Schrei ließ mich erschrocken aufblicken. Ich traute meinen Augen nicht. Was kam mir da auf dem Fluß entgegen? Ein weißes Kanu.

Wie eine hölzerne Gallionsfigur schaute Kim mit dem Kopf über den Bug hinaus. Wo kommt denn das Boot her? Das macht überhaupt keinen Sinn! Dann erst klickte es: Du mußt das Boot aufhalten!

Hastig zerrte ich mir das Hemd über den Kopf, streifte die Hose ab und stürzte mich in den Fluß. Die eisige Kälte brannte auf der Haut. Zur Mitte, schwimm weiter zur Mitte! Meine Bewegungen wurden in dem bitterkalten Wasser immer langsamer, das Kanu schaukelte näher heran. Mit letzter Anstrengung kraulte ich in die angepeilte Fahrtlinie und hängte mich an den Rand.

Kim beobachtete interessiert, wie ich – inzwischen halb steif gefroren – versuchte, mich an der Bordwand hochzuziehen. So bring ich das Kanu noch zum Kentern! Die Bugleine! Widerwillig tauchte ich in die Kälte zurück. Schlangengleich trieb das nasse Tau auf der Wasseroberfläche. Ich packte es einfach mit den Zähnen. Schnell quer zum Ufer zurück, bevor meine Gliedmaßen endgültig absterben!

Die hundert Meter bis zum Ufer wurden zur Tortur. Als das Boot endlich ins flache Uferwasser trieb, war ich fertig. Ganz blau vor Kälte stakste ich bibbernd über glitschige Steine an Land. Birgit reichte mir ihre Hand und zog mich die letzten Meter. Dann schob sie das Kanu aufs Ufer.

»Du hättest deine Sachen anbehalten sollen«, schimpfte sie. »Die isolieren immerhin etwas gegen das kalte Wasser!«

Ich war kaum in der Lage, ein Nicken zustande zu bringen, und schrie vor Schmerz auf, als meine Freundin mich mit meinem Hemd abrubbelte. Quicklebendig kam Kim aus dem Kanu gesprungen und tobte freudig um uns herum. »Guck dir diesen Hund an – unglaublich!« wehrte ich sie ab.

»Du hast mein Rufen erst gar nicht gehört. Ich bin nämlich ein Stück fluß*aufwärts* marschiert, und da sah ich das Kanu ganz langsam am Ufer entlangtreiben«, berichtete Birgit. »Doch bevor ich es erreichen konnte, wurde es plötzlich von Strudeln erfaßt, einmal um die eigene Achse gedreht und von der Hauptströmung flußabwärts getrieben.«

»Total verrückt!« erwiderte ich. »Da muß ein ausgeprägtes Kehrwasser am Ufer gewesen sein … und ich habe das Kanu nicht richtig festgemacht.«

Gedankenverloren kraulte ich Kim, die mit ihrer Schnauze immer wieder auffordernd gegen meine Hand stupste.

»Hättest ja mal bellen können!« schimpfte ich halbherzig. Unschuldig legte sie den Kopf zur Seite und sah mich an.

»Laßt uns weiter! Nur noch dreißig Kilometer bis Eagle.«

7

Eagle / Alaska

Eagle – wie ein Adlernest hockt die Siedlung hoch auf dem Plateau. In ihrem Rücken ragt ein häßlicher nackter gelber Berg in die Höhe. Das war sie nun, unsere erste alaskanische Siedlung.

»Seht mal, da oben, das Auge des Gesetzes erwartet uns bereits.« Die Silhouette eines breitkrempigen Rangerhutes zeichnete sich deutlich gegen die schrägstehende Sonne ab. Der Mann winkte uns zu sich hinauf.

»Wir sind doch niemandem begegnet – woher weiß der, daß wir kommen?« wunderte sich Birgit und zog die Stirn kraus. Ich zuckte nur mit den Achseln und machte klar zum Anlegen. Auf dem breiten Sandstrand rangelten kreischend kleine Indianerjungen, die auf das Kanu aufmerksam wurden und uns neugierig betrachteten. Kim wedelte freudig mit dem Schwanz: Spielgefährten in Sicht.

»Du bleibst im Boot und bewachst alles schön!« befahl ich ihr und schlang die Leine um den Paddelschaft. Leise knurrend fügte sie sich. »Dann widmen wir uns mal den Formalitäten!« Betont frisch begann ich, die steilen Stufen hinaufzuklettern.

»Warte auf mich!« rief Birgit empört. Sie war nervös. Der Umgang mit Behörden versetzte sie immer in eine Art Panikstimmung.

Im Näherkommen wuchs die Gestalt in den offiziell wirkenden dunkelblauen Stoffhosen und dem bunten T-Shirt zu »zwei Metern Gesetz« heran. Im Schatten des blauen Hutes machte sich ein freundliches Lächeln breit.

»Jeff Hunter – Einwanderungsbehörde.« Der Mann war von eher schmächtiger Statur, doch sein kräftiger Händedruck versetzte mich in Erstaunen. Der hat auch schon mal richtig gearbeitet …

»Willkommen in Alaska! Ihr reist aus Kanada ein?«

»Ja, woher sonst?« erwiderte ich und war irritiert. Schließlich hatte er uns doch flußabwärts ankommen sehen.

»*Well*«, begann er und musterte uns von oben bis unten, »aus Kanada also.« Mit einem Stofftaschentuch wischte sich der Beamte über das verschwitzte Gesicht. »Also, mein Büro ist ganz dahinten ... « Lustlos zeigte er auf einen niedrigen Holzbau, über dem das Sternenbanner mangels Windstärken schlapp am Mast herunterhing, und fuhr fort: »Bei dieser Affenhitze ist das viel zu weit zu laufen. Gehen wir lieber gleich hier in den Generalstore!«

Im Schutz der verwitterten Veranda saßen alte Männer auf einer langen Holzbank und hielten Siesta. Grüßend tippten sie an ihre ausgebeulten Cowboyhüte, als wir hinter Jeff Hunter in den Laden traten. Der Store unterschied sich kaum von all den anderen Kramläden, in denen wir uns entlang des Yukon Rivers bisher versorgt hatten. Allerdings gab es hier Andenken und Postkarten von Eagle zu kaufen.

»Anscheinend kommen hier Touristen vorbei?« fragte ich den Mann von der Einwanderungsbehörde.

»Ja, der Taylor Highway endet bei uns. Hin und wieder verirrt sich auch mal ein Tourist hierher.« Er grinste und schaufelte sich zwischen Schokoladenriegeln und Kaugummi Platz für seinen schwarzen Aktenkoffer. »Mein mobiles Büro!« beantwortete er schmunzelnd meinen erstaunten Blick. Dann wurde er förmlich: »Die Pässe, bitte!« Birgit zückte aus ihrem Brustbeutel unsere Ausweise und legte sie auf den Tresen.

»Aha, aus Deutschland seid ihr.« Interessiert blätterte er in den fremdländischen Dokumenten. »Wo geht's denn hin?«

»Wir wollen bis zur Beringsee paddeln«, antwortete ich.

»Da habt ihr euch ja was vorgenommen.« Ungläubig schüttelte er den Kopf und warf uns einen Seitenblick zu. Dann prüfte er gewissenhaft die Visa und besah sich jede klitzekleine Eintragung in den Pässen.

Gelangweilt ließ ich unterdessen meinen Blick durch die bunte Konsumwelt wandern: Von Gummistiefeln bis zum Backpulver war alles zu haben. Sogar Gewehre und Flinten steckten in Wandhalterungen neben Stapeln von Munition.

In kanadischen Läden waren mir niemals Waffen aufgefallen. Erst jetzt begriff ich: Junge, du bist wirklich in Alaska! Vor Freude wurde ich ganz aufgeregt.

»Irgend etwas zu verzollen?« fragte der Beamte ernst. Birgit stieß mich errötend an. Jeff Hunter schaute mir geradewegs in die Augen. Ich überlegte blitzschnell, ob ich ihm erzählen sollte, daß ich eine großkalibrige Jagdwaffe eingeführt und auch noch einen Jagdhund bei mir hatte. Das Theater beim Zoll am Flughafen hatte mich gelehrt, so wenig wie möglich zu sagen. Birgits verlegenes Gesicht trieb mich allerdings, die Wahrheit zu bekennen. Ich hatte es kommen sehen: Jeff Hunter wurde hellhörig. Seine Miene war schon vorher offiziell gewesen, jetzt wurde sie ernst.

»Vernünftig, daß du ein Gewehr dabeihast – bei der Strecke, die ihr euch vorgenommen habt!«

Das hatte ich am allerwenigsten erwartet. Entgeistert schaute ich ihn an. Er meinte, was er sagte.

»Hättest du keine Waffe dabei, würde ich dir sogar geraten haben, gleich hier eine zu kaufen.« Er zeigte mit dem Kopf in Richtung Waffenlager. Diese Hürde ist genommen, jubelte ich innerlich.

»Aber den Hund, den *muß* ich mir ansehen!« Jeff Hunters bedenklicher Gesichtsausdruck ließ Böses ahnen, und ich hoffte inständig, er würde keine Schwierigkeiten wegen Kims Einreise machen. »Ist er gesund?«

»Total fit«, beeilte ich mich zu versichern und sah meine Chance, ihn zu überzeugen. »Der hat gestern sogar einen Schwarzbären auf die Bäume gejagt!« Die Schweißbäche liefen mir zwischen den Schulterblättern langsam an der Wirbelsäule hinunter. Der *Officer* schien zu überlegen.

Erschreckt vom Scheppern, mit dem die uralte Registrierkasse plötzlich neben mir aufsprang, wurde ich wieder daran erinnert, wo wir uns eigentlich befanden – umringt von neugierigen Kunden, die ungeniert an der Einreiseprozedur teilhaben wollten. Die stickige Luft im Laden tat ein übriges. Jeff Hunter hatte es plötzlich eilig. Im Akkord knallte er mehrere Stempel in unsere Pässe, reichte sie zurück und klappte seinen Aktenkoffer zu. »Nichts wie weg von hier!«

In der Mittagshitze, die flirrend über dem Asphalt der Hauptstraße tanzte, trabten wir wortlos hinüber zur Ufertreppe. Will der das Kanu untersuchen? Siedend heiß fielen mir Michaels Adlerfedern ein. Wo hatte ich sie eigentlich versteckt?

»Wo ist denn euer Hund?« fragte der Beamte und beugte sich vor.

Das braune, zusammengerollte Bündel im Heck ließ wirklich nicht auf einen Hund schließen.

»Kim!« brüllte ich. Auf mein Kommando stand sie auf und schaute zu uns hoch. Mir ihren wachsam gespitzten Ohren machte sie einen aufgeweckten, kraftstrotzenden Eindruck.

»Das ist aber ein prächtiges Tier! Kernig, kernig!« Fehlte nur noch, daß Jeff Hunter vor Begeisterung durch die Zähne pfiff. »Das glaube ich wohl, daß *der* Hund es mit einem Bären aufgenommen hat.« Mit einem Mal wirkte der Mann viel weniger formell, und ich entspannte mich. Birgit zwinkerte mir zu, und die Andeutung eines Lächelns umspielte ihre Mundwinkel.

»Trotzdem ...«, hob Jeff an, und mir blieb fast das Herz stehen. »Es ist verdammt gefährlich, einen Hund allein durch den Busch stromern zu lassen.« Ernst schaute er mich an. »Wenn Hund und Bär aufeinandertreffen, läuft der Hund normalerweise schutzsuchend zu seinem Herrchen. Damit bringt er den Bären auf die Spur. Am Ende greift der dann die betreffende Person an, verletzt sie schwer oder tötet sie sogar. Paßt also besser auf!« Jeff Hunter wischte sich seine Hand an der Hose ab, bevor er sich mit breitem Grinsen verabschiedete: Einwanderungs- und Zollbehörde, Postminister und Waldbrandbekämpfungschef – alles in einer Person.

»Jetzt aber auf zum Riesenhamburger mit eisgekühlter Coca-Cola!« Birgit stürmte bereits auf die Imbißbude neben dem Generalstore los.

»Der Sonnenschirm hier hat auch schon bessere Zeiten gesehen«, lachte ich und nahm unter dem fadenscheinigen Tuch Platz.

»Ein herrlicher Schweinkram«, kommentierte meine Freundin kurz darauf unsere gierigen Bisse in das saftige Hacksteak. »Tausendmal besser als bei McDonalds.«

Zum Nachtisch rauchte ich genüßlich einen Zigarillo und betrachtete in aller Ruhe das »Stadtleben«: Träge schlenderten ordentlich gekleidete Touristenfamilien vom staubigen Parkplatz hinüber zu dem auffälligen Monument eines berühmten Nordlandentdekkers: »Roald Amundsen« stand in großen Lettern auf einer stählernen Gedenktafel. Knapp darüber schwebte eine silbrigglänzende Weltkugel an einem futuristischen Stahlgestänge. Plötzlich wurden hinter uns Stühle gerückt.

»Hallo! Habt ihr was zum Rauchen dabei?« Ich drehte mich um und schaute in ein ausgemergeltes Gesicht.

»Pete!« stellte sich der hagere Mittdreißiger vor und strich sich eine fettige Haarsträhne aus der Stirn. Mein erster Gedanke war: Das ist ein Hippie, übriggeblieben aus der Blumenkinderzeit, den sechziger Jahren.

»Andreas«, murmelte ich und schob ihm meine Zigarillos hin. Verständnislos starrte er auf die Blechschachtel, lächelte dünn und bewegte dann aufreizend langsam seinen Kopf hin und her: »Das meine ich nicht.«

Jetzt begriff ich: Er meinte Drogen. »Damit kann ich nicht dienen«, suchte ich mühsam mein Englisch zusammen.

»Der soll uns in Ruhe lassen«, murmelte Birgit.

»Oh, ihr seid aus Deutschland«, sagte unser Gesprächspartner in gebrochenem Deutsch und lächelte spitzbübisch. »Ich war einige Jahre drüben bei der Armee, in Bayern.« Wir grinsten, denn sein Kauderwelsch aus bayrischem Dialekt und Amerikanisch hörte sich putzig an. Birgit freute sich, endlich mit einem Fremden deutsch reden zu können, und erzählte ihm, daß wir in den Bergen lebten, eine Autostunde südlich von Köln, und daß wir auf dem Weg zur Beringsee seien.

»Ich lade euch zum Abendessen mit meiner Familie ein! Wir wohnen dort oben auf dem Berg.« Pete drehte sich um und zeigte auf einen schmalen Weg, der sich den Hügel hinaufzog.

Mir wurde mulmig. Was war es bloß, das mich an ihm störte? Ich traute meinen Ohren nicht, als Birgit antwortete: »Das ist nett. Wir kommen gerne!«

Sie war doch sonst so zurückhaltend, dachte ich ärgerlich. Unternehmungslustig sprang Pete auf und rückte sein geflochtenes Lederstirnband zurecht. Ich rutschte unruhig auf meinem Stuhl hin und her und suchte nach einer Entschuldigung, warum wir sein Angebot unter gar keinen Umständen annehmen könnten.

»Wir sind gerade erst angekommen und müssen noch unser Camp aufschlagen. Außerdem habe ich wenig Lust, diesen Berg zu Fuß raufzukraxeln!« warf ich ein und schüttelte unwirsch den Kopf.

Pete war jedoch nicht zu bremsen: »Ich hol' euch mit dem Truck gegen sieben Uhr ab, einverstanden?« Ohne mir Gelegenheit zu einem weiteren Einwand zu geben, wirbelte er davon und lief auf einen schrottreifen weißen Pick-up zu.

»Mußte das sein?« fuhr ich Birgit an und steckte wütend meine Zigarillos in die Tasche.

»Ist doch ein ganz interessanter Mensch, oder etwa nicht?« meinte sie nur unbekümmert. Verstimmt lief ich zum Kanu voraus.

Leinen los! Einhundert Meter flußabwärts hatte ich eine flache Landzunge entdeckt, auf der wir übernachten wollten. Das Wasser überspülte die Landverbindung, und wir mußten uns aus dem vorhandenen Schwemmholz einen Laufsteg legen. Mit Zelt und Kanu war das Inselchen schon fast überfüllt.

»Gleich ist es sieben Uhr«, ermahnte mich Birgit. Gepeinigt stöhnte ich auf. »Wir haben schließlich zugesagt!« empörte sie sich und blitzte mich an.

»Du hast zugesagt!« stellte ich richtig. Als ich ihren Blick sah, griff ich nach der Kamera und tröstete mich mit dem Gedanken an ein paar gute Bilder.

»Kim lassen wir besser hier«, entschied ich. »Die Kinder am Strand könnten ja auf dumme Ideen kommen ...«

Schon von weitem erkannte ich Petes Truckruine. Er stieg aus. »Am besten setzt ihr euch hinten auf die Ladefläche. Hier drinnen ist nicht mehr viel Platz.« Seine galante Handbewegung, mit der er uns Einblick ins Führerhaus gewährte, bildete einen krassen Gegensatz zu der Müllkippe drinnen: zerbeulte Coladosen, dreckige Lappen, Werkzeug, zerfledderte Magazine – alles kunterbunt durcheinander. Ich nickte und schwang mich neben Birgit auf die Pritsche.

Die Schotterstraßen von Eagle ließen wir schnell hinter uns und bogen in den rumpeligen Bergweg ein, den wir nachmittags schon vom Ort aus gesehen hatten. Die erwartete Aussicht auf den Yukon ging allerdings im Staubgewirbel unter. Ohne Rücksicht auf seine Passagiere bretterte Pete über die Holperstraße. Ich war heilfroh, als der Wagen endlich zum Halten kam. Pete sprang heraus, lächelte uns zu und langte irgendwo zwischen den Unrat. Mit wichtiger Miene zerrte er einen sperrigen Ledergurt hervor, der rundherum mit Patronenhülsen bestückt war. Der Griff ins Handschuhfach förderte einen großkalibrigen schwarzen Revolver zutage. Ich stutzte.

»Texas, New Mexico und Alaska – das sind die einzigen Staaten, wo der Mann seine Waffe außerhalb von Siedlungen noch frei im Holster tragen darf.« Die Ernsthaftigkeit, mit der er das sagte – Ausdruck eines betont männlichen Stolzes –, gab mir zu denken. Auf mich wirkte sein Gehabe schlichtweg lächerlich. Pete stiefelte den schmalen Trampelpfad zwischen den Fichten hoch. Wie er so vor mir herstolzierte, den schwerlastigen Pistolengurt um die viel zu schmale Taille geschlungen, fragte ich mich, wo wir hier eigentlich hingeraten waren.

Unglaublich! Blanke Wut schoß in mir hoch, als ich auf der abgeholzten Fläche die Huskies entdeckte. Viel zu kurz, fast bewegungsunfähig, waren die Hunde an die Pflöcke gebunden; sie gaben ein erbarmungswürdiges Bild ab. Struppiges Fell bedeckte ihre abgemagerten Körper; jede einzelne Rippe zeichnete sich deutlich darunter ab. Als ich näher kam, klemmten sie winselnd ihre Schwänze ein und drängten sich verängstigt an einen Bretterverschlag – »Hundehütte« wäre eine viel zu großspurige Bezeichnung. Zähneknirschend dämpfte ich meinen Unmut und fragte mich, wozu Pete die Huskies überhaupt hielt, wenn er sie verhungern ließ. Als Schlittenhunde brauchte er sie offensichtlich nicht. Ich spürte, daß es auch in Birgit arbeitete.

Am Rande einer Lichtung tauchte plötzlich ein ungewöhnlich großes Gewächshaus auf. »Ihr baut hier oben Gemüse an?« fragte ich Pete. »Auch. Vor allem wohnen wir da drinnen.«

»Aber doch nur im Sommer?« entgegnete ich fragend. Mir erschien es unvorstellbar, in dieser Hütte aus milchigtrüber Plastikplane zu *wohnen.* Irritiert suchte ich nach einer Holzhütte oder zumindest nach einem Bauplatz.

»Meinst du, wir haben zwei Wohnsitze?« versetzte Pete mürrisch und öffnete den primitiven Eingang: Drei Stufen abwärts, und wir standen auf dem blanken Erdreich des Wohnzimmerfußbodens. Feuchte, schwüle Treibhausluft schlug uns entgegen. Die untergehende Sonne warf groteske Schatten in den überdachten Urwald: An Pfählen rankten Bohnenpflanzen bis unters lichte Plastikdach. Der herbe Geruch, den die buschigen Tomatenstauden verströmten, stach mir in der Nase. Dann entdeckte ich das Baby. Nackt strampelte es auf dem Dreck und kratzte sich pausenlos. Katzen huschten über den Boden.

»Hallo! Wir sind da!« brüllte Pete in den mit Bretterschwarten abgetrennten hinteren Teil.

»Moment, komme gleich!« antwortete eine helle Frauenstimme.

»Mein zweiter Sohn.« Pete stieg achtlos über das Baby hinweg und zeigte auf einen Jungen in einer Latzhose. Als würde er einem jungen Hund ins Nackenfell greifen, packte er die Latzträger, hob das Kind vom Boden auf und trug es vor sich her. Halb verdeckt von der Bretterwand, warf Pete dann seinen kleinen Sohn aufs Bett. Meine Güte, wie der mit seinen Kindern umgeht! Verloren standen Birgit und ich inmitten des Chaos und warteten.

Einen Becher in jeder Hand, kam eine junge Frau auf uns zu. »Hallo! Schön, daß ihr gekommen seid. Mein Mann hat mir schon von euch berichtet – Andreas und Birgit, nicht wahr?« begrüßte sie uns und reichte uns den Kaffee. Das warme Lächeln, mit dem sie uns empfing, heiterte die bedrückende Atmosphäre auf. Doch sofort verfinsterte sich ihre Miene: Sie hatte meine Kamera entdeckt.

»Bitte keine Aufnahmen von uns! Das will ich nicht.« Ihre Bestimmtheit verblüffte mich, und ich nickte nur. Dann stellte sie sich vor. Ihr Name sei Susan, und sie stamme aus Indiana. Wieder dieses Lächeln. Über ihrer orangefarbenen Pluderhose trug sie ein winziges Oberteil, auf das ihre langen blonden Haare herabfielen. Besonders bemerkenswert waren ihre blauen Augen. Sie erinnerten mich an gletscherblaues Polareis.

»Setzt euch mit in die Küche, während ich das Abendessen vorbereite«, schlug sie freundlich vor. In der Mitte des abgeteilten Raumes stand ein einfacher Holztisch mit Stühlen. Die weitere Möblierung bestand aus einem rohgezimmerten Regal, das mühelos die spärliche Habe aufnehmen konnte. Vom Spülbecken führte ein Schlauch zum Wassertank, und gleich daneben befand sich ein vierflammiger Campingkocher mit Propangasflasche. Hier in der Wildnis hatte ich natürlich keine hohen Erwartungen, aber das …?

»Mein dritter Sohn«, stellte Pete uns einen verschüchterten blassen Jungen vor, der wie angeklebt auf seinem Stuhl saß und sofort die Augen niederschlug, als wir uns ihm gegenübersetzten.

»Sieh den Leuten gefälligst in die Augen!« herrschte Pete den vielleicht Siebenjährigen an und versetzte ihm einen kurzen Hieb auf den Hinterkopf. Erschrocken richtete sich das Kind auf und antwortete wie aus der Pistole geschossen: »Ja, Sir!« Pete nickte zufrieden.

Einmal Kommißkopp – immer Kommißkopp! Erbost ballte ich eine Faust unter dem Tisch, beherrschte mich jedoch. Birgit sprang abrupt vom Tisch auf und trat neben Susan. »Kann ich dir helfen?« fragte sie die junge Frau, die ungerührt Salat wusch.

»Bei ihr lernst du, wie man vom Wald leben kann«, mischte sich Pete ein. »Susan kennt alle Pflanzen und Blumen in dieser Gegend, die eßbar sind. Kann euch auf eurem weiteren Weg sicher von Nutzen sein.« In gebrochenem Deutsch hielt er einen ganzen Vortrag über natürliche Ernährung und pries sein Leben in Alaska als das Beste, was ihm je widerfahren sei. »Hier sind ganze Männer gefragt, die Verantwortung übernehmen und nach ihren eigenen Regeln für Recht und Ordnung sorgen.«

Wie ich diese Sprüche haßte! Noch zwischen Abscheu und Neugier schwankend, spürte ich plötzlich fremde Augen auf mir ruhen. Über eine Trennwand hinweg blickte ich in das ernste Gesicht eines Jungen. Knapp unter dem Plastikdach lag er auf einem Etagenbett und starrte zu uns herüber. Pete hatte mich beobachtet. »Das ist ein Junge aus den Südstaaten. Ich habe ihn hier zur Erziehung.« Mit diesen Worten stand er auf und bedeutete mir mitzukommen.

»Hallo!« begrüßte ich den Halbwüchsigen, der sich aus Elchhäuten und Bärenfellen eine Art Bettenburg gebaut hatte. Unter Petes gestrengem Blick reichte er mir schüchtern seine Hand herunter.

»Seit drei Monaten ist Tim bei uns. Ich werde einen anständigen Kerl aus ihm machen. Nicht wahr, mein Junge?« Es hörte sich an, als spräche der Feldwebel zum gemeinen Soldaten.

»Ich heiße Andreas«, sagte ich und schickte dem Jungen ein Lächeln hinauf; zaghaft erwiderte er meine Begrüßung.

Pete machte auf dem Absatz kehrt. »In der Armee habe ich Gehorsam gelernt. Daher weiß ich, daß Gehorsam ein Stützpfeiler jeder gesunden Gesellschaft ist«, dozierte er, während wir uns wieder setzten. Ich hörte gar nicht richtig zu und bewunderte statt dessen lieber das Kunstwerk auf dem Tisch: In einer flachen Tonschüssel prangte knallgelber Löwenzahn, dekoriert mit grünem Waldsalat.

»Wie bist du an den Jungen gekommen?« wechselte ich das Thema.

»... einfach inseriert: Erziehe Ihr Kind zum ganzen Mann.«

»Und daraufhin hat sich sein Vater gemeldet?«

»Ja, vor drei Monaten. Hat ihn hochgebracht, sich alles angesehen und den Burschen gleich hiergelassen.«

»Was ist denn los mit ihm?« fragte ich möglichst leise.

»Schwererziehbar. Hat die ganze Nachbarschaft traktiert, ist durch alle möglichen Institutionen gegangen ...« Pete machte eine vielsagende Pause und zeigte mit großartiger Gebärde auf den Jungen: »Schau ihn dir an, keinen Pieps sagt der mehr ungefragt!«

Dem Kind war das peinlich. Wie ein verwundetes Tier verkroch es sich unter den Fellen. Der Typ mußte größenwahnsinnig sein – und der Vater entweder ähnlich gelagert oder sehr verzweifelt.

»Es gibt Fisch und Salat!« Susan klatschte in die Hände. Birgit erschien mit dem Baby auf dem Arm, das sie in eine Decke gewickelt hatte. Susan plazierte ihre beiden Jungen rechts und links neben Pete und griff sich das Jüngste.

Sie hatte sich viel Mühe mit dem Essen gegeben und freute sich über unsere Komplimente. Pete brachte Tim einen Teller ans Bett. Mir lag auf der Zunge zu fragen, warum sich der Junge nicht mit zu uns an den Tisch setzte, aber dann fürchtete ich, daraus könnte eine lange Diskussion entstehen.

»Nach dem Essen verschwinden wir von hier!« flüsterte ich Birgit zu, die lebhaft nickte.

Pete willigte zu meinem Erstaunen sofort ein, uns nach Eagle zurückzufahren. Froh, dem Gruselkabinett entronnen zu sein, ließ ich mir den frischen Nachtwind um die Nase wehen.

»Vielleicht sieht man sich ja morgen in der Stadt«, verabschiedete sich Pete und brauste mit knatterndem Auspuff zurück. Schweigend trotteten Birgit und ich durch den nachtschlafenden Ort Richtung Strand.

»Besuch vom Mond!« Birgit brach plötzlich in einen Lachanfall aus und hielt sich den Bauch. Mir blieb vor Erstaunen der Mund offenstehen – dann mußte auch ich lachen. »Fehlt nur noch die Antenne auf dem Dach!« stieß ich unter Tränen hervor. Birgit stimmte in mein Gelächter ein.

Eine silbrig aufblitzende Zeltkugel mit ausgefahrener Landeklappe war auf unserer winzigen Insel gelandet. »Und dazu ein zweites weißes Kanu! Das ist vielleicht ein Tag heute!«

Langsam ließ meine Heiterkeit nach, und ich gewahrte zwei junge Männer, die auf dem Kies hockten und aufgeregt mit einem Gaskocher hantierten.

»Verdammte Technik!« schimpfte der größere von beiden und schmiß die Gaspatrone in hohem Bogen in den Yukon. Aha, Landsleute haben uns aufgespürt, dachte ich amüsiert.

»So ein Mist, warum brennt dieser blöde Kocher bloß nicht!« wütete der andere. Als wir über unseren Laufsteg balancierten, bemerkten sie uns. Sie blickten auf, doch darüber hinaus ließen sie in keiner Weise erkennen, daß sie uns wahrgenommen hatten. Ungerührt setzten sie ihre Zündversuche fort.

Schon wieder so dubiose Typen. Der längere trug eine Sonnenbrille im Porsche-Design – um Mitternacht, wohlgemerkt!

Birgit und ich kümmerten uns nicht weiter um die beiden, machten Kim los und entluden in aller Ruhe das Kanu. Kim schnüffelte sich zwischen den Männerbeinen hindurch zum Kocher, denn dieses Gerät, das wußte sie, bedeutete Essen.

»Du bist ja ein ganz süßer Hund!« freute sich der Brillenmann und kraulte Kim kräftig.

»He, das ist ja ein heißes Zelt, das ihr da habt!« kam es spontan über meine Lippen, und wieder verspürte ich den Drang, laut loszulachen.

»Hast du irgendwelche Probleme mit unserem Zelt?« Langsam erhob sich der größere der beiden Männer und baute sich vor mir auf. Oh, der ist glatt zwei Köpfe länger als ich! Plötzlich fühlte ich mich etwas unbehaglich. Angriff ist die beste Verteidigung, sagte ich mir und erwiderte mit gespieltem Ernst: »So ein Zelt hatten die ersten Apolloraumschiffe dabei. Eigentlich fehlt nur noch die Antenne!«

»Paß auf, Jung, wir haben 'ne *Pumpgun* dabei!« Drohend machte der Mann einen Schritt auf mich zu und schob seine Sonnenbrille in die Höhe. Ich nickte begütigend, denn ich wollte die Situation wahrlich nicht auf die Spitze treiben. Abwartend fixierte er mich.

»Klaus, welche Dosen wollen wir heute essen?« fragte sein Kumpel und wedelte ungeduldig mit dem Öffner. Ich schmunzelte und startete einen Versöhnungsversuch: »Ihr kommt bestimmt aus Norddeutschland, was? Hamburg?«

»Genau, Alter, du hast's erfaßt!« antworteten die beiden im Chor und blickten auf.

»Ich hab' mal drei Jahre lang an der Reeperbahn gewohnt und bin für die *Deutschen Afrika-Linien* zur See gefahren«, haute ich in die Verständigungskerbe.

Die beiden strahlten und lachten sich verschwörerisch an. »Mann, dann bist du ja einer von uns! Wir sind nämlich hauptberuflich Schachtelstapler am Containerterminal im Hamburger Hafen.« Der Bann war gebrochen, formell stellten sie sich vor: »Klaus!« – »Klaus!« und lüfteten nacheinander ihre brandneuen Cowboyhüte.

»Klaus *und* Klaus?« wiederholte ich ungläubig und verkniff mir ein Grinsen. »Andreas – Berufsjäger, Birgit – Krankenschwester, und Kim – Jagdhund!«

»Feiner Humor!« echoten Klaus und Klaus.

Zu dampfenden roten Bohnen aus der Dose und unzähligen Bieren erzählte der große Klaus, wie ich ihn im stillen nannte, ihre Geschichte: »In Whitehorse haben wir uns bei den Leuten, bei denen du sicher auch dein Boot gekauft hast, unser Kanu besorgt. Wollten eigentlich direkt weiter nach Faro, um in den Pelly River einzusetzen, aber wegen der Bären und der anderen wilden Tiere brauchten wir unbedingt ein Gewehr. Ich dachte, es ist ganz einfach, in Nordamerika an eine Knarre zu kommen. Von wegen! Wußtest du, daß die in Kanada so strenge Waffengesetze haben?« Klaus nahm seine Sonnenbrille ab und sah forschend in mein Gesicht.

»Keine Ahnung! Ich hab' mein Gewehr aus Deutschland mitgebracht.«

»Ach ja, du bist ja ein Jägersmann. Jedenfalls brauchten die Behörden glatte vier Tage, bis sie uns endlich die Erlaubnis für die automatische Pumpgun gaben. Wir also das Kanu mit Bier vollgeladen und in den Pelly eingesetzt. Dann sind wir immer der Nase nach gepaddelt, so kommt man ja automatisch in den Yukon. War schon ein tolles Gefühl, als wir endlich in der Schmuddelbrühe schwammen – immerhin der berühmteste Fluß hier oben!«

Dem großen Klaus war die Luft ausgegangen, und der kleinere machte weiter: »Haarig, haarig! Ich weiß nicht genau *wie,* aber wir haben's geschafft, lebend durch die Five Finger Rapids zu kommen. Unsere Schwimmwesten sind ja auch vom Feinsten – das Überleben ist uns schon was wert!« Klaus und Klaus nickten sich zu. »Wo war ich stehengeblieben? Also, eigentlich ging es immer so weiter: gepaddelt, geschlafen, viele Tiere gesehen, und Gott sei Dank keinem Bären begegnet. Also, davor hab' ich echt Angst!«

»Wir haben doch unser Schnellfeuergewehr«, warf der große Klaus lachend ein und knackte zischend eine weitere Bierdose.

»Macht ihr das eigentlich zum ersten Mal?« fragte ich zwischendurch.

»Den Yukon? Ja. Normalerweise fliegen wir zweimal im Jahr nach Thailand und lassen uns von den Mädels verwöhnen, wir sind schließlich Junggesellen. Nur dieses Mal wollten wir eine wilde Tour machen. Weißt du, die totale Einsamkeit hier, das imponiert uns – nichts als Bäume!« Schwärmerisch sog der kleine Klaus die kalte Nachtluft ein, und sein Blick blieb an Birgit hängen.

»Krankenschwester? Kommt immer gut!« neckte er sie. Birgit lachte auf und nahm sich noch ein Bier. Ihre Wangen glühten.

»Was habt ihr eigentlich an Ausrüstung mit?« wollte ich wissen.

»Stabiles Edelstahlbeil zum Holzfällen und so … und natürlich die Riesenhirschfänger.« Ich witterte förmlich, daß weder das eine noch das andere bisher in Aktion getreten war, und wunderte mich, wie die beiden es überhaupt bis nach Eagle geschafft hatten.

»Ich fühl' mich wie auf Urlaub!« unterbrach der kleine Klaus meine Gedanken.

»Wie weit fahrt ihr denn noch?«

»Wenn die Zeit reicht, bis nach Galena. Im Reiseführer steht, daß von dort immerhin zweimotorige Maschinen rausfliegen. Ich hasse diese winzigen einmotorigen Buschdinger!« Der kleine Klaus wurde richtig heftig und lächelte verlegen. Ich beobachtete Birgit, die ihm mitfühlend beipflichtete.

»Wir fahren morgen früh weiter. Eigentlich könnten wir uns doch in Circle wiedertreffen!« schlug ich vor.

»Kein Problem! Auf dem Fluß verliert man sich ja nicht. Außerdem müssen wir sowieso in jeder Siedlung anhalten. Wo sonst könnten wir unseren Biervorrat auffüllen?« Klaus und Klaus lachten laut und prosteten sich zu.

Das Blau der Nacht nahm eine dunklere Tönung an, als wir zu dritt friedlich in unserem Zelt lagen. Die Hamburger Jungs hörten wir noch vor sich hin lachen.

»Nette Typen, auch wenn sie ein bißchen wie Zuhälter aussehen«, flüsterte Birgit, »bei den vielen Goldkettchen und der Protzuhr!«

Mit einem glücklichen, bierschweren Lächeln auf den Lippen schlief ich ein.

8

Durch die Yukon Flats

Der Yukon strebte dem Polarkreis entgegen. Wir näherten uns dem Reich der Mitternachtssonne. Auf dem Permafrostboden erlaubte die dünne Humusschicht der Pflanzenwelt nur noch geringes Wachstum. Die Fichten waren auf wenige Meter Höhe zusammengeschrumpft, und Tundraflechten verdrängten allmählich Gräser und Blumen. Als wolle der Norden seine Kargheit noch besonders hervorheben, türmte sich schroffes Granitgestein am Rande des weithin überschaubaren Tales zu bizarren Hügelketten.

»Wann sind wir endlich in Circle?« Birgit zog ihr Paddel aus dem Wasser und sah mich fragend an.

»Bald«, antwortete ich zerstreut, »ich glaube, wir müssen in einen Seitenarm einbiegen.« Ich fluchte leise, denn gerade die betreffende Linie war vom ewigen Auseinander- und Zusammenfalten der Karte nahezu ausgelöscht. »Noch an dieser Insel vorbei, dann steuern wir mal rüber zum linken Ufer.«

Tok-Tok-Tok-Tok! Elektrisiert spitzte Kim die Ohren. Hoch aufgerichtet im Bug, streckte sie witternd ihre Nase nach den Rauhfußhühnern aus.

»Dieses Mal liegst du verkehrt, meine liebe Kim – das sind bloß die E-Werke von Circle.« Verrückter Hund! Inzwischen teilte sich Birgit nämlich mit Kim den winzigen Fußraum im Bug. Nach jedem Landgang kuschelte der Hund sich sofort zu ihren Füßen hin und ließ sich nur mit Gewalt zurück in die Bootsmitte verfrachten, wo er jaulend sein Alleinsein beklagte, bis Birgit schließlich nachgab.

»Immer dem Lärm und dem Gestank nach«, frotzelte ich und zeigte auf die Schwaden schwarzen Dieselqualms, die über den Nebenarm des Yukons zogen.

Erste Holzhäuser auf einer Anhöhe rückten in mein Blickfeld. Ausgeblichene Elchschaufeln zierten die eintönig grauen Bretterbauten, und nur dort, wo Sonne und Regen einen blauen Farbschimmer übriggelassen hatten, erahnte ich den einstigen Anstrich. Die Anordnung der Häuser schien willkürlich. Nur die durchhängenden Kabel der Stromleitung, die zwischen verwitterten Holzpfählen baumelten, gaben dem losen Gefüge eine gewisse Einheit. Im leichten Rechtsbogen krümmte sich vor uns die Uferlinie und lief in einen breiten Strand aus, den Eingang zur Siedlung.

»Da, das weiße Kanu!« rief Birgit triumphierend. Umrahmt von aufgetürmtem Schwemmholz und kraftstrotzenden Motorbooten, nahm sich unser Zwillingskanadier eigenwillig schlicht aus. Gleich daneben saßen auf chromblitzenden Klappstühlen Klaus und Klaus.

»Hallo!« johlten beide gleichzeitig und schwenkten ihre Cowboyhüte durch die Luft.

»Haben schon ein paar Flaschen für euch kaltgestellt!« brüllte der kleine Klaus und zeigte vor sich auf den Bierkasten im Yukonwasser.

»Das sind mir Urlauber! Schwere Stiefel, dicke Jeans – aber mit freiem Oberkörper hier in der Wildnis rumsitzen!« Lachend zog ich sie auf und legte mit einer schwungvollen Wende an.

»Wurde aber auch Zeit, daß ihr endlich an'n Laden kommt!« Mißbilligend schaute mich der große Klaus an.

»Stimmt, ihr seid nach uns in Eagle abgefahren. Möchte bloß wissen, wo ihr uns überholt habt?«

»Keine Ahnung! Aber bei den vielen Inseln ist das auch kein Wunder. Die sind ja wie Sichtschutzwälle an der Autobahn! Egal, wir sind jedenfalls die ersten.« Strahlend und selbstsicher lehnte sich der große Klaus zurück. Ich lachte.

»Sag mal, wo hast du denn deine schnittige Porschebrille gelassen?« fragte ich ihn, nicht ohne eine Spur Boshaftigkeit mitklingen zu lassen.

»Diese verdammten Moskitos!« schimpfte er und pflückte sich unwirsch eine knallrote Kinderbrille von der Nase. Der kleine Klaus schlug sich klatschend auf die Schenkel.

»Der hat nicht mehr gepaddelt, nur noch nach den Viechern geschlagen. Jau, und dabei hat er sich seine 600-Mark-Brille von der Nase gehauen. Futsch ist die nun – für immer im Yukon verschwunden.«

»Schon gut, schon gut!« warf der große Klaus beleidigt ein.

»Kommt lieber mal mit auf Stadtbesichtigung!« Damit unterbrach er unser anschwellendes Gelächter und hievte sich schwerfällig aus seinem Stuhl. »Ich bin noch nicht wieder fit. Gestern abend sind wir doch mitten in einer Strandparty gelandet. Ich kann euch sagen ... als könnten die Indianer durch die Glasfiberwände das Bier riechen! Hatten uns richtiggehend umzingelt. Was sollten wir machen – wir mußten sie einladen. Besser Bier verschenkt als Bier geklaut!«

»Hört sich nicht so gut an«, entgegnete ich mißtrauisch und zog unser Kanu auf den Sand.

»Wollen wir überhaupt hierbleiben?« Birgit stupste mich an.

»Wir müssen einkaufen, zur Post ... und schließlich ein bißchen mit Klaus und Klaus Wiedersehen feiern!«

»Nur keine Aufregung, Mädel, wir beschützen dich schon!« brüderlich schlang der kleine Klaus seinen Arm um Birgits Taille, während sie noch unentschlossen mit der Schuhspitze im schmutziggrauen Sand herumstocherte.

»Wir lassen Kim im Kanu zurück und bauen nachher unser Zelt direkt neben Klaus und Klaus auf, okay?«

Birgit nickte und brachte ein Lächeln zustande. Entschlossen griff ich nach ihrer Hand. Zu dritt marschierten wir hinter dem großen Klaus die Anhöhe hinauf. Mit weit ausholender Geste präsentierte er uns eine vier Meter hohe Plakatwand, als sei sie seine Schöpfung: »Circle City – neunundsechzig Einwohner – Beginn des Steese Highway nach Fairbanks – Tor zu den Yukon Flats«, las ich laut vor.

»Achtundsechzig Einwohner triffst du morgens um elf vor dem *Liqueurstore,* wenn der Schnapsladen öffnet. Der neunundsechzigste steht hinter dem Tresen«, eröffnete Klaus kichernd die Besichtigungstour.

In der glühenden Mittagshitze trieb der Wind Staubfahnen über die verlassen daliegende Dorfstraße, die sich irgendwo am Horizont als Highway in der Wildnis verlor.

»Einschußlöcher!« Ungläubig schüttelte ich den Kopf und zeigte auf die durchsiebte Vorderfront eines Hauses aus Sperrholz.

»Wundert mich nicht! So wie die sich gestern abend besoffen haben ... Können nicht mit Alkohol umgehen, drehen einfach durch«, kommentierte der kleine Klaus.

»Der einzig Nüchterne scheint der Schnapsverkäufer zu sein. Wirkt wie ein richtiger Indianer – mit Würde und so. Allerdings nicht ganz würdevoll genug, dann sollte er den Stoff wohl nicht verkaufen. Aber was er so sagt, klingt vernünftig. Er meint nämlich, das Drama hat schon vor zweihundert Jahren angefangen – mit den ersten Weißen und ihrem Feuerwasser. Bis dahin war die Welt einigermaßen in Ordnung, und die Indianer und die Eskimos waren die Herren in Alaska. Alles hin! Heute leben sie allesamt von der Stütze, setzen den monatlichen Scheck postwendend in Alkohol um. Da kann ja nichts draus werden!« Mich erstaunte, wie heftig der große Klaus sprach – er, der selbst gern und viel trinkt.

In Reih und Glied nebeneinander geparkt, signalisierten die Autos das Zentrum des Ortes: Generalstore – Post – Liqueurstore. Und hier fanden wir auch endlich einige Einwohner. Vom Alkohol benebelt, hockten mehrere Männer im Staub der Straße und stierten uns mit glasigen Augen an. Einer von ihnen lallte den Hamburgern ein schwaches *»Hallo, Krauts!«* zu.

»Bis heute abend denn!« Der große Klaus lächelte jovial zurück.

Die Hamburger verschwanden mit Birgit im Schlepptau nebenan im Generalstore, während ich die Post betrat. In dem wohnzimmergroßen Raum hatten sich Hitze und Staub gegen jegliches Atemholen verschworen. Zwischen Paketen und Säcken hindurch schlängelte ich mich zum Schalter am Ende des Tresens. Ich wartete. Endlich schob sich aus dem Dunkel des Hinterzimmers eine Frau heran.

»Bitte?« fragte sie mit rauher Stimme. Ich schluckte trocken und rang um meine Fassung. Das war kein menschliches Gesicht mehr, in das ich blickte. Wulstiges Narbengewebe wucherte aus den Nahtstellen der kreuz und quer vernähten Hautlappen hervor. Keinerlei Mimik drang da durch. Mir gefror das Blut beim Anblick der bläßlichen Schleimhautstreifen, die wohl die Lippen ersetzen sollten.

»Bitte!« forderte mich die Indianerin auf, diesmal mit ärgerlichem Unterton in der Stimme. Ich räusperte mich und schob ihr zaghaft meinen Brief hin. »Luftpost – nach Deuschland!«

Um sie nicht länger ansehen zu müssen, blätterte ich geschäftig in einigen amtlich aussehenden Broschüren. Ob die in eine Messerstecherei geraten ist?

»Fünfzig Cents zurück!« Mit nachlässiger Geste ließ sie die Münzen auf den Zahlteller purzeln und drehte sich abrupt um. Fluchtartig stürmte ich auf die Straße zurück, hinein in den Store.

Wie ein Leuchtturm ragte der einen Meter neunzig große Klaus zwischen den Regalen auf. Immer noch erregt, zwängte ich mich zwischen fülligen Indianerinnen hindurch, die mich neugierig von oben bis unten musterten.

»Habt ihr schon die Frau in der Post gesehen?« stammelte ich.

Birgit sah mich aus großen Augen an; die Tube Zahnpasta in ihrer Hand blieb in der Luft hängen.

»Was ist denn mit dir passiert?« fragte sie mich entgeistert. Der kleine Klaus wischte sich unsichtbare Schweißtropfen von der Stirn und flüsterte: »Das war so mit das erste, was uns die Indianer gestern abend zeigten. Aber nicht sie, sondern ihn.«

»Laßt uns erst einmal zahlen. Wir reden draußen weiter«, mischte sich der große Klaus ein. Ich folgte den dreien durch die Gänge des Kramladens, bis wir aus der Tür ins Freie traten. Erwartungsvoll blickte ich die beiden Hamburger an.

»Der hatte keine Haut mehr auf der Brust, nur noch dicke, glasige Narben. Sah aus wie ein Reißverschluß am anderen, von oben bis unten.« Als müsse er etwas Ekelerregendes ausspucken, unterbrach der kleine Klaus seine Schilderung.

»Und wieso?« fragte ich ungeduldig.

»Grizzlybär!« antwortete er dumpf.

»Ich erzähl' mal weiter«, fuhr der große Klaus dem kleinen in die Parade. »Also, die haben mit 'ner ganzen Truppe oben in den Hügeln gefeiert – mit Bier und Lagerfeuer. Und wäre in der Hütte genug Platz für alle gewesen, wäre wahrscheinlich gar nichts passiert. Aber so mußte das Pärchen draußen im Freien schlafen. Mitten in der Nacht wird die Frau wach, weil sie spürt, daß etwas über ihr ist – und guckt einem Grizzly direkt in die Augen. Zu Tode erschrocken, fängt sie an zu schreien – der Bär beißt sie sofort mitten ins Gesicht – immer wieder beißt er zu, bis sie schließlich ohnmächtig wird.

Ihr Freund ist von dem Lärm endlich aus seinem Vollrausch aufgetaucht, greift sich geistesgegenwärtig einen Knüppel und schlägt damit auf den Bären ein. Der läßt von der bewegungslosen Frau ab, wendet sich dem Indianer zu und schlägt ihm seine Zähne ins Genick. Dabei verletzt er bestimmte Nervenstränge, so daß der Mann – glücklicherweise – in eine Art Starre fällt.« Der große Klaus hält plötzlich inne und beugt sich zu seinem Freund. »Die mögen nämlich nur Lebendfutter!« flüstert er grinsend.

»Hör doch auf! Erzähl schon weiter!« schnauzt der kleine Klaus zurück.

»Überhaupt, du kennst doch die Räuberpistole!«

»Aber ich grusel mich so gern«, frotzelt der kleine Klaus.

»Na gut, langer Rede kurzer Sinn: Der Bär packt sich den Mann und schleppt ihn in den Wald ... und beißt natürlich immer wieder zu, weil er ihn im Gestrüpp schon mal fallen läßt.« Betroffen schweigt der große Klaus, bevor er hastig fortfährt: »Jedenfalls haben sich zu guter Letzt die Beine des Indianers dermaßen im Gestrüpp verfangen, daß der Grizzly ihn einfach liegenläßt.«

»Puh!« stöhnte Birgit und zog fröstelnd die Schultern zusammen.

»Wahrscheinlich eine Bärenmutter auf Futtersuche für ihre Jungen, sonst hätte der Grizzly die Frau doch an Ort und Stelle gefressen«, schlußfolgerte ich.

»Jagt dir die Geschichte keine Angst ein?« Befremdlich musterte mich der kleine Klaus.

»Na klar! Aber das Verhalten der Indianer – das war doch purer Leichtsinn! Mit Bären ist eben nicht zu spaßen. Wir sind hier in der Wildnis.«

Auf der Anhöhe mit Blick auf den Strand rückten dieses Mal wir dem Astronautenzelt auf den Leib und richteten uns neben Klaus und Klaus häuslich ein. Kim döste im Schatten des glitzernden Vorzeltes, bis es auf beiden Propangaskochern zu brodeln anfing: Bei Klaus und Klaus gab es rote Bohnen aus der Dose mit Würstchen. Birgits frisch geraspelter Möhreneintopf mit Cornedbeef war ihnen doch zu gesund.

»Der Zauber geht gleich los«, bemerkte der große Klaus und zeigte auf die Straße hinunter: Eine in Staubwolken gehüllte Armada röhrender Pick-up-Trucks rollte auf uns zu.

»Wo kommen *die* denn so plötzlich her? Bis eben noch friedliche Stille, romantisches Abendessen am Propangaskocher – und jetzt ...?« versuchte ich zu scherzen.

Anscheinend schreckte die »deutsche Zeltkolonie« die Halbwüchsigen jedoch ab. Lediglich eines der rostigen Allradgefährte kam scheppernd über den Grasacker auf uns zugekrochen. In die rockigen Rhythmen aus dem dröhnenden Autoradio mischte sich das Gekreisch der jungen Indianermädchen, die oben auf der Ladefläche eine Tanzeinlage gaben. Aufreizend wippten ihre runden Brüste unter den hautengen T-Shirts. Mit quietschenden Reifen stoppte der Truck. Fünf junge Burschen, die auf der einzigen Sitzbank mehr über- als nebeneinander gesessen hatten, quollen aus den aufgerissenen Türen. Die Augen hinter den verspiegelten Gläsern ihrer Sonnenbrillen versteckt, bauten sich die Indianer vor uns auf. Wie zufällig hielten sie eine Hand auf den ledernen Messertaschen, die seitlich am Gürtel baumelten.

»Habt ihr Bier – oder Geld?«

»Geht mir aus der Sonne, oder setzt euch!« Ungerührt unterstrich der große Klaus seine Worte mit einer unmißverständlichen Handbewegung. Kurze Blicke flogen hin und her. Möglichst gelassen, *»cool«*, nahmen die Burschen ihre Brillen ab, nickten einander kaum merklich zu und ließen sich vor uns auf der Erde nieder.

»Die hast du aber im Griff«, grinste ich Klaus an.

»Null Problemo, schließlich war ich mal Rausschmeißer auf St. Pauli.« Ich glaubte es ihm sogar. Er war eine eigenartige Mischung aus Menschenfreund und knallhartem Unterweltler.

Die wildeste Tänzerin warf dem großen Klaus einen schmachtenden Blick zu und strich sich mit filmreifer Geste das lange pechschwarze Haar aus dem Nacken. Klaus war hingerissen. Ich grinste vor mich hin und mußte an sein Vorhaben denken, sich eventuell hier niederzulassen, einzuheiraten und Häuptling von Circle zu werden. Ein bißchen Fischen, Jagen, Trinken …

»Würdest du bitte mal übersetzen: Macht gefälligst die Musik leiser!« bat der kleine Klaus genervt und stellte eine Bierbatterie in die Mitte des Kreises.

Gönnerhaft nickte der große Klaus, verteilte Bierdosen an die kichernden Mädchen und langte zwischendurch zum Autoradio, wo er sich durch sphärischen Wellensalat kurbelte, bis Johnny Cash eine wehmütige Weise in die Abenddämmerung schmetterte. »Ich liebe Westernsongs – sie sind so schön einfach. Das Pferd verschwindet, die Frau verschwindet … Brauchst die Platte bloß rückwärts laufen zu lassen, und schon ist die Welt wieder in Ordnung!« Die aufgekratzte Stimmung wich langsam gemütlichem Palaver.

Birgit, die das Treiben skeptisch verfolgt hatte, hockte sich mit ihrer Bierdose neben den kleinen Klaus. Lachend tuschelten sie miteinander. In gebrochenem Englisch versuchte ich, Völkerfreundschaft zu praktizieren. Endlos debattierte ich mit dem pockennarbigen Jungen neben mir. Wiederholt versicherte ich, daß wir wirklich keinen Außenbordmotor besäßen und daß wir die ganze Strecke gepaddelt seien – ganz im Stil seiner Vorfahren. Er schien mich für verrückt zu halten. Und als ich ihm auch noch erzählte, daß es in Deutschland weder Bären noch Wölfe gäbe, verlor er endgültig das Interesse an unserer Unterhaltung. Mir war es recht. Unsere kauderwelsche Verständigung überforderte allmählich mein bierumnebeltes Denkvermögen. Klammheimlich verzog ich mich zu Kim ins Zelt; Birgit hatte ja ihre Leibwächter.

Obwohl die Sonne schon hoch stand, herrschte noch Totenstille im Dorf. Weder Autos noch Bierleichen waren auf der verwaisten, sonnenüberfluteten Straße zu sehen. Leise packten wir unsere Sachen ein.

»Kaffee trinken wir aber noch zusammen!«

Erschrocken drehte ich mich um: Die Hamburger waren erwacht. Kopf über Kopf schaute Klaus über Klaus aus dem Zelt.

»Ihr seht aus wie die Bremer Stadtmusikanten. Fehlt nur noch der Hahn.« Lachend reichte ich ihnen heißen Kaffee.

»Ihr wollt heute wirklich los? Ist doch der vierte Juli – Unabhängigkeitstag. Das gibt 'ne Riesenparty!« beschwor uns der kleine Klaus. Birgit und ich winkten müde ab. In Anbetracht meines Brummschädels legte ich keinen großen Wert auf eine weitere Feier.

Barfüßig und noch leicht schwankend, eskortierten uns die zwei hinunter zum Kanu.

»Paßt schön auf in den Flats, da kann man sich mächtig verfahren!« riet der große Klaus.

»Und ihr, nehmt euch vor den Bären in acht!« konterte ich. Wir verabredeten, uns in Fort Yukon zu treffen, der Yukonsiedlung, die genau auf dem Polarkreis liegt.

»Ein Motorboot!« rief Birgit plötzlich. Mit unverminderter Geschwindigkeit knatterte der Kahn vor uns auf den Sand.

»Lachs! Ich habe den ersten *King!* Es geht los!« rief der Indianer am Steuer und sprang aus dem Boot. Voll kindlicher Freude wuchtete er den kapitalen Fisch hinüber auf einen Stein.

»Ist das ein Weibchen?« fragte ich und betastete die silbrig glänzende Rückenhaut, die zum Schwanzende hin mit winzigen dunkelgrauen Punkten übersät war.

»Nein, ein Männchen – aber noch gut! Siehst du das dunkle Rosa am Bauch?« Er drehte den Fisch um und fuhr mit der Hand andächtig über die glitschige Haut. »Die knallroten kann man nicht mehr essen. Die sind einfach fertig und kurz vorm Verwesen.«

Ich trat zur Seite. Aufgeregt palavernd, waren einige Ältere herangekommen, die den Fang wortreich begutachteten.

»Gibt auch noch Nüchterne hier!« rief ich Klaus und Klaus zum Abschied zu.

»Schiff ahoi!« brüllten die zwei und gaben unserem Kanu einen kräftigen Stoß.

»Das war jetzt der letzte Berg für wer weiß wie lange«, stellte ich bedauernd fest. Die Yukon Flats rückten in unser Blickfeld: eine endlose grüne Ebene, in der Mutter Natur keine einzige Erhebung duldete.

»Sieht doch gar nicht so schlimm aus. Ich begreife nicht, wieso hier so viele Menschen umgekommen sein sollen«, wunderte sich Birgit.

»Ist aber so. Du hältst dich am vermeintlich rechten Festlandufer – aber vielleicht ist es nur eine große Insel und dahinter liegt noch ein Flußarm. Du kannst über die drei Meter hohen Steilwände ja nicht rübergucken.«

»*Wir* sind aber doch noch auf dem Hauptarm, oder?«

»Da bin ich mir sicher. Nach der enormen Fließgeschwindigkeit zu urteilen, auf jeden Fall.«

Ich war froh, daß Birgit meinen Navigationskünsten blind vertraute. Wenn ich mir nämlich die Detailkarte der Flats anschaute – da hatte anscheinend ein Liebhaber abstrakter Kunst den Flußverlauf gestaltet. Ganz allmählich ließ das kribbelnde Gefühl der Unsicherheit nach.

Auf der schnurgeraden Strecke vor uns ragten bizarre Erdüberhänge meterweit in den Fluß hinein, und braun gefiederte Entenpärchen hoben flügelschlagend vom Wasser ab, um sich vor uns in Sicherheit zu bringen. Kim saß stocksteif in der Bugspitze; nur ihr Kopf bewegte sich, als verfolge sie ein Tennismatch.

Mit Getöse stürzte ein Erdüberhang in den Fluß, und gurgelnd schwappte das Wasser in die Höhe. Kurz darauf schlugen die auslaufenden Wellenkämme dröhnend gegen die Bordwand. Als hätte sie sich verbrannt, riß Birgit plötzlich ihr Paddel aus dem Wasser und versuchte, in dem schwankenden Kanu das Gleichgewicht zu halten.

»Ein blödes Gefühl, wenn man nur dreißig Zentimeter Boot vor sich hat!« schimpfte sie vor sich hin. Unser Hund starrte wie gebannt auf die Uferwand.

»Birgit, das ist Alaska im Querschnitt. Zum ersten Mal können wir ihn *sehen,* den Permafrost!« rief ich ganz begeistert und steuerte aufs abgebrochene Ufer zu. »Der Fluß hat sich im Laufe der Jahre regelrecht durch das Erdreich gefräst. Siehst du den Aufbau in verschiedenen Schichten?«

»Ja«, klang es kleinlaut von vorne. »Laß uns doch bitte nicht so dicht daran vorbeifahren. Wenn wieder etwas abbricht – !« Mißmutig knurrend überging ich Birgits Einwand und kramte meine Kamera unter der Spritzdecke hervor. In der hellen Julisonne glitzerten die Eisschilde, die als breites Band durch die gefrorenen schwarzen Erdschichten mäanderten. Darüber lagen höchstens fünfzig Zentimeter Nährboden, in dem sich die Wurzeln der Pflanzen festkrallten. Kein Wunder, daß die Bäume nicht höher als sechs Meter wurden!

In der nächsten Kurve bot die Natur uns ein filmreifes Kunststück dar: Völlig vom Wasser unterspült, schwebte ein mächtiger Wurzelteller frei in der Luft. Die dazugehörige Fichte thronte majestätisch oben auf dem Überhang. In der Höhlung dieser hängenden Landzunge tropfte es von den Eiskristallen, welche die Sonne zu bizarren Formen ableckte. Während wir unter dem Wunderwerk durchglitten, überließ ich das Kanu für Sekunden der Strömung, um den schwebenden Wurzelteller aufs Zelluloid zu bannen.

Bloß jetzt kein kalbender Gletscher! durchzuckte es mich. Unwillkürlich hielt ich den Atem an, bis wir auf der anderen Seite wieder hinausfuhren. Da spürte ich den gewaltigen Druck der Strömung: Das Kanu drohte sich querzustellen.

»Andreas!« Birgits Aufschrei traf schmerzhaft auf mein Trommelfell. Ich löste mich aus der Erstarrung, ließ die Filmkamera fallen und griff nach dem Paddel, um mit größtmöglicher Kraft das ausbrechende Heck gegenzusteuern. Woher wußte Birgit, daß sie genau in diesem Moment rechts gegenhalten mußte? Jedenfalls fuhren wir plötzlich wieder geradeaus.

»Kieling! Wenn du das noch einmal mit mir machst ...« Das tiefe Grollen, mit dem Birgit mir das Filmen madig machen wollte, hätte auch von Kim kommen können. Zerknirscht schwieg ich. Schließlich hatte ich das Ganze angezettelt. Einer allein im Bug kann kein Kanu steuern. Wir legten uns wieder in die Riemen und durchfuhren die eiszeitliche Landschaft nun in gebührendem Abstand.

Die kräftige fünfunddreißiger Schnur ließ den silbrig glänzenden Blinker an meiner Schleppangel durch das trübe graue Wasser wirbeln. Irgendwann beißt einer an! Dann dachte ich: Nur noch zwei Blinker, und hoffte, daß ich die nicht auch noch abschneiden müßte. Treibende Baumstämme verfingen sich immer wieder unlöslich in der Leine; langsam wuchs sich der Lachsfang zur Materialschlacht aus.

»Das ist kein Stock und kein Stein – das ist etwas Lebendiges!« jubele ich. Quietschend rastet die Bremse an der Rolle ein. Vorsichtig lupfe ich die Rute und spure das eigenartige Ziehen am anderen Ende, jenen Moment, in dem der Fisch noch nicht begriffen zu haben scheint, daß er den spitzen Haken nicht mehr abschütteln kann. Rucken. Er tritt die Flucht an. Surrend rollt Schnur ab, bis mein Daumen den kleinen Feststellhebel niederdrückt. Der Zug verstärkt sich spürbar, und meine Angelspitze malt in der Luft die weiten Bögen nach, mit denen der Fisch durchs Wasser schießt und nach einem Ausweg sucht.

Schwimm dich müde! flüstere ich und gebe dem fliehenden Drängen nach. Plötzlich ändert der Fisch die Richtung und prescht frontal aufs Kanu zu. Fieberhaft rolle ich die Leine auf. Nicht durchhängen lassen! befehle ich mir. Falls der Haken nur locker irgendwo im Fleisch sitzt, entkommt die Beute. Aber auch nicht zu straff halten, sonst reißt die Schnur. Jetzt! Genau der richtige Zug auf der Rute, die Spitze ist leicht nach vorn gebogen. Zieh ihn gleichmäßig näher heran – schön langsam, nicht so ruckartig! Ich bin nervös und zittere.

Mit neuem Kampfgeist schießt der Fisch seitlich davon, und ich habe Mühe, meine Füße im engen Kanu schnell genug umzustellen. Ich muß jede seiner Bewegungen ausgleichen, ihm folgen. Die Schnur – paß auf! Da! Eine mächtige Schwanzflosse peitscht durchs Wasser. Verdammte Schlammbrühe! Ich *glaube,* es ist ein *Lachs!* Plötzlich Stille auf dem Wasser. Er wird müde. Ich habe das Gefühl, mein Brustkorb platzt, wenn ich nicht endlich mal ausatme. So, jetzt kriege ich dich! Meine Knöchel treten weiß hervor, als ich Meter um Meter den Abstand zwischen mir und meiner Beute verringere. Wie schaff' ich ihn nur über die Bordwand? Mein Kescher ist viel zu klein …

Plötzlich ein jähes Surren, mit dem die Schnur widerstandslos von der Rolle schießt. Er taucht unter dem Boot weg! Blitzschnell beuge ich mich zum Heck hinaus, die Rutenspitze verschwindet im Wasser, unter dem Boot durch – und Schnur einholen. Verdammt noch mal, jetzt ist Schluß! Ungeachtet des Widerstands, kurbele ich mit aller Kraft gegen die quietschende Spule an. Die Leine ist zum Zerreißen gespannt: Entweder es klappt, oder er entkommt.

»Birgit, mein Gewehr!« Durch das aufgewühlte Wasser stößt der silberne Fischleib für Sekunden an die Oberfläche. Wo ist sein Kopf?

»Schnell, entsichere!« Da ist er, an einem Meter Schnur, zum Greifen nah. *Wumm!* Abgesehen vom Nachhall des Schusses herrscht plötzlich Stille. Die kleine Kugel muß ihn direkt ins Hirn getroffen haben.

Birgit steht schon neben mir, übernimmt stumm die Angelrute, und ich beuge mich aus dem Kanu. Beherzt greife ich dem Lachs in die Kiemen und zerre ihn über die Bordwand. »Fünfundzwanzig Kilo feinster Yukon-Königslachs!« strahle ich.

Hungrig malten Birgit und ich uns die unterschiedlichen Möglichkeiten der Zubereitung aus: Wir könnten den Lachs filetieren und räuchern, in Dillmarinade einlegen oder schlicht mit Pfeffer und Salz überm Feuer braten.

Zwei Stunden rollte der Fisch, gut gekühlt vom eiskalten Yukonwasser, vor mir auf dem Boden des Kanus hin und her, bis ich endlich einen Platz für unser Nachtlager entdeckte. Auf diesem Flußabschnitt hatte sich das Wasser einige Meter vom Steilufer zurückgezogen. Von der Sonne steinhart ausgetrocknet, wurde der schwarze Schlick begehbar.

In der Stille der bläulich heraufziehenden Nacht schmausten wir am lodernden Lagerfeuer faustdicke Lachssteaks. Das Fleisch war zart und köstlich.

Am Morgen sammelte ich Feuerholz für den Frühstückskaffee. Dazu würde es die Reste der gebratenen Fischstücke von gestern abend geben: Lachs satt.

Birgit richtete in unserer Lebensmittelkiste eine Lachsabteilung ein. In zwei riesigen Plastikbeuteln schimmerte rosiges Fleisch in Wasser-Dill-Lake. Den Dill verdankten wir noch Michael als Spezialgewürz für Lachs. Und einen anderen Geheimtip hatte er uns auch verraten: »Den Lachs vorher mit Salz und Zucker einreiben – erst das macht ihn haltbar.« Ich schmunzelte. Es war anzunehmen, daß unser Banker heute wie fast jeden Morgen vom achtundvierzigsten Stock aus, in Anzug und Krawatte gezwängt, die Geldgeschicke der Welt mitbestimmte.

»Kim, komm da raus!« Birgit klang erbost und legte die Tüte aus der Hand. Ich schaute mich nach dem Hund um. »Laß das!« In großen Sprüngen lief ich auf Kim zu und spürte, wie meine Schuhe bei jedem Schritt tiefer einsanken. Von Kopf bis Schwanz war mein Hund mit schwarzem Schlick bedeckt.

»Du altes Ferkel! Los, sofort ab ins Wasser! So kommst du mir nicht ins Kanu!« schimpfte ich.

Kim legte fragend den Kopf auf die Seite und guckte mich mit großen Augen an.

»Gehst du jetzt wohl!« sagte ich streng, fixierte sie und mußte mich heimlich beherrschen, nicht laut loszulachen. Unser kleiner Machtkampf schien Minuten zu dauern, bis Madame sich gnädig an den Wasserrand stellte, den Wellen nachschaute – und endlich ihr Morgenbad nahm.

»Dieser Schlick ist ein Teufelszeug – wie Zweikomponentenkleber!« sagte ich zu Birgit. Sie lachte. Es dauerte ewig, bis ich den zähen Brei von meinen Schuhen entfernt hatte.

Alle drei an Bord, trieben wir mit dem Kanu auf dem Fluß weiter. Ich hatte immer noch keine Ahnung, ob die Ufer rechts und links von uns Festland oder Inseln waren. Aber der Flußlauf strömte wenigstens.

»Du hast gesagt, drei Tage bis Fort Yukon«, versetzte Birgit und starrte geradeaus.

»Ungefähr. Kann sein, daß wir heute ankommen oder morgen. Ich bin doch nicht die Zugauskunft der Deutschen Bundesbahn!« erwiderte ich ärgerlich.

»Ich mein' ja nur ...«, beschwichtigte sie.

»Im Moment kann ich noch nicht einmal sagen, wo wir sind. Keine Zuflüsse mehr, nichts außer Buschland weit und breit. Woran bitte schön soll ich mich orientieren?«

»Na ja, immerhin sind wir noch auf dem Yukon.«

Wollte sie sich oder mich beruhigen? Mut, Mädel, nur Mut! dachte ich und führte das Paddel im Wechselschlag über meinen Kopf hinweg. Birgit brauchte mal eine kleine Pause.

»Da schreit jemand um Hilfe!« Erstaunt drehte sie sich zu mir um.

»Hab' ich auch gehört.« Verwundert, daß außer uns noch andere Leute auf dem Fluß sein sollten, wartete ich auf ein weiteres Zeichen.

Kims Knurren und die erbärmlichen Hilferufe fielen zusammen. Birgit duckte sich und griff nach Kims Schnauze. Keine fünfzig Meter vor uns durchquerte eine Schwarzbärenmutter den Fluß. Jammernd quäkte das winzige Bärenjunge, das am Ufer unentschlossen hin und her tapste. Die Bärin blickte nach rückwärts und stieß einen kurzen Ruf aus. Das Kleine horchte auf. Noch zögerte es – dann stürzte es sich mutig in die Fluten. Der putzige Teddybär trommelte mit seinen kleinen Tatzen gegen die Wellen an und kam nur langsam vorwärts. Lautlos ließen wir das Kanu in der Strömung treiben, um die Szene nicht zu stören. Ich wagte noch nicht einmal, unter die Plane zu greifen, um meinen Fotoapparat hervorzuholen. Gespannt beobachtete ich die Bärin, die sich von Zeit zu Zeit fürsorglich zu ihrem Nachzügler umschaute.

Noch ein Junges! Wie eine Klette hing das Bärenbaby auf dem Rücken der Mutter. Ich überlegte noch, den Griff zur Kamera zu wagen, als die Schwarzbärin uns wenige Meter vom Kanu entfernt wahrnahm. Entgeistert starrte sie herüber. Auf einmal richtete sich der schwarze Koloß halb aus dem Wasser auf, fauchte wütend und bleckte das furchterregende Gebiß. Die weißen Reißzähne blinkten bedrohlich. Sekundenlang verharrte die Bärin unentschlossen, dann besann sie sich. Ohne auf den Nachzügler zu warten, durchschwamm sie im Eiltempo die kurze Strecke bis zu einer Fichte, die, vom Steilufer heruntergekippt, ins Wasser reichte. Triefend naß tauchte sie aus den Fluten auf und rannte in einem Zug den Laufsteg hinauf. Oben angekommen, kontrollierte sie sofort, wo ihr zweites Junges war. Alles in Ordnung. Uns zugewandt, wiegte sie nun in Drohgebärde ihren massigen Körper hin und her, bis der kleine Teddybär endlich die Fichte erreicht hatte. Behende kletterte er die steile Leiter zur Mutter empor. Ohne uns auch nur noch eines Blickes zu würdigen, galoppierte die in den Busch – der Kleine hinterher.

»Ganz schön anstrengend, fünfundzwanzig Kilo in Schach zu halten!« Birgit gab atemlos Kim frei. »Glaubst du, die Alte wollte uns angreifen?«

»Für einen Moment sah es ganz danach aus.«

»Trotzdem – die kleinen Bären waren einfach süß!« Überschwenglich kraulte Birgit unseren Hund, der im Bug vor Vergnügen wie ein Ferkel grunzte.

Weiter ging die Fahrt. Entspannt zurückgelehnt, sonnte Madame sich im Bug, Kim hatte ihr »Entenfernsehen« – ich allein paddelte.

Birgit entdeckte den glänzenden Radarschirm zuerst. Das konnte nur Fort Yukon sein! »Ein historischer Moment, Birgit. Wir fahren gerade über den Polarkreis.«

»Aber wo ist er denn?« witzelte sie und schaute sich suchend um. »Ich fände es viel aufregender, wenn ich mal wieder duschen und Wäsche waschen könnte.« Öde – immer gab sie praktischen Dingen den Vorrang!

Der Strand tauchte auf, ein schmaler Uferstreifen, hinter dem unmittelbar »die Stadt« anfing. »Also, gegen diese Bruchbuden ist Circle ein aufgemotztes Freilichtmuseum.«

»Scheint die örtliche Müllkippe zu sein«, kommentierte Birgit angewidert den abfallübersäten schwarzen Sand. Weiße Plastiktüten flatterten als Willkommensfähnchen im aufgetürmten Schwemmholz. Ich atmete tief durch und brachte uns ans Ufer.

»Hallo!« rief ich den Indianern zu, die über den Strand schlurften – stumm, die Hände in den Taschen vergraben. Nur einer von ihnen schaute mit düsterer Miene zu uns her, ohne einen Gesichtsmuskel zu verziehen.

»Das sind aber finstere Typen!« sagte Birgit erstaunt und sah den Männern nach, die hinter einem Stapel Bauholz zwischen die Häuser abbogen.

»Nicht besonders einladend, diese Stadt.« Ich war schlichtweg enttäuscht: Ohne erkennbare Ordnung standen die Holzhütten mit ihren rostigen Wellblechdächern kreuz und quer auf engstem Raum beieinander. Abgebrochene, verwitterte Fichtenstämme überragten wie Obelisken den Häuserwirrwarr. Als einziger Schmuck waren an den graubraunen Fassaden Elchschaufeln zu sehen. Hinter Bretterzäunen türmten sich demolierte Kanus zu wilden Stapeln. Von dem einstigen rauhen Glanz eines Eldorados aus Goldgräberzeiten war nur noch die nackte Schäbigkeit übriggeblieben. Kläffende Hunde und aufjaulende Motoren bildeten die Geräuschkulisse im Hintergrund und ließen Leben vermuten.

»Hier will ich nicht bleiben!«

»Das ist eine richtige Kleinstadt mit über tausend Leuten. Da kannst du bestimmt duschen und deine Sachen waschen!«

»Bleib ich lieber dreckig!«

»Hast du etwa Angst?«

»Du nicht?«

»Ein mulmiges Gefühl schon. Trotzdem würde ich gern mal durch den Ort gehen und auskundschaften, was es hier so gibt – und eine Nachricht für Klaus und Klaus in der Post hinterlassen.«

»Du meinst, ich soll hier *allein* warten?« Birgit schnappte nach Luft.

»Dann warte *ich* hier, und du suchst Post und Dusche.«

»In diese Siedlung gehe ich nicht rein – niemals!«

»Also«, versuchte ich zu rekapitulieren, »du hast Angst, allein durch die Stadt zu gehen, und du willst nicht hier am Kanu warten.

Dann bleibt als einzige Möglichkeit, daß wir das Boot *zusammen* durch die Straßen tragen.«

Bei dieser Vorstellung mußte ich mir in aufkeimender Verzweiflung lachend vor die Stirn schlagen. Lieber zündete ich mir erst mal einen Zigarillo an. Birgit dampfte wie ein Schlot vorn im Kanu vor sich hin. Sie hatte noch keinen Fuß auf den Strand von Fort Yukon gesetzt. Plötzlich wurde Kim unruhig: Sie wollte Auslauf haben. Erstaunlich genug, daß sie es überhaupt stundenlang im engen Kanu aushielt.

»Gut, wir fahren noch zweihundert Meter flußabwärts, bauen dort unser Camp auf – immerhin ist es schon acht Uhr – und warten auf Klaus und Klaus. Morgen früh gehen wir dann zusammen ins Städtchen. Wie hört sich das an?« Nach einer kleinen Kunstpause willigte Birgit gnädig ein.

Während wir dicht am Ufer entlangfuhren, lief Kim, vor Kraft strotzend, neben unserem Boot her und hielt sich brav auf Höhe des Kanus. Als mir bestialischer Verwesungsgeruch in die Nase stieg, hatte sie auch schon abgedreht und jagte den Strand hoch. Mein kleiner Aasfresser war nicht mehr zu halten.

»Kim!« brüllte ich aus Leibeskräften, sprang mit einem Satz an Land und hetzte hinterher. Als ich meinen Hund an den Kadavern herumschnüffeln sah, mußte ich würgen. Kim riß ich am Halsband zurück. Noch immer an ihren kurzen Ketten angeleint, hingen zwölf halb verweste, völlig verdrehte Hundekörper im Sand. Auf ihren eingefallenen Flanken tummelten sich Tausende von Fliegen um zahllose Einschußlöcher, die die Leiber regelrecht zerfetzt hatten. »Verdammte Schweinerei!« schimpfte ich zur Siedlung hinüber, während ich Kim gewaltsam zum Kanu zurückzerrte. »Zwölf Huskies – einfach abgeknallt!«

»Siehst du, ich hab's doch gesagt!« antwortete Birgit verängstigt und hielt sich angeekelt die Nase zu.

Est als wir außer Sichtweite des letzten Hauses waren und wieder klare Luft atmeten, legten wir zum Übernachten an.

Birgit brummelte Verwünschungen, während sie unseren verspäteten Abendbrottisch deckte. Nachdenklich hockten wir auf dem spärlichen Grasboden und kauten lustlos an den saftigen Stücken unseres mühevoll eingelegten Lachses.

»Vielleicht waren die Hunde krank?« überlegt Birgit und sah mich zweifelnd an.

»Gleich zwölf auf einen Schlag? Das glaube ich nicht. Wahrscheinlich wollten sie die Hunde einfach loswerden, weil sie überflüssig geworden sind – nur noch unnütze Esser. Schau dir doch die Dörfer an: Überall stehen Motorschlitten herum.« Birgit nickte und streichelte liebevoll Kim.

»Überall auf der Welt dasselbe Spiel: Wenn Ureinwohnern weiße Kultur übergestülpt wird, heißt das für sie, ihren Lebensstil aufgeben, sich anpassen, koste es, was es wolle. Früher waren Hundegespanne die einzige Möglichkeit, sich durch den Busch vorwärtszubewegen. Aber seitdem die Regierung die Indianer mit Geld unterstützt, können sie sich Motorschlitten leisten und brauchen die Hunde nicht mehr.« Zumindest bemühte ich mich, eine Erklärung für ein derartiges Verhalten zu finden.

»Und wieso haben sie noch so viele Huskies?«

»Tradition?« entgegnete ich fragend und schaute auf den Fluß, in dessen Wasser sich im rötlichen Schein der Abendsonne dicke Wolken spiegelten. Um kurz vor Mitternacht gaben wir schließlich die Hoffnung auf, daß Klaus und Klaus noch auftauchen könnten. Müde und deprimiert verzogen wir uns ins Zelt. Vorsichtshalber hatte ich schon meine komplette Filmausrüstung hineingeschafft. Das Gewehr lag griffbereit neben meinem Schlafsack. Einmal abgesehen von Kims Schnarchen, blieb die Nacht ruhig.

Am Morgen war klar: Fort Yukon lassen wir hinter uns. Zwar hätte ich gern einen Fuß in die wildeste Indianersiedlung am Yukon gesetzt, aber gegen Birgits schreienden Protest war nicht anzukommen.

Kaum waren wir einen Kilometer weit gepaddelt, ergossen sich die gewaltigen Wassermassen des Porcupine Rivers, aus dem hohen Norden Kanadas kommend, in den Yukon. Auf einmal hatten wir es nicht mehr mit nur *einem* Hauptstromzug zu tun, sondern gleich mit dreien. Als strebe er bereits seiner Mündung entgegen, schien der Flußlauf zum breit ausufernden Delta geworden zu sein. Seine Wasser verteilten sich um unzählige Eilande herum. Wie sollten wir hier den Überblick behalten? Denk an die Rapids, sagte ich mir. Augen zu – und durch! Kurzerhand entschied ich mich für den linken

Arm des Flusses, weil das Wasser dort am schnellsten strömte und weil die blaue Linie auf meiner Karte am breitesten eingezeichnet war. Entlang der Ufer schauten aus dem buschigen Erlengestrüpp einzelne Fichtenspitzen heraus, die der Permafrost auf ziemlich die gleiche Höhe zurechtgestutzt hatte.

»Andreas, wo geht es jetzt weiter?« fragte Birgit und zeigte auf die Gabelung voraus.

»Der rechte Arm müßte der richtige sein.« Wie künstlich angelegt, verlief der Fluß hier als Kanal schnurgerade auf mehreren Kilometern Länge. Unsere Wasserstraße war jetzt nur noch halb so breit, dafür hatte die Fließgeschwindigkeit zugenommen.

»Geht doch ganz gut so, wir kommen voran«, munterte Birgit sich und mich auf. Seit gestern abend, als wir die Karte studierten, hatte ihre Nervosität zugenommen. In der Übersicht waren die Flats eine riesige flache Landschüssel, in der sich das Wasser seinen Weg ohne erkennbares System durchs Gelände bahnte. Dennoch mußte es eine Hauptströmung geben, und an die mußten wir uns halten. Obwohl der Himmel von Stunde zu Stunde grauer wurde und kaum mehr ein Sonnenstrahl durch die Wolken drang, war ich guter Stimmung. Ich hatte mir ausgerechnet, daß wir in vier oder fünf Tagen die Flats hinter uns haben könnten.

»Irgendwie ist das auch spannend«, faßte ich meine Empfindungen in Worte. »Als würde man sich auf der Kirmes durch einen Irrgarten schlängeln!«

Birgit lachte etwas gequält, weil sich unser Kanal weiter vorne schon wieder aufteilte; dieses Mal hatten wir zwischen drei Möglichkeiten zu wählen.

»Eindeutig die Mitte!« entschied ich und steuerte geradeaus. Eingefaßt von mannshohen Steilufern mit einem breiten Streifen Schlick davor, strömte das Wasser mittlerweile schon gemächlicher, aber es strömte. Rechts und links sprudelten kleine Bäche aus Ufereinschnitten hervor, die Äste und Zweige mit sich brachten.

»Ich kann nicht mehr!« jammerte Birgit und legte ihr Paddel beiseite.

»Gut«, willigte ich ein, da wir unser Tagessoll von schätzungsweise fünfundzwanzig Flußkilometern bereits erfüllt hatten. Außerdem sah es am Himmel nach Regen aus.

»Laß uns noch bis da vorn zu den Baumstämmen fahren. Da gehen wir über den Schlick zum Ufer.«

Über die runden, schwankenden Stämme schleppten wir nur das Allernötigste auf festen Boden, während Kim natürlich neben uns durch den Morast lief und sich schwarze Stiefel holte.

»Du schläfst heute draußen, meine Liebe«, drohte ich ihr an, als sie zu uns ins Zelt kriechen wollte. Mit einem flüchtigen Gutenachtkuß rollten wir uns in die Schlafsäcke ein, während die ersten dicken Regentropfen aufs Zeltdach klatschten.

»Da vorn ist ein See!« Ungläubig stellte Birgit sich im Kanu hin und schaute durchs Fernglas.

»Kann gar nicht sein«, entgegnete ich ruhig. Laut Karte waren wir auf einem der Hauptarme. »Dann paddel mal mit!« kommandierte ich und legte einen Schlag zu. Es war schon eigenartig, daß die Strömung ständig abgenommen hatte und sich vor uns – wie aus dem Nichts – ein weites Tal auftat ... Wo war der Flußarm geblieben? Als ich mit meinem Paddel zwischen dickblättrigen Wasserpflanzen herumstocherte und das kristallklare Wasser unterm Kiel bemerkte, wußte ich: Wir waren in einer Sackgasse.

»Hier strömt nichts mehr«, stellte Birgit tonlos fest und hielt ihre Hand ins Wasser.

»Keine Panik! Laß uns erst mal eine rauchen, und ich guck' noch mal auf die Karte.« So gelassen wie möglich zündete ich mir eine Zigarette an und vertiefte mich in das Liniengewirr. Eigentlich durften wir hier nicht sein. Krampfhaft überlegte ich, wo wir falsch abgebogen waren. Ich hatte keine Ahnung!

»Ich glaube, wir haben uns verfranst.« Unheilschwanger klangen meine Worte nach.

»Und was machen wir jetzt?«

»Was schon? Wir paddeln die zehn Kilometer zur letzten Gabelung zurück und nehmen den anderen Flußarm.« Schicksalsergeben stieß ich uns aus dem Pflanzensalat hinaus. Einen halben Tag hatten wir uns umsonst angestrengt. Langsam begann mir zu dämmern, wieso hier früher so viele Menschen umgekommen waren, aber ich hütete mich, das vor Birgit auszusprechen. Plötzlich fühlte ich mich verunsichert und verlassen.

Erschöpft und in niedergedrückter Stimmung waren wir aus dem einen in den anderen Arm des Flusses gepaddelt. Nach wenigen Kilometern beschrieb der Wasserlauf mehrere kleine Kurven, bevor er wieder ein langes Stück geradeaus floß. Leider war es keine Frage der Perspektive – der Flußarm verjüngte sich. Zweihundert Meter vor uns staute sich das Wasser. Eine Schlickinsel wuchs mitten aus der glatt schimmernden Fläche hervor und zerteilte die Fluten dessen, was wir immer noch für den Yukon River halten mußten, in unschiffbare, schmale Kanäle. Tragen? Geht nicht, du versinkst im Schlamm. Der Gedanke, schon wieder unverrichteter Dinge umkehren zu müssen, wollte mich schier verzweifeln lassen. Doch ich bemühte mich, Ruhe zu bewahren.

»Genug für heute«, sagte ich zu Birgit, die klein zusammengekauert in ihren klammen Sachen vorn im Bug hockte und fröstelnd die Schultern einzog.

»So geht das nicht weiter. Wir fahren ja bloß hin und her!« Wütend erschlug meine Begleiterin die Moskitos auf ihrer Wange, denen der Regen neues Leben eingehaucht hatte.

»Beruhige dich, bitte! Panik ist das letzte, was uns weiterhilft.« Nervös schaute ich in die Gegend. Wohin ich mich auch wandte, es sah überall gleich aus. Längst hatte ich die Karte voll Verachtung beiseite gelegt und mich auf meine Intuition verlassen – nicht sehr erfolgreich, wie ich zugeben mußte. Seit Tagen irrten wir nun in den Kanälen umher: vor und zurück, mal nach rechts, mal nach links. Mit Jack-London-Romantik hatte das Ganze nichts mehr zu tun. Langsam, aber sicher gewann ich den Eindruck, daß es ums Überleben ging. Eine Ewigkeit schien vergangen, seit ich meinen Kompaß für eine zuverlässige Orientierungshilfe hielt. Die Flußarme verliefen in *alle* Richtungen …

Plötzlich schlug Birgit die Hände vors Gesicht und schluchzte laut auf. Meinen Kloß im Hals schluckte ich herunter. Es brachte wirklich nichts, wenn ich jetzt auch noch losheulte.

»Hier kommen wir nie mehr raus. – Wir werden sterben! – Wieso bin ich bloß mit dir gefahren? – Ich will deine Scheißabenteuer überhaupt nicht! – Du gehst immer einen Schritt zu weit …« Wütend stieß Birgit die Worte hervor und starrte mich haßerfüllt an.

»Hör mal, wir sterben hier nicht! Zur Not baue ich uns eine Hütte, Essen schieße ich uns – schließlich haben wir das Gewehr und Tonnen von Munition dabei. Und wenn einem von uns etwas passiert, sind da noch reichlich Medikamente, und außerdem bist du Krankenschwester!«

Ich hatte nicht das Gefühl, daß sie überhaupt verstand, was ich sagte. Wie betäubt saß sie da und stand offensichtlich im Begriff, mit ihrem Leben abzuschließen. Ich nahm den Faden wieder auf. »Wir könnten sogar den Winter überstehen: Wir haben genug warme Sachen, eine Riesenpackung Streichhölzer ... Wenn wir sparsam sind, können wir über Monate Feuer machen. Und irgendwann findet uns jemand. *Wir müssen hier nicht sterben!*« Eindringlich zählte ich unsere ganz realistischen Chancen auf – umsonst. Birgit erwachte nicht aus ihrer Verzweiflung.

»Ich hab's!« rief ich plötzlich und zeigte auf ein paar stämmige Fichten in der Nähe. »Ich steig' mal da oben auf den Aussichtsturm.«

Das zeigte Wirkung. Birgit hob zaghaft den Blick und beobachtete mich, wie ich einige Male erfolglos an dem glitschigen Stamm abrutschte, dann aber einen der starken Äste zu fassen bekam und die paar Meter zur Spitze hinaufkletterte. Endlos weit reichte das Meer von Bäumen. Bis hin zum Horizont war keine Erhebung, kein einziger Wasserlauf auszumachen. Völlig verklebt vom Baumharz, rutschte ich am Stamm abwärts und überlegte, wie ich Birgit *das* vermitteln sollte. Die Aussichtslosigkeit stand mir wohl ins Gesicht geschrieben – ich brauchte nichts zu sagen.

»Wir paddeln noch die restlichen Meter bis zu der Insel da vorn. Das Wasser reicht hoch genug, daß wir auf dem Waldboden campen können, ohne in dem verdammten Kleister zu versinken.« Entschlossen stieß ich das Kanu ins Wasser, griff zum Paddel und trieb das Boot gegen die leichte Strömung voran. Ich versuchte erst gar nicht, beim Steuern elegant umzugreifen – das Baumharz klebte meine Handflächen bombenfest ans Holz. Inzwischen war ich jenseits des Punktes, an dem mich noch irgend etwas aufregen konnte, nicht einmal Birgits Verhalten, die sich zwar in Fahrtrichtung umgedreht hatte, aber jegliche Mitarbeit verweigerte. In dieser Nacht drückten unsere getrennten Schlafsäcke mehr als eine nur räumliche Geschiedenheit aus.

Der Tag fing wenigstens mit Sonnenschein an. Unsere Unterhaltung beschränkte sich auf kurze Kommandos oder auf die wiederkehrende Frage, welche Richtung wir einschlagen sollten. Birgits Paddelpausen wurden immer länger, sie rauchte eine Zigarette nach der anderen. Waren wir wieder einmal am Ende eines toten Arms angelangt, diskutierte ich nicht mehr, sondern wendete einfach. Mit ihrem Wutausbruch hatte meine Freundin mich tief verletzt. Gleichzeitig hatte sie damit aber auch meinen Willen zum Durchhalten bestärkt. *Meinetwegen* sollte niemand umkommen!

Die tiefstehende Sonne warf einen rötlichen Schein auf die glitzernden Wellen. Unser Seitenfluß hatte genug Strömung; ich konnte mich hin und wieder zurücklehnen und vom Paddeln ausruhen. In mir glomm ein Funke Hoffnung auf, daß dieser Arm uns vielleicht auf einen größeren Flußlauf führen würde.

Plötzlich drängelt sich Kim zur Bugspitze, sie zittert wie Espenlaub. Hoch aufgerichtet wittert sie, und wir sind alarmiert. Keine hundert Meter voraus am linken Ufer hebt sich ein dunkelbrauner Tierkörper schemenhaft aus dem schwarzen Matsch – eine Elchkuh! Der Riesenkopf ist starr flußabwärts gerichtet. Sie hört uns nicht kommen.

»Birgit, hör auf zu paddeln, und binde Kim an«, wispere ich. Geräuschlos gleitet das Kanu auf die Schlickhalde zu, nur das Plätschern des Wassers ist zu hören. Unmerklich kommen wir näher. Die Kuh bleibt verdächtig ruhig sitzen. Mit der stimmt etwas nicht! Wieso flieht sie nicht? Mit einem Blick erfasse ich das Gelände. Wenn ich mich über den Schlick zur Landzunge von hinten heranpirsche, kriege ich sie. Leise tauche ich mein Paddel ein und steuere das Kanu aufs linke Ufer zu. Noch knappe fünfzig Meter trennen uns von dem Elch. Sanft rutscht der Bootskiel auf die teigige Masse und sitzt fest. Birgit dreht sich verwundert um, sagt aber kein Wort, als ich beginne, Schuhe und Strümpfe auszuziehen. Sie verdreht bloß die Augen zum Himmel und schüttelt den Kopf.

»Da sitzt meine Filmchance«, flüstere ich und greife zur Kamera. Beruhigt sehe ich, daß die Elchkuh unverändert in die andere Richtung schaut. Etwas nervös stelle ich den Fotoapparat ein und reiche ihn Birgit. Widerstrebend läßt sie sich das Ding in die Hand drücken.

»Fotografiere mich, während ich mich heranschleiche und den Elch filme, bitte, das ist wichtig!« flüstere ich eindringlich. Für eine Sekunde glaube ich fast, daß sie mir den Fotoapparat an den Kopf schmeißt. Ihre Augen schießen giftige Pfeile.

»Jetzt willst du auch noch filmen?« zischt sie. »Laß uns lieber machen, daß wir endlich hier rauskommen!« Augenblicklich schießen Tränen über ihre Wangen. Frustriert stöhne ich auf.

Klebriger Matsch quillt zwischen meinen Zehen hindurch, bis ich kleine Ästchen und Fichtennadeln unter den Fußsohlen spüre und mich über Land zur Schlickhalde schleiche. Wittern kann die Elchkuh mich nicht; der Wind steht günstig. Meter um Meter nähere ich mich dem Tier mit laufender Kamera, ohne daß es seine Position verändert. Der Elch scheint im Schlick festgewachsen zu sein.

Vor mir plätschert ein Rinnsal durchs Gelände. Bloß nicht rüberspringen! stoppe ich meinen ersten Impuls. Wenn du drüben aufkommst, scheuchst du die Kuh auf. Also krabbele ich die tiefe Rille hinunter, wate durch das eiskalte Wasser und steige auf der anderen Seite vorsichtig wieder hoch. Fünf Meter trennen mich vom Elch. Meine Erregung wächst. Fast bin ich auf Tuchfühlung mit einem wilden Tier, kann seine Hitze spüren. Auf einmal höre ich schweres Atmen: Die Elchkuh ist verletzt. Obwohl ich mich nicht mehr bewegt habe, überläuft ein vibrierendes Zucken den Rücken des Tieres, und unerwartet rappelt sich der massige Leib mit einem saugenden Schmatzen aus dem Schlick auf.

Als hätten die Aasgeier nur auf diesen Augenblick gewartet, hüllt plötzlich ein Riesenschwarm Mücken den Elch ein. Er ist bis auf die Rippen abgemagert, und am Hinterschenkel klafft eine große Wunde. Die Blutsauger stürzen sich auf das Tier. Verdammt, jetzt habe ich es aus seinem kühlenden Wundbett aufgescheucht! Kraftlos stolpert die ausgemergelte Elchkuh über die Halde zum Fluß, strauchelt im Schlick, fängt sich wieder und stakst weiter. Wütendes Bellen aus dem Kanu: Kim tobt und zerrt an der Leine. Die fliehende Elchkuh muß Todesangst ausstehen und galoppiert ins Wasser. Ihr schweres Schnaufen echot über den Fluß. Kim ist nicht mehr zu bremsen, zerreißt die Leine und jagt am schlickigen Ufer flußabwärts. In der Mitte des Flusses schwimmt der Elch um sein Leben.

»Kim – aus!« schreie ich aufgebracht. Doch mein Kommando verhallt ungehört. Nur noch wenige Meter, dann wird der Hund mit der Elchkuh auf einer Höhe sein. Kim läuft aufs Wasser zu, bereit, sich in die Fluten zu stürzen, um ihrer vermeintlichen Beute nachzuschwimmen. Doch plötzlich – der Schlick! Als hielte jemand den laufenden Film an, versinkt mein Hund bis zum Bauch im weichen Untergrund.

»Kim!« brülle ich aus Leibeskräften und fange an zu rennen. Jetzt schnell zurück zum Kanu und sie befreien!

»Los, spring rein!« kommandiert Birgit und stößt uns auch schon vom Ufer ab. Kims Jaulen klingt höchst jämmerlich. Sie gibt einfach nicht auf und windet sich im Morast, gräbt sich dabei tiefer und tiefer ein. Halt doch still, du dummer Hund! Mein Mitleid schlägt in blanken Ärger um: Verdammter Jagdtrieb – der wird ihr noch mal zum Verhängnis werden!

»Und jetzt?« fragt Birgit entgeistert, als ich aussteige und mit den Armen im Matsch wühle, um unter Kims Bauch zu fassen. Die Hände ratlos in die Seiten gestemmt, schaut Madame zu.

»Schuhe aus und raus!« befehle ich. Fünfundzwanzig Kilo Hund kann ich nicht allein vom saugenden Untergrund befreien. Einer drückt, die andere zieht, bis der Hundekörper endlich minimal nachgibt und der Schlick ihn schmatzend losläßt. Kim kommt Hals über Kopf über die Bordwand gepurzelt – ein schmieriges, schwarzes Etwas. Birgit und ich sehen nicht besser aus.

»Das macht nichts, wir waschen uns nachher!« keuche ich.

»Hier ist nichts als Tod und Verderben …«, sagt Birgit schweratmend mit bitterernster Miene.

»Red doch nicht so einen Quatsch, verdammt noch mal!« stöhne ich fassungslos. Langsam reicht es mir. Ich fühle mich wie in einem schwülstigen Theaterstück. Das muß mal ein Ende haben!

»Birgit«, beginne ich möglichst ruhig und lege den Arm um ihre Schultern, »zur Not könnten wir hier überleben …«

»Hör auf!« schleudert sie mir voll Verachtung entgegen und schlägt meinen Arm weg. Ich packe sie an den Schultern und schüttle sie verzweifelt. »Was willst du eigentlich von mir?« brülle ich und lasse sie unsanft auf ihren Sitz plumpsen.

Birgit existiert nicht mehr. Offensichtlich geschrumpft, hockt sie winzigklein im Kanu; in eisiges Schweigen vergraben, läßt sie alles über sich ergehen. Ich habe Angst vor der gemeinsamen Nacht im Zelt und will lieber bis zum Umfallen weiterpaddeln. Kim liegt, noch ganz erschöpft von ihrem Schlickabenteuer, vorn im Bug und rührt sich nicht.

Voller Traurigkeit paddle ich durch die taghelle Nacht, durchfahre ein Labyrinth, suche mir einen Flußarm aus, in dem Biber eifrig Baumaterial zu ihren Burgen schleppen. Blaufüchse bellen durch den Busch, hin und wieder heult einsam ein Wolf. Leise stöhne ich auf: Schon wieder ein See voraus.

Plötzlich entsteht Bewegung im Bug: Birgit hat sich das Fernglas geschnappt und zappelt aufgeregt auf ihrem Sitz. »Ich glaube, dahinten fließt es weiter!«

Sie reicht mir das Glas, und dann sehe ich es auch: Durch das Erlengestrüpp am Ende des Sees glitzert etwas. »Okay, wir fahren, soweit es geht!«

Fünfzig Meter dauert unsere Freude, dann stoppt uns eine vorgelagerte Kiesbank, an der sich unser Flußarm teilt. »Ich laufe das Ufer ab. Mal sehen, was sich hinter der Insel abspielt!«

Dieses Mal bin ich fest entschlossen, irgendwo einen Durchbruch zu finden – und wenn ich das Kanu über Land schleppen muß. Ich könnte schreien vor Glück: Jenseits der Insel rutscht unser Flußlauf sechs Meter tief hinab und vereinigt sich mit schnellfließenden Wassermassen zu einem richtigen Strom! Kein Wunder, daß der von da oben nicht zu sehen war! Hier geht's den Berg runter!

»Ich bin mir hundertprozentig sicher: Da unten fließt einer der Hauptströme«, verkünde ich erleichtert. Birgit versucht, ihr freudiges Strahlen zu verbergen. Nun muß sie doch nicht sterben …

Steil, schmal und flach war die Verbindung. Während ich neben dem Kanu herlief, das schwere Stativ schleppte und dazu noch einen der Rucksäcke buckelte, rauschten Birgit und Kim die Wasserrutsche hinunter. Als das Boot unten in den wirbelnden Kolken aufplatschte, hörte ich einen Aufschrei. Aber dann schaffte Birgit es ganz allein, das Kanu aus den Strudeln ans rechte Ufer zu steuern.

Unsere verkrampfte Zweisamkeit entspannte sich sofort, als wir hinter der Rutsche geradezu übermütig von der schnellen Fließgeschwindigkeit mitgerissen wurden. Endlich wieder freie Fahrt!

Als käme Birgit plötzlich eine Erleuchtung, riß sie das Glas an die Augen und verkündete: »Die Astronautenkuppel – Klaus und Klaus!«

Eins – zwei – drei. Salutschüsse donnerten durch die Stille: Die beiden Hamburger hatten uns ihrerseits entdeckt. Weihnachten, Silvester, Ostern – aller Jubel fiel zusammen in dem erlösenden Moment, als wir an der kleinen Sandinsel mitten im Fluß anlegten und die beiden uns die Hände reichten.

»Mensch, das gibt's doch nicht«, begrüßte uns der kleine Klaus gerührt, »mitten im Nichts, umgeben von viertausend Quadratkilometern Wasser und Sand treffen wir uns wieder!« Herzlich umarmten wir einander.

»Woher weißt du eigentlich, daß die Flats viertausend Quadratkilometer groß sind?« fragte ich, froh, endlich wieder frotzeln zu können.

»Rrreiseführer!« hamburgerte der große Klaus und legte mir lachend den Arm um die Schulter. Wann immer wir uns trafen, machte er sich einen Spaß daraus, mir vor Augen zu führen, daß man auch als Greenhorn, mit einer Übersichtskarte für Touristen im allergrößten Maßstab in der Tasche, den Yukon meistern konnte.

»Friede!« Ich grinste und stieg hinter den anderen die kleine Anhöhe hinauf. Dann allerdings war es mit meiner Beherrschung schon wieder vorbei: Zwei Drittel des Zeltbaus unserer beiden Paddelfreunde verschwanden in einer ausgehobenen Sandkuhle. In dem aufgeworfenen Rand steckten Astgabeln, durch die eine Wäscheleine lief. Von bunten Wäscheklammern gehalten, flatterte die komplette Ausrüstung der beiden Junggesellen an der Leine: Socken neben strahlend weißen Unterhosen, karierten Baumwollhemden und Taschentüchern – das Ganze dekoriert mit silbrigen Angelhaken und Blinkern. Und wie eine mittelalterliche Burg von ihrem Schutzwall war das Kunstwerk in einigem Abstand von aufgeschichteten Ästen und Schwemmholz umgeben.

»Was ist denn *das?*« Ich hielt mir den Bauch vor Lachen. Birgit schaute mich an und gluckste ebenfalls.

»Mann«, maulte der kleine Klaus und senkte seine Stimme zum Flüsterton, »wegen der Bären!« Reflexartig drehte er sich um und durchforschte den Busch. »In Eagle haben wir uns doch das amerikanische Buch ›Bärenattacken‹ gekauft. Ausgerechnet in dieser Einöde ist es uns wieder in die Hände gefallen. Klang ja ganz spannend, aber dann haben wir eines Nachts die Panik gekriegt: Buch beiseite, Zelt abgebrochen und rein ins Kanu. Zwei Nächte haben wir im Boot geschlafen und uns treiben lassen ...« Der keine Klaus schüttelte sich wie ein nasser Pudel.

Ich prustete los: »Und wozu die Blinker zwischen all der Wäsche?«

»Laut Buch muß man in der Wildnis Lärm schlagen, damit der Bär einen kommen hört. Wenn man ihn nämlich überraschend antrifft, dann ist es aus!«

»Mit *dem* zarten Geklimper willst du einen Bären warnen? Und der Feuerring ist sicher auch so ein Tip«, grunzte ich.

»Wißt ihr eigentlich, wo wir hier sind?« unterbrach mich der große Klaus ungeduldig. »Irgendwie stimmen meine Berechnungen nicht. Wir hätten längst an Beaver vorbeikommen müssen.«

»Welche Berechnungen?« fragte ich und schaute ihn interessiert an. Schließlich besaß er doch nur die dubiose Karte.

»Nach meinem Prinzip könnten wir von hier in einundzwanzig Tagen an der Beringsee sein!«

»Wie bitte? Kannst du mir das mal erklären?« Ich grinste über beide Backen, während Klaus sich leicht vorbeugte, mitten im Gehen innehielt und den rechten Zeigefinger in die Luft hob.

»Ich schreite einen Kilometer ab – flußaufwärts. Dann schmeiß' ich ein Stückchen Holz ins Wasser, drücke auf meine Quarzuhr und laß die Zeit laufen. Immer schön neben dem Holz her marschiere ich zum Ausgangspunkt zurück, drücke wieder auf meine Quarzuhr und nehme die Zeit. Dann weiß ich, wie schnell wir pro Kilometer vorankommen, multipliziert mit der angepeilten Strecke – da kann ich dir genau sagen, wann wir wo anlanden. So gesehen, wären's bis zur Mündung noch knappe einundzwanzig Tage!«

»Aber ihr wollt doch gar nicht bis zur Beringsee«, widersprach ich und unterdrückte meine Heiterkeit.

»Och, wenn's ganz schnell geht – warum nicht?«

»Spaß beiseite, ich bin froh, daß wir es bis hierher geschafft haben, ganz egal, wo ›hier‹ ist! Schließlich sind wir fast zwei Wochen in der Irre rumgepaddelt.«

Der Blick, den Klaus und Klaus mir zuwarfen, sollte wohl heißen: Warum gehst du es nicht genauso locker an wie wir? Aber ich hatte keine Lust, darüber zu diskutieren, daß ihre Berechnung die eines Milchmädchens war. Schließlich änderte sich die Fließgeschwindigkeit des Yukons ständig. Ist doch kein Wasserhahn, den man aufdreht …

Der kleine Klaus hatte inzwischen seinen Schutzwall in Brand gesteckt, und die auflodernden Flammen fraßen sich knackend durch das dürre Holz. Die Außenwelt entschwand im Nebel des harzig duftenden Qualms. Einträchtig versammelt, lagerten wir unten in der Sandkuhle, tranken gut gekühltes Bier und erzählten von den Erlebnissen seit unserer Trennung in Circle. Es war ein Wunder, daß Klaus und Klaus die Unabhängigkeitsfeier bei den Indianern lebend überstanden hatten: Hochprozentig war es bei dem Saufgelage zugegangen, Streit und eine schlimme Messerstecherei hatte es gegeben.

»Wieso haben Klaus und Klaus sich eigentlich nicht verfahren?« fragte Birgit mich vorwurfsvoll am nächsten Tag und ließ ihre Hände durchs Wasser gleiten. Heute mittag stach die Sonne vom Himmel; wir hatten bestimmt dreißig Grad.

»Reine Glückssache! Und das mit dem Holz – das funktioniert nur bei absoluter Windstille und auf einem kurzen Abschnitt.« Ich schmunzelte, weil mir ein Spruch in den Sinn kam: »Das Glück ist eben mit den Doofen!«

Klaus und Klaus waren zurückgeblieben; sie wollten noch »Urlaub auf der Insel« machen. Ich hegte allerdings den Verdacht, daß sie die Sicherheit ihrer Burg noch ein wenig auskosten wollten, bevor der harte Bärenalltag wieder zuschlagen würde.

Unser Flußarm schlängelte sich in wilden Kurven durch die Ebene, teilte sich aber wunderbarerweise nicht mehr auf. Wir hatten tatsächlich die Hauptströmung erwischt, und in diesem Bewußtsein entspannte sich Birgit, wurde nett und umgänglich. Das Treffen mit den Hamburgern hatte ihr sichtlich Auftrieb gegeben.

Als wir nach drei Tagen an der kleinen Siedlung Stephens Village vorbeifuhren, kündigte ich feierlich an, daß wir gegen Abend die Flats verlassen würden. Birgit nickte nur stumm – ganz traute sie dem Frieden immer noch nicht.

Doch dann geschah alles ganz plötzlich: Das Flußbett wurde zweihundert Meter breit, und der gewaltige Strom riß uns mit atemberaubender Geschwindigkeit voraus. Eingefaßt von hoch aufragenden Bergketten, deren Kuppen die untergehende Sonne rotviolett färbte, entließen uns die Flats.

Eine tiefe, stille Freude erfüllte mich. Ich konnte nicht umhin, meinen Göttern zu danken. Birgit drehte mir zwar den Rücken zu, aber auch sie schien gerührt; ihre Schultern zuckten verdächtig. »Lkws!« sagte sie plötzlich in meine Gedanken hinein.

Die Zivilisation kündigte sich mit tiefem Brummton an – lange bevor die Yukon Bridge in Sicht kam. Dies war die dritte und letzte Brücke über den Strom, der noch mehr als tausend Kilometer zurücklegen mußte, um sich schließlich in der Beringsee zu verlieren.

High Tech in der Wildnis. Der glitzernde Riesenschlauch, der mit der Brücke den Fluß überquert, ist die Lebensader Alaskas – die Ölleitung. Der Silberwurm schlängelt sich durchs ganze Land, von Valdez im Süden bis hoch in den Norden nach Prudhoe! Begeistert starrte ich das Wunderwerk auf Stelzen an, das unendlich hoch über uns den Himmel durchschnitt. Sogar Kim lugte neugierig aus dem Bug; Autogeräusche waren wieder etwas Neues für sie.

Meine Begeisterung legte sich allerdings, als wir unterhalb der Brücke festmachten und zum Touristenzentrum hinaufstiegen: Busladungen von Neugierigen auf dem Weg zum Polarkreis bevölkerten den Parkplatz. Uns drei Vagabunden bestaunten sie, als kämen wir geradewegs vom Mond.

Mit Waschzeug und frischer Kleidung bewaffnet, stürzten Birgit und ich in die Duschen, während Kim schwanzwedelnd die Entzückensschreie der amerikanischen Ladies über sich ergehen ließ. »Was für ein süßer Hund!« Erwartungsvoll nahm sie vor dem Eingang zum Gebäude Platz: Es roch verführerisch nach Hamburgern und Pommes.

Birgit schwärmte nicht nur von der heißen Dusche, sie genoß auch das Fastfood, ganze Berge von Süßigkeiten, Zigaretten ohne Ende – aber vor allem die Anwesenheit anderer menschlicher Wesen. Bärtige Truckfahrer hockten an den Tischen und brachten einen Hauch wilder, staubiger Landstraßenromantik unter die sauber geschniegelten Touristen, alle vereint im einsamen Speiselokal »Richtung Ende der Welt«. Für mich waren das zu viele Geräusche auf einmal. Mit nachlassender Anspannung versagte langsam mein Nervenkostüm, und ich sehnte mich nach einem stillen Plätzchen am Lagerfeuer. Der ungeeignetste Ort weit und breit war da unser Zeltplatz unter der Brücke, über die auch nachts pausenlos dicke Laster donnerten.

Auf dem schnellen, mächtigen Strom wurde das silbern strahlende Brückenband hinter uns beständig schmaler. Zu beiden Seiten des Yukons schaufelten sich die ersten Fischräder durchs braune Wasser: Königslachse! Auf der sonst so glatten Wasseroberfläche brodelte es. Ein breiter Keil dicht aneinandergedrängter Rückenflossen zerschnitt die braunen Fluten. Die Lachse stiegen flußaufwärts gegen die schnelle Strömung, und wir waren mittendrin.

»Ist das nicht toll!« jubelte ich und wußte gar nicht, wohin ich zuerst schauen sollte. »Um uns herum diese prächtigen Burschen ...« Birgit blieb gelassen und ließ sich nicht vom Sonnenbaden abhalten. Erst als ich ihr sagte, daß ich unbedingt ein Fischrad in Aktion filmen müßte, wurde sie lebendig und griff zum Fernglas.

»Eins sage ich dir, wenn das Indianer sind ... da stoppen wir nicht!« fauchte sie und suchte das Ufer ab. Mir war absolut nicht nach einem Streit zumute, also schwieg ich, obwohl wir an mindestens vier oder fünf Camps vorbeikamen. Jedesmal entdeckte Birgit triumphierend einen Indianer am Ufer und zwang mich zum Weiterfahren. »Die sind bloß besoffen und machen uns Schwierigkeiten!« argumentierte sie ängstlich. Hin- und hergerissen zwischen Mitgefühl und Filmenmüssen, gab ich nach, ließ aber keinen Zweifel daran, daß ich *einmal* anhalten würde.

Als ich schließlich am rechten Ufer ein wirklich riesiges Rad entdeckte, hielt ich schnurgerade darauf zu. »Und wenn die sturzbesoffen sind, dann werden sie eben so gefilmt!« Unnachgiebig ignorierte ich Birgits Seufzer.

Die wannenförmigen Fangkörbe rotierten ganz wie die Querstreben am Rad einer Wassermühle um die Mittelachse und schöpften die vorbeiziehenden Lachse aus dem Fluß, ließen sie zappelnd in eine große Holzkiste stürzen. Holz – alles war aus Holz. Hinter den Männern qualmte es aus der kleinen Räucherhütte. Die Fischer waren eifrig damit beschäftigt, auf einem langen Holztisch Lachse zu schlachten. Unsicher, ob wir überhaupt willkommen waren, paddelten wir zögernd auf das Camp zu.

»Hallo!« sagte ich und hielt das Kanu einen Meter vom Ufer weg. Mit undurchsichtiger Miene schaute ein älterer Indianer auf und nickte kaum merklich. Betrunken sehen die nicht aus. In Jeans und Baumwollhemd schlitzten die beiden jüngeren Indianer Fischkörper auf, trennten Innereien heraus, packten die blutigen Stränge und warfen sie im hohen Bogen in den Yukon.

»Können wir mal anlegen und zuschauen?« fragte ich, an den Ältesten gewandt. Er nickte wieder und blinzelte mich aus seinen schmalen braunen Augen an, über denen sich buschige Brauen wölbten. In das breitflächige Gesicht hatten die Jahre tiefe Spuren gegraben. Besonders beeindruckten mich die vielen Lachfalten um die Augenwinkel, die dem Mann einen ständig schmunzelnden Gesichtsausdruck gaben. Fast verdeckt von dem üppigen Bart, dessen grauschwarze Fäden bis auf die Brust reichten, ahnte ich ein energisches Kinn. Die drei sprachen in ihrem indianischen Dialekt miteinander und lachten. Der Ältere schaute auf. »Woher kommt ihr?«

Ich erzählte ihm, wir seien in den Rocky Mountains gestartet und befänden uns auf dem Weg zur Beringsee – die ganze Strecke im Kanu gepaddelt, betonte ich. Ich hatte nämlich das unbestimmte Gefühl, daß ich diese Männer mit »Handarbeit im alten Stil« beeindrucken konnte, und genau das wollte ich tun.

»Dann habt ihr ja schon fünfzehnhundert Kilometer hinter euch!« Ungläubig schüttelte der Indianer seine graue Mähne und spähte ins Kanu. »Und keinen Außenborder unter der Plane versteckt?« fragte er ein wenig mißtrauisch, lächelte uns aber dabei an.

Die tauen auf, dachte ich, vielleicht klappt das ja mit der Filmerei! Sollte ich meine Hilfe beim Schlachten anbieten, mich einschmeicheln? Einer der Jüngeren schnitt gerade den rotgefärbten Bauch eines kapitalen Lachses auf, um den Fisch gleich wieder zurück ins Wasser zu werfen.

»Nicht mehr gut?« fragte ich naiv. Der Indianer zog die Mundwinkel nach unten und schien nachzudenken, bevor er mir in schwerfälligem Englisch antwortete, sie könnten nur beste Qualität verkaufen. Das Eis schien gebrochen, als er noch fortfuhr: »Überhaupt, heutzutage ist die Konkurrenz groß, und es wird immer schwieriger, gute Preise zu bekommen.«

Ich sah meine Chance, mich als »Mann vom Fach« darzustellen. Daher erzählte ich, daß ich auch schon kommerziell gefischt hätte, allerdings auf einem Hochseetrawler. Gespannt beobachtete ich die Gesichter, die zu meinem Entsetzen schlagartig zu Stein wurden. Der dickste der drei rammte plötzlich sein Schlachtmesser ins Holz.

»Dann bist du auch eins von den Schweinen, die uns die Lachse vor der Küste wegfangen. Ihr und die Japaner – mit eurer verdammten Technik!« Haßerfüllt funkelte er mich an. Ich schluckte trocken und versuchte einzulenken: »Nein«, sagte ich stockend, »wir waren doch im *Atlantik!* Sind bis Island, Norwegen, höchstens einmal bis Grönland gefahren und haben niemals auf Lachse, bloß auf Rotbarsch und Kabeljau gefischt. Kein einziger Lachs war dabei …«

»Ihr seid alle gleich!« fiel der Indianer mir ins Wort und sah durch mich hindurch. Hilfesuchend forschte ich in den Gesichtern der anderen. Keiner von ihnen beachtete mich mehr. Schweigend arbeiteten sie weiter.

»So schnell geben wir nicht auf«, sagte ich auf deutsch zu Birgit, die sich eingeschüchtert ins Kanu verzogen hatte. »Traditioneller Fischfang von *richtigen* Indianern – das kann ich mir doch nicht entgehen lassen!« Hartnäckig harrte ich eine weitere halbe Stunde aus. Mal setzte ich mich auf den Kanurand, mal lief ich ein Stück am Ufer entlang. Kann doch sein, daß sie es sich noch einmal überlegen. Als die Indianer aber, stur wie die Esel, weiterhin jeglichen Blickkontakt mit mir mieden, gab ich schließlich auf und stieß in hilfloser Wut vom Ufer ab.

9

Lachsrad

Ein knallblaues Flugzeug mitten im Yukon. Gegen das lichte Sommergrün des Erlenwäldchens auf der flachen Kiesinsel hebt sich der antike Hochdecker direkt fotogen ab. Endlich eine Attraktion in dem monotonen Landschaftsbild, das sich uns seit Tagen bietet! Der Fluß strömt auf zwei Kilometern Breite zwischen eintönigen Fichtenhängen hindurch; lediglich die wandernde Sonne wirft ihre Schattenspiele.

»Ich glaube, wir können mal wieder eine Pause vertragen!« schlug ich scheinheilig vor und nahm Kurs auf die Insel. Birgit stand mit meiner Begeisterung für Technik noch immer auf Kriegsfuß.

»Von mir aus. Aber nimm das Flugzeug nicht gleich auseinander«, grinste sie mich an.

»In Ordnung!« versprach ich, obwohl es mir in den Fingern kribbelte: Wildnis, Abenteuer und jetzt auch noch eine Uraltmaschine – ich war in meinem Element.

Birgit verzog sich mit ihrem letzten Buch in den Schatten der Erlen, während ich im Busch nach dem Piloten schauen wollte. Irgend jemand mußte ja wohl auf der Insel sein. Elche und Bären waren hier gewesen – ihre Fährten markierten deutliche Trampelpfade quer durch das Wäldchen. Von menschlichen Schuhabdrücken fehlte indes jede Spur. Nachdenklich stapfte ich durch den Kies zum Flugzeug hinüber, maß mit dem Fernglas das Festland ab: Weit und breit weder Hütte noch Camp zu sehen.

Um so mehr erstaunten mich die Seile an den Tragflächen und an der Heckspitze, mit denen die Maschine an mehreren Baumstämmen regelrecht verankert war. Ich betrachtete das Flugobjekt genauer. Das scheint ja noch die allererste Bespannung zu sein, dachte ich amüsiert. An den geflickten Stellen des Segeltuchs zeigten sich bereits wieder winzig kleine Einrisse. Das Ganze wurde augenscheinlich bloß noch vom dick aufgespachtelten blauen Lack zusammengehalten! Wie mochte wohl der mutige Pilot aussehen, der diese Ruine noch fliegt? Im schweren Sturm, hoch oben, da reißt die Leinwand in tausend Fetzen, überlegte ich.

»Die ist offen!« Selbst ganz erschrocken über ihren Mut, hielt Birgit mir einladend die Einstiegsklappe auf. Grinsend reckte ich mich in die Höhe und wagte den Schritt. »Ausgeräumt!« stellte ich fest. Die Kanzel war bis auf den Pilotensitz völlig demontiert; Gummistiefel und Werkzeuge lagen auf dem ausgefransten Teppichboden verstreut.

»Ganz schön heruntergekommen«, meinte Birgit. »Damit möchte ich nicht fliegen müssen!«

»Dann solltest du dir erst mal die Außenhaut ansehen«, lachte ich und quetschte mich in den ausgebeulten Sitz. Den Steuerknüppel fest in der Hand, betrachtete ich fasziniert die kreisrunden Anzeigefelder, deren Glas mit der Zeit fast blind geworden war. Die hat garantiert schon ihre fünfzig Jahre auf dem Buckel, schätzte ich und schaute durch das milchige Kuppelglas hinaus. Über die in der Sonne aufblinkenden Propellerflügel hinweg entdeckte ich vor mir eine Reihe von Spuren, in die sich das Profil der Ballonreifen eingegraben hatte.

»Die Maschine muß nach dem Frühjahrshochwasser bewegt worden sein«, schlußfolgerte ich. »Zumindest war jemand hier und hat das ganze Schwemmholz von der Bahn geräumt.«

»Komm da jetzt raus!« drängte Birgit ängstlich. Überrascht sah ich sie an. Ihre grünen Augen waren noch grüner geworden.

»Hier ist absolut *niemand!*« stöhnte ich mißmutig auf. »Wovor hast du bloß Angst?« Keine Antwort; statt dessen biß sie sich auf die Lippen und verharrte abwartend auf der Stelle.

Ich wußte, es hatte keinen Zweck, Birgit zum Bleiben bewegen zu wollen. Seit den zermürbenden Erlebnissen in den Flats und den Begegnungen mit ewig betrunkenen, unberechenbaren Indianern wurde sie die ständige Besorgnis nicht mehr los. Langsam empfand ich es als anstrengend, sie alle paar Tage zu motivieren. Dennoch – wir saßen in einem Boot.

Während ich das Kanu mit kräftigen Paddelschlägen vorwärtstrieb, löste sich mein Unmut auf. Schwarze Baumskelette ragten aus einem verkohlten Schlachtfeld – wahrlich ein beeindruckender Anblick. Bis zum Horizont hatte eine Feuerwalze den Kamm der Hügelkette kahlrasiert. Während wir langsam daran vorbeiglitten, versuchte ich abzuschätzen, wieviel Hektar Fichtenwald vernichtet worden waren. Birgits ständiges innerliches Zusammenzucken war vergessen.

»Ein Fischcamp!« rief ich aufgeregt. Seit Tagen wartete ich darauf, noch eine letzte Chance für meine Filmaufnahmen zu bekommen. Entschlossen steuerte ich Kurs auf das linksseitige Ufer.

»Nicht schon wieder Indianer!« protestierte Birgit entnervt.

»Für ein Indianercamp sieht das viel zu ordentlich aus«, versetzte ich kurzerhand, überzeugt davon, daß die großen weißen Plastikbehälter am Ufer, von denen gelbe Schläuche hoch den Hang hinauf führten, moderne Technik erwarten ließen.

Abgesehen von dem weißen Rauch, der aus dem Abzug der kleinen Räucherhütte aufstieg, schien das Camp unbelebt. Mein Blick durchforschte die überdachten Holzstellagen, in denen dicht an dicht getrocknete Lachsstreifen hingen. Ich würde eine solche Leckerei nicht unbeaufsichtigt herumhängen lassen, dachte ich und überlegte schon, ob wir uns nicht einfach mal bedienen sollten.

Mit leichten Schlägen hielten wir das Kanu in den schwappenden Wellen des Uferbereichs. Während wir noch unschlüssig nachdachten, ob wir nun anlegen oder besser weiterfahren sollten, fing Kim plötzlich an zu knurren. Wie auf ein Klingelzeichen kam zwischen Gestrüpp und Räucherhaus eine Meute Hunde hervorgeschossen, allen voran ein großer schwarzer Labrador, der hier scheinbar den Ton angab. Drohend knurrte er uns an und fletschte sein Gebiß, während drei tobende Mischlingshunde sich hinter ihm hielten. Auf einen derartigen Angriff war Kim nicht gefaßt. Ängstlich tauchte sie unter und drängte sich schutzsuchend an Birgit.

»Indianer haben doch keine Rassehunde«, versuchte ich es wieder bei Birgit, die unwirsch abwinkte. Sie war ängstlich und unsicher. Ich würde noch einen Moment warten, nahm ich mir vor und schnauzte die kläffenden Köter an.

»Laß uns weiter!« drängelte Birgit. »Falls wirklich jemand zu Hause ist, *will* er uns nicht sehen.« Bereit, vom Ufer abzustoßen, erhob sie ihr Paddel.

Plötzlich trat Stille ein. Das Hundekonzert hatte schlagartig aufgehört. »Hallo!« rief der breitschultrige Mann, der oben am Hang erschien. Erst jetzt entdeckte ich das kleine Blockhaus, das, verdeckt von dichtstehenden Fichten, auf der Anhöhe lag. Grüßend schwenkte ich mein Paddel.

»Ein *blonder* Alaskaner!« sagte ich mit Seitenblick auf Birgit. Während der Mann gemächlich den Hang herunterstieg, zogen wir das Kanu aufs Ufer.

»Jack!« stellte er sich vor und schüttelte uns herzlich die Hände. Freundlich strich er Kim über den Kopf, die, ungeachtet des eifersüchtigen Geknurrs der anderen Hunde, neugierig aus ihrem Versteck hervorgekrochen kam.

»Euern Hund laßt ihr aber besser im Boot – das gibt nur Streit.«

»Deine Hunde sind ihm sowieso nicht geheuer«, lachte ich und stellte mich vor. Sogar Birgit brachte ein Lächeln zustande, als ich Jack ihren Namen nannte.

Aufmerksam hörte unser neuer Bekannter zu. Mit knappen Worten erzählte ich ihm, woher wir kämen und daß wir noch bis zur Beringsee paddeln wollten. Seine unverändert freundliche Miene schien zu bedeuten, daß er unsere Tour für *normal* hielt; zumindest teilte er weder Ratschläge noch Warnungen aus. Interessiert nahm ich ihn näher in Augenschein: Sein langes Haar, im Nacken zum Pferdeschwanz gebunden, umrahmte ein großflächiges Gesicht.

Jack spürte, daß ich ihn musterte, und seine vollen Lippen verzogen sich zu einem breiten Grinsen. Spitzbübisch schaute er über die dunklen Brillengläser hinweg. »Wollt ihr erst mal ein Bier?«

Damit hatte er sich auch schon auf dem Absatz umgedreht und stapfte zu einem rostigen Ölfaß hinüber. Statt mit Dieselöl war die Tonne vollgestopft mit Bier! Grüne und braune Flaschen hielten traute Nachbarschaft mit blinkenden Aluminiumdosen.

»Der sammelt Bier«, sagte ich überrascht auf deutsch zu Birgit. Stolz präsentierte Jack uns seine Spezialitäten. Die vielen bunten Etiketten glichen kleinen Kunstwerken, auf denen beispielsweise kapitale Elchbullen ihre Schaufeln erhoben und röhrten, daß der Gerstensaft original alaskanischer Abfüllung sei. Die eng beieinander stehenden XXXX hingegen zeugten von australischer Herkunft.

»Sucht euch welche aus!« ermunterte uns Jack. Schmunzelnd quittierte er die anerkennenden Kommentare, während wir in dem kalten Flaschenberg wühlten.

»Hallo, kommt doch herauf!« Überrascht drehte ich mich um. Aus der Türöffnung der Blockhütte winkte lachend eine Frau.

»Das ist Heidi«, sagte Jack und legte den Deckel zurück auf das Faß. In jeder Hand eine Flasche, stiegen wir den ausgetretenen Trampelpfad hoch. Kugelrund, die strohblonden Haare zu einem dicken Zopf geflochten, drückte Heidi kräftig unsere Arme, als wir uns vorstellten. Dann schob sie uns weiter an sich vorbei ins Haus.

Durch die Wohn- und Schlafküche waberten Dampfschwaden, die aus einem riesigen Aluminiumtopf hervorquollen. »Ich koche gerade Lachs ein«, erklärte die Frau des Hauses und schob den Deckel zur Seite, um uns in den Topf schauen zu lassen. Er war bis zum Rand vollgepackt mit Dosen. Am anderen Ende der Welt kochen Frauen Johannisbeergelee in genau den gleichen Gefäßen ein – in Alaska ist es halt Lachs.

»Setzt euch doch!« rief Jack und machte uns auf der Holzbank unter den winzigen Fenstern Platz. Während ich das köstlich kühle Bier durch meine Kehle rinnen ließ, beobachtete ich ihn: Fingerfertig rollte unser Gastgeber Tabakskrümel in weißes Zigarettenpapier, leckte über den Klebestreifen und schob sich die Selbstgedrehte zwischen die Lippen.

»Ihr könnt auch rauchen!« Heidi schaute auf. Das Quietschen der Handkurbel, mit der sie in Fließbandarbeit Deckel auf die Lachsdosen schweißte, brach unvermittelt ab. Sie reckte sich und stemmte die Hände in den Rücken. Lächelnd verriet sie uns, daß sie im sechsten Monat schwanger sei. »Deswegen habe ich das Rauchen aufgegeben, aber Tabakqualm rieche ich immer noch gern.« Ein wenig verlegen lächelte sie.

»Habt ihr Kinder?« wollte Jack wissen. Eine zarte Röte überzog augenblicklich Birgits Gesicht. »Wir sind noch nicht einmal verheiratet.«

Heidis erstaunter Blick wanderte von Birgit zu mir. Schweigend zog ich an meinem Zigarillo. Heiraten! Zu Hause in Deutschland hatten wir beide uns ausgemalt, wie romantisch es sein würde, in einer kleinen Yukonsiedlung getraut zu werden, vielleicht sogar nach indianischem Brauch … Ich schaute zu Birgit hinüber, die sich angeregt mit Heidi unterhielt und zwischendurch fröhlich auflachte. Plötzlich fühlte ich einen Stich. Warum gelang es mir nicht mehr, sie zum Lachen zu bringen?

»Willst du dein Kind etwa *hier* bekommen?« hörte ich Birgit interessiert fragen.

»Nein«, lachte Heidi, »wenn es soweit ist, sind wir schon wieder in Fairbanks. Am Yukon leben wir nur von Mitte Juni bis September – solange die Lachse steigen.« Heidi sprudelte über: »Und in diesen drei Monaten machen wir das große Geld!« Befriedigt lehnte sie sich zurück. »Die dreißigtausend Dollar, die wir für die Lizenz einmalig an die Regierung zahlen mußten, haben sich schon gelohnt.«

»Und was macht ihr den Rest des Jahres?« fragte Birgit neugierig weiter.

»Eigentlich bin ich Grundschullehrerin in Fairbanks, aber statt in den Sommerferien in Urlaub zu fahren – « Mit unmißverständlicher Geste zeigte sie hinunter zum Fluß.

Jack hatte sich mit keinem Wort an der Unterhaltung beteiligt. Während er aus dem Fenster schaute, sagte er wie nebenbei: »Im Winter stelle ich drüben auf der anderen Seite des Yukons meine Fallen auf. Wolf- und Vielfraßfelle bringen derzeit am meisten.« Und mit einem Seitenblick auf uns: »Ihr Europäer verderbt uns noch das Geschäft mit den Pelzen. Ich weiß nicht mal, *wie* viele Organisationen sich inzwischen mit Artenschutz befassen. Die meisten haben keine Ahnung von der Realität hier am Yukon – alles reine Theoretiker!«

»Also, ich bin Praktiker. Ich war nämlich früher Berufsjäger. Das bedeutet in Deutschland: Hege, Pflege und gezielten Abschuß.«

Heidi schmunzelte, als sie vom Tisch aufstand: »Es gibt übrigens Lachs zum Abendessen«, sagte sie und wuchtete den schweren Metalleinsatz mit den dampfenden Dosen auf den Arbeitstisch. »Und schlafen könnt ihr nebenan im Wohnzelt.«

»Das ist aber nett!« sagte ich ganz verdattert.

»Außerdem hat Birgit mir erzählt, daß du für deinen Film noch Aufnahmen von einem Fischcamp brauchst. Also bleibt da!«

Sieh mal an, meine Birgit, dachte ich gerührt und leistete stille Abbitte.

»Dann kommt mal mit!« sagte Jack und führte uns ums Haus herum. Fest an der Rückseite der Blockhütte installiert, war das geräumige Wohnzelt sogar mit einem soliden Bretterboden ausgestattet. Drinnen intensivierte die Sommerhitze die Gerüche der Umgebung. Es duftete nach Lachs, Flußwasser und Baumharz.

»In drei Wochen haben wir die Bude wieder voll«, lachte Jack, »dann ist Hochsaison. Mein Vater und Heidis Eltern müssen uns helfen – wir ertrinken sonst in Silberlachsen! *Vier*mal am Tag entleeren wir das Fischrad und schlachten, was das Zeug hält.«

»Wo habt ihr eigentlich euer Fischrad?« wollte ich wissen.

Jack antwortete, es stehe zwei Kilometer flußabwärts. Morgen könnten wir mit Heidi rausfahren.

»Ich würde gern mal den gesamten Vorgang filmen«, warf ich schüchtern ein.

»Kein Problem!« entgegnete unser Gastgeber. »Übrigens – wir können froh sein, daß hier noch alles steht.« Plötzlich wurde er ernst. »Wenn ihr flußabwärts gekommen seid, habt ihr sicher die verbrannten Hügel gesehen.«

»Klar! Ich hab' mich schon gefragt, wodurch das Feuer ausgebrochen ist.«

»Blitzschlag. Wir hatten unheimliches Glück! Zwei Tage lang konnten wir den Feuersturm beobachten, wie er sich langsam auf uns zu bewegte. Ich kann euch sagen, wir waren in heller Panik!«

Einen Moment lang stellte ich mir vor, wie sich die Feuerschlange viel zu schnell durch das ausgetrocknete Unterholz fraß, die flüchtenden Tiere unbarmherzig vor sich hertreibend.

»Wir waren sogar schon auf die Insel geflohen und standen kurz davor, mit ein paar Habseligkeiten auszufliegen.«

Ausfliegen! Er war der Pilot …

»Aber wie durch ein Wunder drehte plötzlich der Wind. Statt um die Kurve auf unser Camp zuzurollen, wälzte sich der Feuersturm über den Berg hinweg auf die andere Seite. Einen ganzen Tag und die darauffolgende Nacht haben wir neben dem Flugzeug geschlafen und abgewartet.«

Jack lachte herzerfrischend, als ich ihm von unserem Ausflug auf seine Rollbahn erzählte. »Die alte Mühle sieht zwar nicht danach aus, aber sie erfüllt voll ihren Zweck«, entgegnete er auf meine Frage nach der Flugtauglichkeit seiner Maschine. »Zweimal die Woche fliege ich den Fisch nach Fairbanks – in nur anderthalb Stunden.« Früher mußte er den Lachs erst mit dem Motorboot zur Yukonbrücke bringen, die Fuhre auf seinen Truck umladen und dann stundenlang über die Schotterstraße nach Fairbanks zotteln.

»In der Saison mußt du schnell sein und Eins-a-Qualität abliefern: zuviel Konkurrenz am Yukon!« lachte Jack jungenhaft und steckte sich dieses Mal einen dicken Brocken Kautabak in die Backe.

Nach dem Abendessen aus dicken Lachsfilets, heruntergespült mit Jacks promillehaltigem Starkbier, hockten Birgit und ich im Eingang des Wohnzelts. Birgit war ganz begeistert von Heidis Moskitoschutz: Die Plagegeister machten tatsächlich einen Bogen um die Zitronenduftkerze – und damit auch um uns!

Über dem Fluß ließ der heraufdämmernde Abend weiße Nebelbänke wachsen, die von der langsam untergehenden Sonne in zartviolette Schleier verwandelt wurden. Seit der Sommersonnenwende war bereits mehr als ein Monat vergangen, und die Dunkelheit der Nacht stellte sich merklich früher ein. Mich freute vor allem, daß die funkelnden Sterne allmählich ihre Leuchtkraft zurückgewannen.

»Ich bin so froh, daß wir bei Jack und Heidi angehalten haben«, begann Birgit mit leiser Stimme. »Endlich mal wieder Menschen, die uns mögen.« Etwas in ihrer Stimme machte mir bewußt, daß sie wirklich Qualen durchlitten haben mußte.

In dieser Nacht streiften wir alle Mühsal der vergangenen Tage ab und fanden nach endlos scheinender Zeit wieder zueinander.

»Heidi nimmt euch mit – wenn ihr euch beeilt!« rief Jack aufgeräumt. Ich hatte schon längere Zeit wachgelegen, dem Vogelgezwitscher gelauscht, in das sich immer wieder lärmendes Gezanke von Eichhörnchen mischte – und hatte Birgit zum x-ten Male geweckt.

Ungekämmt erschienen wir nebenan in der Tür. Heidi fragte lachend, ob wir gut geschlafen hätten, schob uns eine Waschschüssel hin und reichte jedem ein Handtuch.

»Ich hoffe, ihr mögt ein typisch alaskanisches Frühstück!« Gutgelaunt nahm sie ihre Wetterjacke vom Haken und zeigte auf den

Tisch: Becher voll dampfenden Kaffees warteten auf uns, dazu geröstetes Toastbrot, dick mit brauner Erdnußbutter und obendrauf noch mit Marmelade bestrichen. Hungrig biß ich in die knusprige Köstlichkeit.

»Pah, wie süß! Kein Wunder, daß die Leute hier nur noch Zahnruinen im Mund haben«, sagte Birgit lachend auf deutsch zu mir.

Ganz gegen meine Gewohnheit, ausgiebig und gemütlich zu frühstücken, schlangen wir Brot und Kaffee hinunter. Das Energiebündel Heidi lief mit weit ausholenden Schritten hinunter zum Boot, wo Jack bereits die Fütterung der Raubtiere vornahm. Unter den mißtrauischen Augen der Meute verschlang Kim ihre Portion gierig im Kanu.

»Einsteigen!« rief Heidi eilig.

»Fährst du nicht mit?« fragte ich Jack, der seine Hunde ins Boot scheuchte und sich schon wieder auf den Weg zum Haus machte.

»Nein, zuviel zu tun ...«

Wir kamen nicht mehr dazu, ein weiteres Wort zu wechseln. Von null auf hundert beschleunigte die Yukonamazone den PS-starken Motor und jagte das Aluminiumboot mit voller Geschwindigkeit flußabwärts. Die harten Schläge, mit denen der flache Kiel aufs Wasser knallte, pflanzten sich schmerzhaft bis in meine Wirbelsäule fort.

Tollkühn fuhr Heidi einen Rechtsbogen und hinterließ eine aufschäumende Spur im Schlammwasser. Endlich – das Fischrad. Unweit des linken Ufers schwang ein meterhoher Metallkorb bis zur Senkrechten in die Luft, blieb auf dem höchsten Punkt stehen und tauchte mit Schwung vornüber in die milchigen Fluten.

Kräftig drosselte Heidi den Motor, dem an der schwimmenden Plattform endlich die Luft ausging. Kurzbeinig, aber behende schwang sie sich aus dem schaukelnden Boot und vertäute Bug- und Heckleine an den Pfählen.

Die hölzerne Fanginsel lag vier Bootslängen vom Ufer entfernt und war mittels kräftiger Seilzüge mit dem Land verbunden. In der gemächlichen Strömung rotierten die beiden Fangkörbe ruckend und quietschend um eine metallene Achse und erinnerten mich an alte Wasserräder zu Hause.

Heidis Oberkörper verschwand in einer riesigen Holzkiste. »Nur acht *Kings*«, sagte sie enttäuscht. »Langsam geht es zu Ende mit ihnen!« Sie förderte einen rosafarbenen Lachs zutage, der gut und gern seine dreißig Kilo wog, hielt ihn an Schwanz und Kopf gepackt und hievte ihn hinüber ins Boot.

»Auch schon ein *Dog*lachs dabei!« rief sie ganz erstaunt und hielt uns die kleinere Lachsausführung hin. »Erst in drei Wochen kommen die Silberlachse. Bis dahin müssen wir uns mit diesen begnügen.« Achtlos warf sie den Fisch ins Boot, dem Birgit mit einem Rutscher zur Seite auswich.

»Was macht ihr mit den kleinen?« fragte ich, während Heidi formatfüllend im Sucher meiner Kamera auftauchte.

»*Dogsalmon* – wie der Name schon sagt«, lachte sie verlegen, »den verarbeiten wir zu Hundefutter. Jack sponsert damit bekannte Schlittenhunde-Teams in Fairbanks und fliegt für sie im Frühling das Futter beim Iditarod-Rennen von Anchorage nach Nome.«

Plötzlich runzelte sie die Stirn: »Das Rad läuft zu langsam!« Die Hände in die Seiten gestemmt, verfolgte Heidi die ruckartige Umdrehung der Schaufelkörbe. »Jack muß das Rad völlig neu trimmen«, überlegte sie laut.

Jetzt wurde mir die Funktion der Seitenpaddel klar: Sie waren sozusagen der Antriebsmotor des Ganzen. Lief das Rad zu langsam, hatten die Fische eine gute Chance, aus dem Korb hinauszuschwimmen, bevor der aus dem Wasser auftauchte. Einfach, aber genial konstruiert – das begeisterte mich. Die Körbe waren zur Plattform hin offen, so daß die gefangenen Lachse aus dem Metallkorb direkt in die hölzerne Auffangkiste rutschten.

»Eins möchte ich noch wissen«, sagte ich zu Heidi. »Wieso steht das Rad zwei Kilometer vom Camp entfernt?«

»Gute Frage«, lachte sie und machte eine Handbewegung in die Richtung, aus der wir gekommen waren. »Wir haben uns bis hierher runtergearbeitet. Zum Eintauchen brauchen die Körbe vier Meter Wassertiefe, und das in Ufernähe. In diesem Jahr hat Jack erst hier eine passende Stelle gefunden. Weißt du, in jedem Frühjahr bringt der Yukon mehr Schlick mit, und es wird zum reinen Glücksspiel, wo wir letztlich fündig werden.« Fast schon vertraut war mir ihre freundliche, aber knappe Geste, mit der sie mich zurück ins Boot bat.

Flußaufwärts gegen die Strömung gestaltete sich die Rückfahrt nicht mehr ganz so halsbrecherisch. Dennoch war ich – vom Fahrtwind ausgekühlt und völlig durchgeschüttelt – froh, endlich wieder festen Boden unter den Füßen zu spüren. Nur der werdenden Mutter schien das alles nichts auszumachen. Mit ungebrochener Energie wuchtete sie kraftvoll einen Lachs nach dem anderen aus dem Boot. Platschend versanken die Fische in einem überschwappenden Plastikbehälter.

»Mhm, wenig!« kommentierte Jack die magere Ausbeute. Mit einer groben Wurzelbrüste schrubbte er die Fische gründlich ab; das wild bewegte Wasser schwemmte die silbrigen Fischschuppen zurück in den Yukon. Heidi hatte sich inzwischen an das zweite Becken gestellt und wusch die Lachse ein weiteres Mal. Danach landeten sie klatschend auf dem stählernen Arbeitstisch, fertig zum Schlachten.

Konzentrierte Stille. Der blanke Stahl der Messer drang tief ins Lachsfleisch ein, trennte den großen Kopf mit den mächtigen Fangzähnen vom übrigen Leib. Ein geübter Längsschnitt bis zum Schwanz, und das blutige Innenleben des Fisches glitt in die Abfalltonne. Noch einmal wurden die Lachse gewässert, dann steckte Jack die zusammengefallenen Fischkörper in schlauchige Plastikhüllen.

»Fertig zum Einfrieren!« rief er mit belustigtem Blick zu mir herüber. Ich hatte jede seiner Handbewegungen auf Zelluloid festgehalten. In der überdimensionalen Gefriertruhe, die sich als weißer Kasten neben der rustikalen Räucherhütte fremd ausnahm, verschwand die Fuhre Königslachs.

»Ist was gruselig!« sagte ich auf deutsch zu Birgit, die eine Spur blaß um die Nase aussah.

»Wollt ihr mit – Bären füttern?« Jack ergriff die Abfalltonne und machte eine Kopfbewegung zum anderen Flußufer.

»Bären?«

»Ja. Ich habe drüben Futterplätze angelegt.« Damit saß er auch schon im Boot, drehte sich eine Zigarette und wartete auf uns. Birgit konnte nichts zu einer weiteren Fahrt im Aluminiumboot verlocken. Dabei fuhr Jack richtiggehend zivilisiert: In ruhigem Tempo kreuzten wir den Yukon zum gegenüberliegenden Ufer hin.

Der schlickige Strand dort war übersät mit Bärenspuren. Als Jack die Abfälle auf die verschiedenen Futterstellen verteilte, erklärte er mir, daß er hier *seine* Bären füttere. »Dann brauchen sie nicht extra zu uns rüberzukommen!« Die Ironie war unverkennbar; mir gefiel sein Humor.

»Klappt das denn?«

»Bis auf ein oder zwei freche Schwarzbären halte ich sie mir so vom Leibe.«

»Aber du hast doch deine Hunde?«

»Die schlagen zwar an – aber das ist auch alles! Wenn ihnen ein Bär zu nahe kommt, ziehen sie die Schwänze ein.« Jack blickte sich noch einmal um: »Dauert ungefähr eine Stunde, bis sich die ersten aus dem Busch wagen. Das sind vorsichtige Burschen!«

Schweigend rauschten wir zurück zum Camp. Sich nur per Boot und Buschflugzeug vorwärtszubewegen – das würde mir auch gefallen, dachte ich.

Während unserer kurzen Abwesenheit hatte sich der Uferstreifen von einer Fischfabrik zum Warenlager verwandelt. Stapel flacher brauner Faltkartons mit Dosenlachs und schwarze Plastiksäcke, prallgefüllt mit ganzen gefrorenen Fischen, warteten auf den Abtransport.

»Lachsflug nach Fairbanks«, scherzte Jack und ließ seine flache Hand durch die Luft sausen.

»Das Ganze hier paßt in dein kleines Flugzeug?« fragte ich ungläubig.

Jack grinste und gab mit seinem Daumen das Okay-Zeichen. »In Alaska Pilot sein heißt, enorme Distanzen so ökonomisch wie irgend möglich zu überwinden. Und diese Zuladung entspricht, aufs Gramm genau ausgerechnet, der Leistung meines Motors, damit er den Flieger von der zweihundert Meter kurzen Startbahn abhebt.«

Jack verstaute die letzten Kartons im Boot, küßte seine Frau und legte ab. Heidi schaute ihrem Mann selbst dann noch nach, als das glitzernde Aluminiumgefährt schon lange hinter der Flußbiegung verschwunden war.

Ich hatte Zeit. Die Frauen unterhielten sich über die Vor- und Nachteile einer Hausgeburt. Ich beschloß, daß die Filmakkus auch ohne mich nachladen würden, und setzte mich zu meinem Hund ins Kanu, der es sich wohlig grummelnd auf meinen Füßen gemütlich machte. Bisher hatte ich durch das Fernglas keinerlei Bewegungen drüben am Bärenstrand bemerkt.

Eine gute Idee, sich die Petze auf diese Art vom Leibe zu halten! Wieso legte ich nicht selbst einmal einen Luderplatz an? Das wäre *die* Gelegenheit, hautnah das Verhalten von Bären zu filmen! Je länger ich darüber nachdachte, desto mehr begeisterte mich die Idee: Deutscher Tierfilmer lebt am Yukon River in Alaska mit Bären zusammen. Das war's doch! Die Lachsabfälle würde mir sicher Jack geben. Gute Argumente gegen Birgits Angst müßte ich mir allerdings selbst einfallen lassen. Als der Sonnenball hinter der Bergkette verschwand, lag das Ufer gegenüber in undurchdringliches Schwarz getaucht.

Motorengeräusch – Jack kam zurück. Nach der Wärme in unserem Zelt zu urteilen, ging es bereits auf Mittag zu. Bis weit in die Nacht hinein hatte Birgit mir von Heidi vorgeschwärmt, von ihrem Leben zwischen Busch und Zivilisation. Ehrlich gestanden, hatte ich nur halb zugehört. Die Idee, Bären anzufüttern und zu filmen, ging mir nicht mehr aus dem Kopf.

Als wir endlich am Ufer erschienen, fuhrwerkte Heidi bereits geschäftig herum; sie verstaute die Einkäufe. »Nachschub!« sagte sie, als sie uns begrüßte.

»Hallo, fahrt ihr mit zum Fischrad? Trimmen«, begrüßte uns Jack etwas zerstreut, anscheinend in Eile. Da Heidi mit den Hunden beim Camp zurückbleiben wollte, verfrachteten wir Kim unter dem eifersüchtigen Geknurr der Meute ins Boot.

»Öfter als zweimal in der Woche halte ich die Wiedersehensparties mit meinen Freunden nicht aus!« brüllte Jack in den röhrenden Motorlärm. *»Hangover!«* Lachend tippte er sich an seinen Brummschädel, und ich hatte wieder ein neues Wort gelernt.

»Verdammt, das steht ja fast still!«

An der schwimmenden Plattform vorbei fuhr Jack aufs Ufer. Ohne viel Zeit zu verlieren, schnappte er sich einen überdimensionalen Vierkantschlüssel und fing an, das Rad zu justieren. Auf Balken montiert, führte eine riesige Umlenkrolle die Seilzüge vom Fischrad an Land. Mit jeder Umdrehung des Schlüssels veränderte

)ft begleiteten uns Wölfe

Sally mit Fix und Foxy am Bärenstrand

chbulle auf der Flucht vor den Moskitos

Vereister Eisfuchs

Die Begegnung mit dem schwarzen Wolf

Seeotter haben wenig Scheu vor Menschen

Kanadagans im Landeanflug

Elchbrunft – Kraftprobe in Zeitlupe

Kapitaler Karibu

Kanu und Kim sind wieder eingefangen

In den Treibeisfeldern

Jack beim Lachsfiletieren

Birgit und Heidi am Fischrad

Der Bär, den Heidi angeschossen hatte

Unser Mammutfund

Gottesdienst in der orthodoxen Kirche von Russia Mission

Wolfgang, der Knochenschnitzer

Viktor und Dora aus Alakanuk

Große Wäsche in Kaltag

Drei Stunden Angelglück – Cohos und Beifang

Mein erster Königslachs

Jack den Eintauchwinkel der Fangkörbe und richtete sie ein kleines bißchen mehr in Richtung Flußmitte aus. Schweißperlen tropften von seiner Stirn, als er endlich zufrieden war: Mit gleichmäßigem Schwung zog das Rad jetzt seine Runden durchs Wasser.

»Fisch!« rief Jack begeistert und zeigte lachend hinüber zur Plattform. Ein prächtiger Königslachs zappelte auf dem Maschendraht und rutschte langsam in die Auffangkiste.

»Kommen bestimmt noch mehr«, freute er sich und machte das Boot klar zur Abfahrt. Eilig pfiff ich Kim zurück, die den Landausflug genutzt hatte, um sich mal wieder auszutoben und auf Eichhörnchenjagd zu gehen.

Das Krachen eines Schusses rollte über den Yukon. »Das ist meine dreihunderter Weatherby!« murmelte Jack aufgeschreckt und gab Gas.

Als das Camp in Sicht kam, wußten wir, daß etwas passiert sein mußte. Heidi stand in heller Aufregung am Ufer und winkte ungeduldig mit dem Gewehr. Jack brachte vor ihr das Boot zum Stehen.

»Jack ...«, stammelte sie und zeigte auf die Räucherhütte.

»Blacky?« zischte der wütend. Sein fragender Blick huschte zwischen seiner Frau und der eingetretenen Tür hin und her.

»Ich hab' ihn irgendwo erwischt«, sagte Heidi dumpf und zeigte vage in die Büsche. Immer noch aufgebracht, erzählte Jack, daß ihnen ein alter Schwarzbär seit Jahren unverdrossen Besuche abstatte.

»Irgendwann haut er uns mal alles kurz und klein. Wenigstens hat er jetzt mal eine auf den Pelz bekommen!« setzte er befriedigt hinzu. »Jedes Jahr taucht er hier auf, ohne daß ich ihn erwische.«

»Wenn der Bär angeschossen ist, kann er noch nicht weit gekommen sein.«

»Zwecklos, den finden wir nicht mehr.« Jack winkte ab. Die Zeit drängte, und ich wollte ihm gern helfen. »Ich kann mit Kim auf Nachsuche gehen.«

»Viel zu gefährlich für so einen kleinen Hund – und für uns übrigens auch. Ein verwundeter Bär ist um vieles aggressiver, als die ohnehin schon sind. Nein, nein«, abwehrend schüttelte Jack den Kopf.

»Kim ist darauf gezüchtet, verletztes Wild aufzuspüren. Das ist doch *die* Chance!« brachte ich möglichst überzeugend hervor.

Nach kurzem Zögern ließ Jack sich überreden. Er ging und holte einen langen Strick für Kim. Begeistert, endlich wieder auf die Jagd zu gehen, nahm sie am Räucherhaus die Fährte auf.

»Dreißig-dreißiger Repetierbüchse«, sagte Jack, als er mir das Gewehr reichte.

»Westernbüchse!« schmunzelte ich und umfaßte den breiten Schaft der legendären Winchester. Plötzlich spürte ich ein Ziehen an der Leine. Kim zeigte mir, daß sie etwas gefunden hatte.

»Haare und helles Blut. Das sieht nicht gut aus. Wildbretschuß, wahrscheinlich auf die Keule.« Heidi besah sich den Fund.

»Er war schon im Räucherhaus, und ich habe einfach drauflos gefeuert. Kann gut sein, daß ich ihn am Hintern getroffen hab'.«

»Weiter!« kommandierte ich ungeduldig, denn Kim wurde heiß. Hechelnd zog sie uns weiter ins Dickicht hinein, die Nase dicht am Boden. Das Erlengestrüpp und die Fichten verwehrten den Blick voraus. Obwohl ich mich ganz auf Kim konzentrierte, spürte ich Jacks Unruhe neben mir.

»Das gefällt mir nicht – ganz und gar nicht!« wiederholte er einige Male und schob die Zweige auseinander. »Wenn der jetzt hier irgendwo auf uns lauert ...«

»Der Wind steht auf uns zu. Und sieh mal Kim, die arbeitet ganz ruhig auf der Fährte. Säße der Bursche hier irgendwo, stünden ihr die Nackenhaare hoch, und sie würde knurren.«

Weiter und weiter drangen wir in die Wildnis ein, ohne daß sich Kims Verhalten änderte. Von Zeit zu Zeit blieb sie stehen und beschnupperte Gräser und niederes Strauchwerk, an denen der Bär vorbeigestreift war.

Wir mochten ungefähr einen Kilometer weit hangaufwärts marschiert sein, als Jack unvermittelt stehenblieb. »Das hat keinen Zweck mehr, der Bär ist längst über alle Berge. Laß uns umkehren!«

»Irgendwann haben wir ihn! Kim macht das zehn Kilometer, wenn es sein muß. Die hat sich jetzt an der Fährte festgesaugt.« Ich war in Rage gekommen. »Und, bitte, denk mal an den armen Bären«, setzte ich hinzu. »Dem tut die Verletzung weh – und ein Recht auf den Gnadenschuß hat er allemal!«

Jack gab klein bei; wortlos arbeiteten wir uns weiter durchs Unterholz. Plötzlich ließ die Spannung auf dem Seil nach. Durch die auseinanderspringenden Zweige sah ich Kim. Sie pflügte mit der Nase die Moospolster um.

»Das Wundbett!« triumphierte ich. Mit der flachen Hand fühlte ich über die niedergedrückte Vegetation.

»Ist noch warm. Kann höchstens ein paar Minuten her sein, daß der Bär hier raus ist. Wahrscheinlich hat er uns kommen hören«, sagte ich zu Jack, der neben mir kniete.

»Gut!« meinte er anerkennend.

»Hat viel Blut verloren.« Ich zeigte auf die dunkelrote Lache, über die Kims Nase huschte. »Also, in der kurzen Zeit kann er höchstens fünfhundert Meter weit gekommen sein«, überlegte ich laut. »Dann mal Leinen los, sie kann ihn jetzt hetzen.« Damit streifte ich Kim die Schlaufe über den Kopf. Mein Hund verstand sein Handwerk: Wie ein geölter Blitz rannte er los. Instinktiv packte ich Jacks Arm, als er ansetzte, ihr nachzulaufen.

»Wir rühren uns nicht vom Fleck!« herrschte ich meinen erschreckt dreinblickenden Jagdkollegen an. Eine geraume Weile verstrich, indes ich angestrengt in den Wald hineinhorchte. Blätterrascheln, die Schreie eines kreisenden Adlers: *Ih-Ih-Ih!*

»Sie hat Sichtkontakt! Sie hetzt ihn!«

Spannungsgeladene Minuten, in denen Kims heller Hetzlaut sich immer weiter entfernte. Jack trat unruhig von einem Fuß auf den anderen und stieß auffordernd in meine Seite.

»Warten!« sagte ich leise, ohne ihn anzuschauen. Ich selbst stand unter Hochspannung, fieberte dem Moment entgegen, in dem Kim den Bären gestellt haben würde. *Hau! Hau!*

»Jetzt hat sie ihn. Wir pirschen uns ran!« gab ich Jack Anweisung. Er zwinkerte mir zu. Auf leisen Sohlen schlichen wir durch einen Einschnitt hinab ins Tal, ständig Kims grollenden Standlauten folgend. Umzingelt von wirrem Urwald, kam ich mir vor, als müßte ich mich durch grüne Wände kämpfen. Hundert Meter – achtzig – fünfzig … brechende Äste knackten im Unterholz.

Grrr! Grrr! Kim knurrte und tobte. Die Antwort war ein langanhaltendes, wütendes Fauchen. Ich konnte den Kampf deutlich hören, ohne Kim oder den Schwarzbären zu sehen. Das zerrte gewaltig an meinen Nerven. Da – ein Brummen! Erstaunlich fit der Bär, dachte ich. Hoffentlich hat Kim genügend Platz zum Ausweichen!

»Jetzt ganz leise, damit der Bär nicht mehr ausbricht«, wisperte ich. Im Zeitlupentempo rangen wir dem Busch Meter um Meter ab. Rascheln – Knacken – Knurren – Fauchen: die Kämpfer schienen sich unmittelbar vor uns zu befinden. Als könnte bloßer Wille die Blätter durchsichtig werden lassen, stierte ich in die undurchdringliche Wildnis.

Endlich! Ich atmete erleichtert auf. Ein schwarzer Schatten schob sich von rechts in mein Blickfeld, verharrte auf der Stelle, verschwand für Sekundenbruchteile vor meinen Augen und tauchte plötzlich links neben dem Baumstamm wieder auf. Kim tänzelte vor und zurück – sie wich den wütenden Prankenhieben aus.

Das Gewehr im Anschlag, wartete ich auf den Moment, in dem der Hund aus der Ziellinie verschwinden und der Bär für den Fangschuß frei stehen würde. Da war es soweit: Hoch aufgerichtet holte Meister Petz zum Hieb aus. Kim sprang zurück, grollte aus mehreren Metern Entfernung. *Schuß!* Die Kugel löste sich mit explodierendem Knall aus dem Lauf und durchschlug den Hals des Bären. Der schwarze Brocken fiel einfach um. Aus dem geöffneten Maul pumpte der zuckende Organismus einen endlosen Blutschwall.

Am ganzen Leibe zitternd, stürzte Kim sich auf ihr Opfer. Wütend biß sie sich in dem schwarzen Fell fest. Ihr ekstatisches Zerren wollte kein Ende nehmen. Knurrend ließ sie schließlich los, stierte auf den zuckenden Tierkadaver – und schlug erneut ihre scharfen Zähne in den Koloß.

»Das habe ich noch *nie* gesehen!« keuchte Jack erregt.

»Kim – aus!« rief ich. Höchst ungern ließ sie von dem Bären ab.

»Gute Arbeit!« bemerkte Jack jetzt ruhiger und hockte sich neben mich. Der Bär lag halb auf der Seite und zeigte uns das ausgefranste Loch in der hinteren Keule. Jack untersuchte die blutige Wunde.

»Ohne Entzündung würde er die Verletzung eventuell überlebt haben«, sinnierte er. »Gehumpelt hätte er aber auf jeden Fall. Damit wäre er ein sehr böser Bär geworden.« Jack atmete tief durch. »Den können wir nur stückweise hier rausschaffen – und zwar möglichst schnell!« Ich gab ihm recht: Auf dem hervorsickernden Blut tummelten sich bereits erste Insekten.

Kim hatte sich inzwischen erholt. Ihre blitzenden Augen und das Schwanzwedeln zeigten an: Ich bin wieder bereit!

Angeleint, den frischen Blutgeruch noch in der Nase, führte sie uns auf der Bärenspur zurück durch das unübersichtliche Hügelgelände.

»Wir haben ihn!« rief Jack freudig, als wir am Räucherhaus aus dem Gebüsch auftauchten. Große Begeisterung. Heidi und Birgit begrüßten uns, als seien wir Monate unterwegs gewesen. Lachend wehrte Jack ab. »Wir brauchen Rucksäcke und Messer. Die Arbeit fängt jetzt erst an!«

Wie der Blitz rannte Heidi ins Haus. Sie versprach uns ein erstklassiges Bärengulasch, als wir unsere Rucksäcke aufschnallten. Ich pfiff nach Kim, die sich von Birgit als Siegerin feiern ließ. Alle vier Beine in die Luft gestreckt, rollte sie auf dem Rücken von einer Seite zur anderen und genoß die Streicheleinheiten.

Jack war ebenfalls ein erfahrener Jäger. So präzise, wie er Lachse schlachtete, trennte er das Fell des Bären vom Fettgewebe. »Sommerpelz – nicht zu gebrauchen«, bemerkte er zwischendurch. Der üble Gestank des enthäuteten Bärenkadavers verpestete unsere Atemluft. Verbissen lösten wir mit der scharfen Klinge unserer Jagdmesser die besten Fleischstücke aus: die Rückenstränge und die massigen Keulen, wobei Jack grinsend um die Einschußwunde herumschnitt. Da mein Schuß die Halswirbelsäule zerschmettert hatte, konnte ich mühelos den mächtigen Bärenkopf vom Rumpf hebeln. »Den Schädel und die Krallen nehme ich mit nach Deutschland – als Erinnerung.«

»Wenn du meinst ... Ist wohl dein erster Bär?« Ich nickte.

»Alles in allem habe ich hier bestimmt schon zwanzig geschossen, aber es werden nicht weniger«, sagte er und runzelte nachdenklich die Stirn. »Und nicht nur ich schieße sie. Jeder, der ein Fischcamp betreibt, hat Bärenprobleme.« Routiniert zerteilte Jack die fleischigen Rückstreifen in rucksackgerechte Portionen. »Wir werden gut zu schleppen haben!«

Trotz der einsetzenden Kühle erwies sich der Abtransport als schweißtreibendes Unternehmen. Auf dem Rücken balancierte ich fast einen Zentner Bärenfleisch, in den Händen hielt ich den monströsen Schädel. Unterwegs fragte ich den schweigsamen Jack nach einer etwaigen Einschränkung für den Bärenabschuß.

»Als Alaskaner darf ich im Jahr vier Schwarzbären schießen, aber ich bin kein Trophäenjäger und tue das eigentlich nur, wenn sie uns Ärger machen.« Zwischen Keuchen und Schimpfen setzte er hinzu: »Wir Indianer legen höchstens Wert auf den Winterpelz.«

Fast hätte ich nach Luft geschnappt. »Indianer? Du?«

»Eigentlich nur Halbindianer, meine Mutter war eine Weiße.«

Birgit lebte also bei einem *Indianer!* Ich mußte ein Lächeln unterdrücken.

»Na, endlich seid ihr zurück!« atmete Heidi auf und hielt mitten im Filetieren inne. Mit ausgestreckter Hand zeigte sie auf mich und lachte. Unsicher sah ich an mir herunter: Völlig blutverschmiert, hielt ich mit letzter Kraft den massigen Bärenschädel umkrallt.

»Der Sommer verabschiedet sich langsam«, bemerkte Jack. Heute morgen verweigerte sich die Sonne. Eine frische Brise wehte über den Fluß, und es roch zum ersten Mal nach Herbst. Zusammen verarbeiteten Jack und ich das Bärenfleisch zu Bergen von Gulasch.

»Wir werden heute mittag abfahren«, lenkte ich das Gespräch auf den bevorstehenden Abschied. Sein kurzer Seitenblick traf mich.

»Wenn ihr bis zur Beringsee wollt, bevor euch der Winter auf dem Fluß einholt – dann müßt ihr los.«

10

Abschied

Am dritten Tag konnte ich mein Vorhaben nicht länger verheimlichen: Je nachdem wie der Wind drehte, machte sich der Gestank nach verdorbenem Fisch im Kanu breit.

»Das reicht für Wochen!« hatte Jack gelacht, als ich gierig mehr als einen halben Zentner Lachsrogen in Plastiksäcke gestopft und sie verstohlen im Heck verstaut hatte.

»Was in aller Welt stinkt hier so? Ich riech' das schon seit gestern«, argwöhnte Birgit und wrang wieder einmal den klatschnassen Putzlumpen aus. Am Bug drang unablässig Wasser ins Boot, seitdem wir gestern abend ziemlich unsanft auf eine Kiesbank aufgesetzt waren. Mir kam das Leck wie gerufen.

»Ich schlage vor, daß wir uns hier für ein paar Tage ein nettes Plätzchen suchen. Ich flicke das Kanu und lass' es in Ruhe austrocknen«, sagte ich munter, ohne weiter auf Birgits Frage einzugehen. Voller Spannung peilte ich das rechte Ufer an, dessen grauer Schlamm von Spuren zertreten war. Hier werde ich es tun, entschied ich und überlegte, wie ich weiter vorgehen sollte.

»Und?« Birgit war meinem Blick gefolgt. Sie mutmaßte, daß ich nur die halbe Wahrheit sagte. Ich grinste still in mich hinein und war ganz erstaunt, wie gut sie mich inzwischen kannte. Mit betont harmloser Miene erzählte ich von meinem Plan, mit den stinkenden Lachseiern Bären anzufüttern und dabei vielleicht einmalige Aufnahmen zu bekommen. Im Laufe meines Jägerlebens hatte ich so meine Erfahrungen mit Tieren gemacht und richtete mich auf eine längere Beobachtungszeit ein.

»Ist das nicht zu gefährlich?« fragte Birgit eindringlich und schaute sich suchend in der Gegend um, als könne sie die auf uns lauernden Gefahren bereits wahrnehmen.

»Gefährlich schon, aber nicht *zu* gefährlich. Es braucht halt eine Weile ...« Ich lächelte verlegen und setzte das Kanu am Ufer auf.

Begeistert von der Unmenge frischer Fährten, sauste Kim – die Nase nur Zentimeter über dem Boden – kreuz und quer über den Strand. Hier gab es Bären satt. Angesteckt von der Abenteuerlust meines Hundes, legten wir den Grundstein: Mit bloßen Händen schaufelten Birgit und ich zwei große, flache Mulden in den weichen Untergrund. Voll stiller Vorfreude zerschnitt ich den schwammähnlichen, klebrigen Lachsrogen und füllte damit meine Futterstellen. Im milden Abendlicht schimmerten die Brocken zart rosa und lockten weiße Raubmöwen an, die über dem Fluß ihre Kreise zogen. Bevor die kreischenden Vögel oder Kim sich an der Delikatesse gütlich tun konnten, huschte ich über den Strand und sammelte große Steine ein. Ringförmig legte ich sie um die Mulden und bedeckte das Ganze mit flachen Flußsteinen – für einen Bären kein Hindernis; er würde sie einfach zur Seite schieben.

»Wir gehen aber ein bißchen weiter weg zum Zelten, nicht wahr?« Birgits furchtsames Gesicht brachte mich beinahe zum Lachen. Wie konnte sie nur annehmen, daß wir uns in der Nähe der Futterplätze niederließen! Schließlich sollten nicht *wir* gefressen werden …

»Zeigt sich noch keiner.« Birgit setzte das Fernglas ab und sortierte weiter in unseren Habseligkeiten herum, die überall verstreut lagen. Im Restlicht der Dämmerung erspähte ich die präparierten Uferstellen aus einem Kilometer Entfernung mit bloßem Auge. Die werden schon kommen!

Leicht erhöht, hatten wir unser Lager mitten auf einer Kieshalde weit abseits der Büsche aufgeschlagen, in denen sich Heerscharen von Moskitos tummelten. Ihr lautes Summen genügte, damit wir eine Gänsehaut bekamen. Die leichte Brise vom Fluß brachte zwar feuchte Kühle, aber sie würde helfen, die Quälgeister fernzuhalten. Außerdem mußte das Glasfibergewebe trocknen, bevor ich die Reparaturflicken überhaupt zum Halten bekommen würde. Wir hatten das Boot mit dem Kiel zuoberst gedreht und die ziemlich ramponierte Unterseite eingehend untersucht. In der Mitte und am Bug entdeckten wir dabei lange Risse.

»Die Lebensmittel nehmen wir besser mit ins Zelt«, schlug ich Birgit vor, die Tüten und Kartons zusammenpackte und sich nach einem Küchenplatz umschaute. »So nah am Futter – das wird Kim zwar schlaflose Nächte bereiten«, schmunzelte ich und griff meinem Hund ins Nackenfell, »aber so können wir wenigstens unser Essen Mann gegen Mann verteidigen. Vor Bären ist auch auf Bäumen nichts sicher!«

»Meinst du, daß wir die Abdeckplane jemals wieder gebrauchen können?« Kopfschüttelnd sah Birgit zu, wie ich die Plastiksäcke mit dem Rogen in die Plane einwickelte und das Ganze unters Kanu rollte.

»Ist doch die beste Möglichkeit – geruchsversiegelt. Oder willst du die etwa auch mit im Zelt verstauen?« Grinsend schlenderte ich zum Wasser hinunter, um mir den klebrigen Fischsaft von den Händen zu waschen. Der Anfang für mein Zusammenleben mit wilden Alaskabären war gemacht. Befriedigt seufzte ich und ließ meinen Blick über den mächtigen Strom gleiten, der unermüdlich seine schlammigen Fluten an der im Dunkel liegenden Bergkette vorbeiwälzte. Was hatte mir dieser Fluß nicht schon alles beschert!

»Andreas!« Aufgeregt schwenkte Birgit das Fernglas und zeigte Richtung Bärenstrand. Es ist soweit! schoß es mir durch den Kopf. In langen Sätzen rannte ich zum Camp hoch. Den Kopf in eine Mulde gesteckt, fraß sich ein Schwarzbär an dem Lachsrogen satt.

»Es funktioniert!« jubelte ich verhalten, denn Kim wurde plötzlich aufmerksam und hielt witternd ihre Nase in den Wind. »Die müssen wir ab jetzt an der Leine halten«, informierte ich Birgit. Nicht auszudenken, was passieren würde, wenn sie die Bären entdeckte und auf Jagd ginge. Meinen Plan konnte ich dann vergessen.

»He, he! Das reicht jetzt aber … nah genug, nah genug!« Meine Stimme kam von ganz unten aus dem Bauch, und ich spürte, wie mir heiß wurde. Sieh ihm bloß nicht in die Augen! Krampfhaft heftete ich meinen Blick auf den schmutziggrauen Fleck über der rechten Pranke. Der Bär machte noch einen Schritt auf mich zu. Im Zeitlupentempo verlagerte ich mein Gewicht nach hinten und versuchte, dem ekelhaft fauligen Gestank auszuweichen, der mir aus dem weit aufgerissenen Bärenmaul entgegenschlug. Angewidert hielt ich den Atem an und unterdrückte den Impuls, meinen Kopf einfach wegzudrehen. Auf gar keinen Fall durfte ich mich jetzt bewegen und ihn reizen! Los, verschwinde endlich, betete ich inbrünstig. Meine Lungen standen kurz vor dem Zerplatzen. Das stoßweise Gefauche des Schwarzbären verebbte langsam, und zögernd drehte der Koloß ab. Im Abstand von zwei Metern schlug der Bär einen Bogen um mich, wobei er das am Boden kauernde Tier Mensch argwöhnisch im Visier behielt. Tiefes Brummen. Ich spürte, daß er stehengeblieben war und mich von hinten musterte. Unwillkürlich duckte ich mich und hielt den Atem an. Bitte, geh weiter, rief ich ihm lautlos zu, mir bewußt, daß ich vollkommen wehrlos war. Unbewaffnet, die schwere Filmkamera auf der Schulter, die mir mittlerweile schmerzhaft ins Fleisch schnitt, kniete ich reglos im Sand.

Aus heiterem Himmel spurtete der Schwarzbär plötzlich los. Schnurstracks rannte er hinüber zu einem ausgelegten Lachs. Unter dem schwarzglänzenden Fell schwabbelte sein angefutterter Speck. Woher ich meine Kaltblütigkeit nahm? Ich weiß es nicht. Jedenfalls hatte ich mich sofort flach auf den Boden geworfen und filmte den brachialen Tatzenschlag, mit dem die Pranke in den kapitalen Fisch schlug. Von messerscharfen Krallen zerfleddert, wurde die Beute über den Sand geschleift. Der Bär lief eilig zurück in die schützenden Büsche. Äste knackten, Blätter raschelten, dann ungeniertes Schmatzen.

Onkel Sam, wie wir den ausgewachsenen Bären mit der breiten Narbe auf der Schulter getauft hatten, ließ sich vom Auftritt des Neuen beim Fressen nicht stören. Viel eher irritierte ihn Fossybär, der aus einigen Metern Entfernung zu ihm herüberschielte und Anstalten machte, sich auch einen Fisch zu greifen. Aus irgendwelchen Gründen gefiel das Sam gar nicht. Er quittierte den zaghaften Angriff auf *sein* Futter damit, daß er zwei Schritte auf den schmächtigen Jungbären zuwankte und ihn kurz anfauchte. Geht heute glimpflich aus für Fossy, schmunzelte ich, als dieser erschrocken zurückwich und sich erst einmal trollte. Vor einigen Tagen nämlich hatte Sam ihm richtiggehend eine Watschen verpaßt. Ich vermutete, daß der vielleicht zweijährige Fossy ein Sohn von Sam sein mußte, was in der Bärenhierarchie allerdings nichts zu bedeuten hat. Einmal selbständig geworden, bekämpft jeder jeden, und die Blutsbande sind für alle Zeiten durchtrennt.

Seit über zwei Wochen lebten wir nun schon hautnah mit

Schwarzbären zusammen. Am zweiten Abend nach unserer Ankunft hatte ich mich in den zweifelhaften Schutz der moskitoverseuchten Büsche gehockt und beobachtet, wie die Bären arglos meine Mulden leerten. Mit aufgehender Sonne und im ersten Abenddämmer hatte ich mich danach jeden Tag auf den einen Kilometer weiten Marsch gemacht und die Luderplätze neu bestückt. Das mußte sich in der Wildnis herumgesprochen haben, denn ich zählte an einem Abend *sechs* Bären, die innerhalb von zwei Stunden am Strand auftauchten und sich über den Rogen hermachten. Während ich noch aus meiner Deckung dem Treiben zusah, bekam ich zum ersten Mal das Gefühl, daß ich hier der Eindringling war. Diese Wildnis gehörte den Tieren!

Im Laufe der zweiten Woche hatten die unersättlichen Vielfresser meinen Vorrat fast verschlungen, sich aber inzwischen auch gemerkt, daß *ich* es war, der sie fütterte. Mit jedem Tag wagte ich mich näher heran, und schließlich war ich offen aus dem Busch herausgetreten. Obwohl ich das Gewehr im Anschlag hielt, fing mein Puls an zu rasen, sobald einer der Bären mich wahrnahm. Anfänglich nahmen die Tiere Reißaus und flüchteten in das Dickicht des Waldes. Dann änderte sich ihr Verhalten. Wagte ich mich bis an den Strand heran, lud sich die Atmosphäre knisternd auf: Weglaufen und das Futter im Stich lassen wollten sie nicht, mich aus der Nähe zuschauen lassen allerdings auch nicht.

Der große schwarze mit der breiten Narbe auf der Schulter, den ich später Onkel Sam taufte, startete als erster einen Angriff gegen mich. Im schnellen Lauf, den ich ihm bei seiner Körpergröße niemals zugetraut hätte, kam er auf mich zu. Bedrohlich nah vor mir stoppte er plötzlich ab, richtete sich auf den Hinterbeinen zu voller Größe auf und brummte wütend. Wollte ich vor ihm bestehen, hatte ich nur eine Möglichkeit: Wie angewurzelt blieb ich auf der Stelle stehen und rief ihm begütigende Worte zu. Sollte mein Verhalten seine Wirkung verfehlen, blieb mir nichts anderes übrig, als mich mit kleinen Schritten ruhig nach hinten zurückzuziehen. Für den Bären würde das den Sieg über sein Territorium bedeuten.

Einigen Angstschweiß und erhebliche nervliche Anspannung kostete mich diese Annäherung. Aber schließlich lohnte es sich: Immer näher ließen mich die Petze heran.

Als sich mein Lockfutter unweigerlich dem Ende zuneigte, enthüllte mir schließlich ein großer zimtfarbener Bär das Geheimnis des vielbesuchten Bärenstrandes. Vor dem Dunkel des verhangenen Himmels konnte ich vom Camp aus sehen, wie er zielstrebig den Strand kreuzte, meine Mulden ignorierte und direkt in den Fluß lief. Mein erster Gedanke war, er wolle zum anderen Ufer schwimmen. Statt dessen aber verharrte er bewegungslos, bis zum Bauch im Wasser stehend. Urplötzlich verschwand der Bär von der Bildfläche, um mit gewaltigem Schnauben und hoch aufgerichtet wieder aufzutauchen. In den mächtigen Pranken hielt er einen kapitalen Lachs. Ohne Umschweife biß er noch im Wasser in den Fisch. Es sah aus, als zerreiße er einen Laib Brot. Mein Interesse war geweckt. Vor allem aber sah ich eine Chance, meine Fütterungsaktion zu verlängern.

Fauliger Fischgeruch führte mich zu der richtigen Stelle, als ich am mittlerweile verwaisten Ufer entlanglief. Strudel und Kolke wirbelten in der Strömung: Unter Wasser mußte sich eine Art Landzunge befinden. Vorsichtig watete ich durch die schlammige Brühe und stöberte ungewollt tote Lachse auf. Anscheinend wurden sie von der Strömung in das ruhige Kehrwasser gespült und verfaulten hier allmählich, im wahrsten Sinne des Wortes ein gefundenes Fressen für die Bären – und für mich. Jeden Tag graste ich mit dem Kescher das »Fischloch« ab und legte die Lachse in die Mulden. Nur der sprichwörtlichen Bärenfaulheit verdankte ich es, daß die Petze sich die Fische lieber servieren ließen, als selbst danach zu tauchen.

Birgit war nicht besonders begeistert, als ich ihr von meiner neuen Nachschubquelle erzählte. Insgeheim wartete sie ungeduldig auf unsere Abfahrt und warf mir vor, sie langweile sich. Ihre Bücher hatte sie schon zum dritten Mal gelesen. Kim fiel als Unterhaltung aus: Sie verschlief einen Tag nach dem anderen; schicksalsergeben hatte sie sich mit ihrem Leben als Kettenhund abgefunden. Nach einem meiner Fütterungsgänge hätte mein Hund mich vor lauter Jagdfieber beinahe angefallen – ich roch einfach zu gut nach stinkendem Fisch und frischem Bär. Mir war nichts anderes übriggeblieben, als Kim tagsüber mit einer kurzen Kette am Kanu festzumachen. Ihren Lederriemen hatte sie schon innerhalb kürzester Zeit durchgebissen. Mir nicht folgen zu dürfen, um auf die Bärenjagd zu gehen, hatte meinen Hund schier zur Raserei getrieben.

Meine aufregenden Erfolge mit den Bären wurden durch Birgits Verhalten ganz gewaltig beeinträchtigt. Ihr ständiger Mißmut und ihre Vorwürfe blieben nicht ohne Wirkung: Ich fühlte mich schuldig, weil ich sie tagsüber allein ließ. Aber sie wollte nicht mit mir gehen, starb fast vor Angst, obwohl ich jeden Abend putzige Geschichten von den Bären erzählte. Dann endlich fiel mir eine Aufgabe für sie ein. Ich konnte Birgit dafür begeistern, mich beim Filmen mit der zweiten Kamera aufzunehmen.

Daß Bären, einmal vertraut geworden, Menschen neben sich dulden, zeigte uns eines Nachmittags Onkel Sam. Nachdem sich stundenlang überhaupt nichts am Bärenstrand gerührt hatte, wurde es Birgit langweilig. Die Arme über der Brust verschränkt, hielt sie, mit dem Oberkörper gegen das Stativ gelehnt, Siesta. Fest eingeschlafen, entging es ihr, daß inzwischen Fossy und Zimtbär am Ufer eingetroffen waren. Während ich die Bären aus zwanzig Metern Entfernung beim Fressen filmte, spürte ich instinktiv, daß sich oben am Strand etwas tat. Aus den Augenwinkeln nahm ich eine rasche Bewegung wahr. Lautlos kam Sam aus den Büschen gehuscht und nahm direkten Kurs auf Birgit. Das mußte ich für sie aufnehmen! Blitzschnell schwenkte ich auf Sam und hielt seine neugierigen Annäherungsversuche fest. Eingehend beschnupperte er das ihm unbekannte Objekt. Aus meiner Perspektive sah es so aus, als wäre die Nase des Bären nur wenige Zentimeter von Birgits Kopf entfernt. Ich war gespannt, wie lange es dauern würde, bis sie seine Nähe spürte und aufwachte. Hoffentlich schreit sie nicht, überlegte ich. So eine Situation kann schnell umkippen ... Doch uninteressiert an der bewegungslosen Gestalt, ließ Sam bereits von Birgit ab und trottete zum Ufer hinunter.

Auf der Hut mußten wir allerdings ständig sein, auch als Fix und Foxi auftauchten. Die beiden Bärenjungen – das eine schwarz, das andere zimtbraun – wurden Birgits Lieblinge. Eines Abends tobten sie mit ihrer kleinen, zottigen Mutter, der wir den Namen Sally gaben, über den Strand. Unbekümmert und extrem neugierig stürzten sich die zwei zuallererst auf meine Fototasche. Als spielten sie mit einem Ball, rollten sie mit ihren kleinen Pfoten die Tasche über den Kies. Aus Sorge um meine kostbaren Filmrollen drohte ich ihnen im freundlichen Tonfall – allerdings ohne Erfolg. Die beiden machten sich daran, auf der Tasche herumzutreten. Als ich daraufhin entschlossen auf die Jungen zumarschierte, mischte sich ihre Mutter ein: Drohend den Körper hin und her wiegend, kam sie auf mich zu und fauchte mich giftig an. Ist ja schon gut, säuselte ich und zog mich langsam zurück. Birgit war unterdessen zur anderen Seite ausgewichen – mit einer Mordsangst im Bauch, wie sie mir später gestand.

Bärenmutter Sally erschien danach jeden Tag mit ihren beiden Jungen an den Futterstellen. Bis auf fünf Meter ließ sie mich an sich und ihre Kinder heran. Tauchte jedoch Zimtbär auf, herrschte Aufruhr unter der kleinen Bärenfamilie. Auf Schritt und Tritt folgten die Kleinen dann ihrer Mutter, hielten Abstand zu dem männlichen Tier. Zimtbär, offensichtlich der Vater der Kleinen, äugte immer wieder feindselig zu ihnen hinüber. Sally, klein und mager, wiegte sich dann unerschrocken mit imponierendem Gehabe auf ihn zu und stieß kurze Fauchtöne gegen den Riesenbären aus. Der knurrte angriffslustig zurück, trabte aber davon. Anscheinend respektierte das Männchen den Mutterinstinkt, der Sally zu enormer Verteidigungsbereitschaft anstachelte. Ich überlegte, ob Zimtbär die Jungen wirklich töten würde. Verhielten sich Schwarzbären ebenso wie Grizzlybären?

Seit Stunden hockte ich tatenlos am Strand und wartete darauf, daß einer meiner Bären aus den Büschen auftauchte. Es juckte mich, den Wald zu durchkämmen und sie dort aufzuspüren. Das wäre aber gefährlich, warnte mich eine innere Stimme. Wenn sich die Bären an mich gewöhnt zu haben schienen und mich im überschaubaren Raum des weiten Strandes an sich heranließen, mußte das noch lange nicht bedeuten, daß ich ihnen in der Enge des Buschwerks ebenso willkommen war.

Rascheln, Knacken – es tat sich etwas im undurchdringlichen Gestrüpp. Geräuschlos klappte ich mein Stativ zusammen und schlich näher zum dichten Grün. Stille. Nur das helle Sirren der Moskitos war zu hören. Plötzlich ein Schubbern – das typische Geräusch, mit dem sich jemand kräftig an einem rauhen Baumstamm scheuert. Ganz in meiner Nähe trieb sich ein Bär herum!

Da ich im Gebüsch nichts erkennen konnte, suchte ich oben in den Baumwipfeln. Und tatsächlich: Alle viere entspannt fallen gelassen, lagen Fix und Foxi bäuchlings auf einem Ast hoch oben in der Kiefer. Die Bärenkinder ließen sich vom kühlen Wind das Fell zausen. Das war jetzt *die* Gelegenheit, auch noch den letzten Schritt zu tun.

So erregt wie bei unserem ersten Zusammentreffen, schlug ich mich auf dem Trampelpfad Richtung Baum durch. Mit jedem Schritt, den ich tiefer in den Wald eindrang, überfielen mich mehr und mehr beißende Blutsauger. Scheißviecher! Wutentbrannt schlug ich nach den Moskitos. Von einer schwarzen Wolke regelrecht umhüllt, wuchsen aus dem Nichts schmerzende Beulen auf meiner unbedeckten Haut. Verzweifelt biß ich die Zähne zusammen und bemühte mich, gelassen zu erscheinen.

Sally! Ich sah sie zuerst. Gelangweilt saß die Bärenmutter unter dem Baum, in dem ihre Schützlinge hingen. Schnell, tu etwas, überrasch sie nicht! Mitten auf dem Pfad entfaltete ich scheppernd mein Stativ und rief gleichzeitig in einer Art Singsang: »Hallo, Sally, ich bin's, Andreas!«

Erschrocken sprang die Bärin auf und tänzelte unruhig hin und her. Besorgt um ihre Kinder, warf sie einen Blick in die Höhe. Anscheinend hatten die kleinen Bären meine Ankunft mitbekommen. Neugierig reckten sie die Köpfe zu mir herunter und machten Anstalten, sich aus ihrer entspannten Lage zu erheben. Wie ein Preisboxer baute sich Sally vor mir auf: Sie sicherte den Abstieg ihrer Jungen. Solange sie nicht fauchte, war alles in Ordnung. Elegant wie junge Äffchen turnten Fix und Foxi am Stamm abwärts. Kaum berührten ihre Füße den Boden, drehte Sally ab und lief auf einem Wildwechsel in den Wald hinein. Die Kleinen folgten ihr dicht auf den Fersen – ich auch.

Sally gefiel es ganz und gar nicht, daß sie mich nicht verscheuchen konnte. Immer wieder blieb sie mitten im Lauf stehen, drehte den Kopf zu mir herum und funkelte mich aus kleinen schwarzen Augen an. Blieb ich reglos stehen, setzte sie ihren Weg fort. Ich allerdings auch. Nach zwei Stunden hatte die Bärin es satt. Sie gab den Versuch auf, mich abzuhängen, und beachtete mich einfach nicht mehr. Ich freute mich still: Sie hatte ihr unliebsames Anhängsel akzeptiert!

Auf einer sonnenüberfluteten Lichtung machte Sally halt. Hier standen dicht an dicht wilde Johannisbeersträucher. Die Mutter führte ihre Jungen an die Beeren heran und stupste sie förmlich in die Zweige. Mit wahrer Wonne stürzten sich die kleinen Bären auf die Früchte. Ganze Büschel pflückten sie mit den Lippen ab und mampften schmatzend. Ich bezweifelte, daß mein Mikrofon etwas anderes als Mückengesumm aufnahm, obwohl sich die Jungen durchs Buschwerk bis auf einen Meter an meine Kamera heranknabberten. Das Knacken kleiner Äste und trockener Baumrinde, wenn die Tatzen darauf traten, dazu das Schmatzen und Gesumm in der Luft – hier war ich wirklich mittendrin: in der freien Natur mit wilden Schwarzbären.

Sally gab ein Grunzen von sich. Das sollte wohl eine Äußerung des Wohlbefindens sein. Sie streunte umher, schob sich gemächlich durch das hohe Gras und naschte an leuchtend roten Sommerblumen. Zwischendurch kontrollierte sie hocherhobenen Hauptes, wo ihre Jungen abgeblieben waren. Fasziniert beobachtete ich, wie die Bärin gezielt neben Moospolstern wühlte und dicke weiße Knollen ausgrub. Als hielte sie eine Tüte Vanilleeis in der Pranke, schleckte sie daran und biß schließlich in das saftige Gemüse hinein.

Wenn ich nicht filmte, betrachtete ich still die Bären und wärmte mich an dem Gefühl, zusammen mit ihnen unter einem Blätterdach zu sein. Es war, als sei in der Heimlichkeit des Dschungels eine Schranke gefallen. Die Vertrautheit am Strand war von anderer Qualität.

Sally drehte mir gerade formatfüllend ihr struppiges Hinterteil zu. Unter dem schwarzen Sommerfell schauten noch lange braune Winterhaare hervor. Seltsam, wieso hatte sie die nicht längst verloren? Plötzlich jammerndes Gequietsche. Schlagartig drehe ich mich um und starre entgeistert auf das zimtbraune Junge, das sich unbemerkt bis auf einen Meter an mich herangearbeitet hat. Es scheint sich in einer Wurzel verfangen zu haben. Wir reagieren gleichzeitig. Ich, Unheil ahnend, drehe mich sofort wieder zu Sally um. Im selben Moment stürmt sie auch schon auf mich los. Anscheinend vermutet sie, daß ich ihrem Kind etwas angetan habe. Wild fauchend stoppt sie kurz vor mir ab. Mein Herz schlägt mir bis zum Hals. Völlig verdattert von dem hektischen Geschehen, springt plötzlich das Kleine hinter mir hervor und starrt seine Mutter an. Schneller Blickwechsel von mir zu dem Jungen. Instinkt oder wortloses Verstehen? Ohne daß ich ein akustisches Kommando wahrgenommen hätte, endet unser gemeinsamer Spaziergang. Die kleine Gruppe umläuft mich im Bogen und macht kehrt.

Ich beeile mich, ihnen auf dem schmalen Pfad zu folgen, und kämpfe mit meiner sperrigen Ausrüstung gegen wild zurückschlagende Zweige an. Die Hetze hätte ich mir sparen können. Als die Kiefer in mein Blickfeld rückt, sehe ich schon von weitem Fix und Foxi in der Krone herumturnen. Vorsichtshalber halte ich größeren Abstand zu Sally und baue mich auf dem Trampelpfad auf. An wuchernden Sträuchern vorbei filme ich die artistische Balgerei in luftiger Höhe. Den Rücken kräftig an den Baumstamm gedrückt, massiert sich die Bärenmutter genüßlich den Balg. Sie äugt zwar herüber, aber ich habe den Eindruck, daß zwischen uns wieder Frieden herrscht. Ein dumpfer Aufprall, und wie ein Sack plumpst sie ins Gras, verscheucht mit lässiger Bewegung Moskitos von ihrer Nase.

Ich hingegen habe es aufgegeben, mich gegen die unerbittlichen Stecher zu wehren. Nur aus meinen Augen sollen sie gefälligst herausbleiben. Obwohl sirrende Insekten die Luft erfüllen, ist es ungewöhnlich still; kein Windzug regt sich. Ruhig schwenke ich mit der Kamera wieder zu den Bärenjungen hinauf.

Grrrmph! Wie ein Donnerschlag fallen Schnauben und tiefes Brummen in die Stille ein. Zu Tode erschrocken zucke ich zusammen und reiße den Kopf herum. Entsetzt starren wir uns an – keine drei Meter liegen zwischen mir und dem erregt fauchenden Bären. Der macht auf dem Absatz kehrt und rast zurück in den Wald. Das war doch Onkel Sam? Wieso habe ich den Brocken nicht kommen hören? Meine Angst ebbt ab. Weit hinten im schattigen Dunkel ist der Bär stehengeblieben. Jetzt kommt er schrittweise auf mich zu.

»Alles in Ordnung, Onkel Sam!« rufe ich ihm entgegen, überzeugt, daß er meine Stimme wiedererkennen muß. Er kann ja entscheiden, ob er an mir vorbeilaufen will oder nicht. Gespannt warte ich auf seine Reaktion, bleibe bewegungslos hinter dem Stativ stehen. Sam schleicht vorsichtig näher und läßt mich nicht aus den

Augen. Der Durchlaß ist ihm wahrscheinlich zu schmal, überlege ich. Gerade habe ich mich entschlossen, beiseite zu treten, als Sam vehement durch die Büsche bricht und seitlich an mir vorbeiläuft. Als er auf meiner Höhe ist, blickt er kurz herüber und prescht dann in Richtung Yukonufer.

Erst jetzt, als die Anspannung spürbar nachließ, merkte ich, daß mir die Knie zitterten. Erschöpft setzte ich mich auf den Waldboden und umschlang meine Beine. Ich konnte es kaum glauben: Obwohl Sam ganz erschrocken in Panik geraten war, hatte er mich erkannt – und nicht angegriffen! Mit einem Mal fühlte ich mich geradezu überschwemmt von Freude und Beglückung. Meine Mühen und Ängste waren nicht umsonst gewesen!

Sally hatte genug. Sie kippte auf alle viere und lief einige Schritte. Plötzlich Gerappel in der Kiefer. Das Zeichen zum Aufbruch war eindeutig gewesen. Fix und Foxi rutschten den Stamm hinunter und zockelten hinter Sally her. Die Bärenfamilie machte sich auf den Weg zur Fütterung.

Noch bevor ich erneut Sichtkontakt hatte, hörte ich bösartiges Fauchen. Über den buckligen Waldboden stolperte ich durch die Büsche zum Strand, jederzeit bereit, Kamera und Stativ zum schnellen Einsatz zu bringen. Völlig außer Atem blieb ich stehen. Im goldenen Licht der tiefstehenden Sonne bot sich mir ein unwirkliches Bild: Zwei Bären tobten in einem Schleier glitzernder Wassertropfen durch den Fluß. Knurrend und mit weit aufgerissenem Maul stürzte Sally sich auf eine ebenso kleine Bärin. Ihr Tatzenschlag sauste durch die Luft, verfehlte knapp die Schulter der anderen. Wütendes Fauchen. Die fremde Bärin schaukelte sich zornig zum Gegenangriff auf. Auge in Auge standen sich die beiden gegenüber, fletschten giftig ihr furchterregendes Gebiß. Weißlicher Bärenseiber tropfte aus den Mündern. Immer wieder gingen die Bärinnen aufeinander los und versuchten, sich gegenseitig zu beißen. Plötzlich holte Sally aus und versetzte ihrer Gegnerin einen Hieb vor die Brust. Offensichtlich schmerzhaft getroffen, hielt die kleine Bärin inne, zögerte einige Sekunden und schob sich dann rückwärts aus dem Wasser. Mit einer blitzschnellen Wende jagte sie zu ihren zwei winzigen Bärenkindern, die ängstlich jammerten und sich eilig an die Fersen der flüchtenden Mutter hefteten.

Ganz in Siegerpose, schüttelte Sally sich erst einmal die Wasserperlen aus dem Fell, langte mit der Pranke ins Wasser und förderte einen leblosen Lachs zutage. Als wäre nichts Besonderes geschehen, biß sie sogleich in den Fisch hinein und trabte in aller Ruhe aus dem Fischloch ans Ufer. Fix und Foxi, die den Kampf aus sicherer Entfernung beobachtet hatten, kamen neugierig zu ihr herüber und warteten auf ihre Fischration.

Stativ und Kamera über die Schulter gelegt, stapfte ich am Ufer zurück zum Camp. In friedlicher Abendstimmung glänzte die untergehende Sonne als gigantischer Feuerball auf dem Fluß. Ich schaute mich noch einmal um: Vom Ufer des Yukon Rivers lösten sich drei dunkle Silhouetten. Meine Bärenfamilie machte sich auf, einen Schlafplatz im Wald zu suchen.

Hoffentlich blüht mir das nicht auch bald, schoß es mir durch den Sinn, als ich in Birgits versteinertes Gesicht sah. Auf einmal hatte ich das unbestimmte Gefühl eines bevorstehenden Abschieds.

»Guten Abend, Herr Kieling!« Welch ironische Begrüßung. »Nett, daß du auch noch mal vorbeischaust.«

Oh, wie ich diese Art haßte! Ohne Birgit weiter zu beachten, ging ich hinüber zu Kim und ließ mich von ihr beschnuppern. Lange geht das nicht mehr gut mit uns! Dabei hatte ich heute einen heißersehnten Höhepunkt erlebt, sozusagen das Finale meiner Bärenbeobachtung auf Zelluloid gebannt. Wie gern hätte ich mit Birgit darüber gesprochen, doch verbittert schwieg ich. Noch bevor meine Freundin den Mund aufmachen und mich weiter traktieren konnte, hörte ich mich zu meiner Verwunderung sagen, daß wir morgen früh weiterfahren würden.

Es war ein Gefühl, als hätte ich die ganze Nacht hindurch unentwegt gekämpft: Verschwitzt und wie zerschlagen wachte ich auf. Zu meiner Überraschung rumorte Birgit schon draußen vorm Zelt. Neugierig streckte ich meinen Kopf durch den Spalt: Sie belud das Kanu.

»Stimmt ja, heute geht's wieder los!« Meine gespielte Fröhlichkeit ging voll daneben. Empört drehte Birgit sich um.

»Hört sich fast an, als hättest du das vergessen!« sagte sie in scharfem Ton. Mein Grinsen verunglückte ein wenig. Sollte ich ihr vielleicht sagen, daß sie damit gar nicht so falsch lag? Andererseits, drei Wochen bei den Bären – das war schon eine lange Zeit.

Die Berge am anderen Ufer lagen hinter grauen Nebelschleiern verborgen. Das Wetter war über Nacht umgeschlagen. Fröstelnd zog ich die Schultern ein. »Vielleicht ganz gut, daß wir uns aus der Suppe fortmachen!«

»Das Wetter stört mich nicht – Hauptsache, es geht weiter!« erwiderte Birgit ungewöhnlich dynamisch. Eilig lief sie hinauf zum Camp, um das restliche Gepäck anzuschleppen. Ich brauchte sie nur zu reizen, schon entwickelte sie ungeahnte Energien – ganz wie Sally, dachte ich amüsiert und schaute wehmütig hinüber zum Bärenstrand. Die werden mich heute vermissen ... Unser Kanu war repariert und neu getrimmt. Wir stießen endgültig vom Ufer ab – hinein in die Schlechtwetterfront.

Der Himmel hatte sich in größter Eile mit kohlrabenschwarzen Wolken bedeckt und ließ nur über dem Bergkamm einen winzigen Spalt Blau durch. Wie eine letzte freundliche Botschaft des Sommers spiegelte sich der Lichteinfall als glitzerndes Band auf dem Wasser. Kim hatte sich zu Birgits Füßen im Bug verkrochen. Dort war sie unter dem überlappenden Regenponcho vor Nässe geschützt. Stumm zogen wir unsere Paddel durch die träge dahinströmenden Fluten; allmählich fand ich zurück zu meinem gewohnten Schlagrhythmus. Plötzlich freute ich mich, wieder auf dem Fluß zu sein, obwohl wir unweigerlich in eine Schlechtwetterfront hineinfuhren. Leichtes Nieseln setzte ein, das sich zu immer dichteren Regenvorhängen auswuchs. Unablässig hämmerten Tropfen auf meine tief in die Stirn gezogene Kapuze.

Nach mehreren Stunden auf dem harten Holzbrett spürte ich mein Hinterteil kaum mehr. Und die verdammte Nässe hielt mich regelrecht umklammert. Meine Jeans klebten feuchtkalt an den Hüften, durchweicht von den Sturzbächen, die mir über die Gummihaut des Regenschutzes direkt in den Hosenbund liefen. *Hatschi!* Mein Nieser hallte wie eine Detonation in das leise Rauschen des Flusses. Aufgeschreckt zuckte Birgit zusammen: »Auch das noch!«

»Ich glaube, die Regenzeit hat eingesetzt«, erwiderte ich und wischte mir mit dem Handrücken über die Nase. Was Sally wohl anstellte? Ob meine Bären mich und die ausgelegten Lachse vermißten? Unsinn, schalt ich mich. Immerhin sind das wilde Tiere, die sich gut allein versorgen können. Heute abend hielt das Wetter die Bewohner des Waldes wohl im Schutz der Bäume zurück – zumindest zeigte sich in der früh einsetzenden Dämmerung keine einzige Kreatur an den Ufern.

Unser Camp auf der Kiesinsel unter den dichten Kronen der Erlen sah nur aus der Ferne gemütlich und geschützt aus. Nach kürzester Zeit schon leckte der Regen durch die Blätter und tropfte erbarmungslos auf die Zeltplane. Innen wurde es klamm und kalt. Wir drei hockten in unserem kleinen Unterschlupf und schauten nach draußen: Milchiggraue Nebelschwaden zogen über den Fluß. Der heiße Kaffee aus der Thermoskanne und das spärliche Feuer direkt vor unserem Eingang waren die einzigen Wärmequellen. Irgendwie ließ es mir keine Ruhe, daß ich Birgit so gar nichts von meinem letzten Bärentag erzählen konnte.

»Wieso hast du eigentlich das kleinste genommen? Wir müssen es doch nicht schleppen!« griff Birgit mich ohne Vorwarnung an. Ganz verdattert runzelte ich die Stirn. Ich hatte keine Ahnung, wovon sie eigentlich sprach.

»Das Zelt meine ich«, half sie mir erbost auf die Sprünge. »Zwei mal zwei Meter … wie soll man darin leben?« Mit unwirschen Bewegungen schüttelte meine Freundin wütend ihren Schlafsack auf, wobei sie mir demonstrativ den Ellenbogen in die Seite rammte.

»Beruhige dich doch! Du hast ja recht. Aber kann ich hier und jetzt ein größeres besorgen?« Mit eindeutiger Handbewegung umriß ich den wilden Busch um uns und unterdrückte ein Lachen. »Außerdem leben wir nicht im Zelt, sondern paddeln den ganzen Tag auf dem Fluß. Und für die paar Stunden …«

Meinen Einwand ignorierte Birgit mit bitterböser Miene. Beleidigt kroch sie zwischen die feuchten Daunen. Kim setzte anscheinend ihre Schlafkur fort. Reglos lag sie zu unseren Füßen und gab keinen Muckser von sich. Für mich war dieser Tag gelaufen!

Wer zum Donnerwetter rüttelt da wie verrückt am Zelt? Aus dem Schlaf geschreckt, versuchte ich, einen klaren Gedanken zu fassen. Versehentlich robbte ich über Kim, die jäh ihren Kopf hob. In der Sekunde, als ich den Reißverschluß aufzog, jagte ein eiskalter Windstoß ins Zeltinnere: Draußen wütete ein schlimmer Regensturm.

Das Kanu läuft voll! schoß es mir durch den Kopf. Die Abdeckplane hatte sich bis auf einen Haken aus ihrer Abspannung gelöst und schlug wie ein nasser Lappen im Wind. Ungehindert peitschte der Regen auf die Ladung. Äste, dicke Stämme, Steine ... Benommen torkelte ich gegen den Wind auf dem Ufer umher und griff nach Gestrandetem. Schließlich schaffte ich mehrere meterlange Hölzer zum Boot, straffte die Plane über der Öffnung und beschwerte sie mit den schweren Stämmen und mit Felsbrocken. Triefend vor Nässe und total erledigt, schwankte ich zurück ins Zelt.

»Blöder Sturm!« warf ich Birgit zu, die mich mit weit aufgerissenen Augen anstarrte. Den Oberkörper aufgestützt, verfolgte sie, wie ich mir die nassen Klamotten vom Leib zerrte und zitternd zurück in den Schlafsack kroch. Sie sprach kein Wort, schaute nur ängstlich auf die bebenden Zeltwände.

»Laß uns noch ein Auge zutun – morgen wird's anstrengend!« murmelte ich und fiel augenblicklich in Schlaf.

Wind und Regen wurden zu unseren ständigen Begleitern. Der Sturm hatte sich gelegt, als wir die Indianersiedlung Tanana ansteuerten. Während Birgit in den winzigen Generalstore einfiel, um unser tristes Flußleben mit Zigaretten und Süßigkeiten erträglicher zu machen, hockte ich mit Kim beim Kanu und rätselte über den Sinn einer Tankstelle am Flußufer nach. Auf Baumstämmen, die zu einem Floß zusammengebunden waren, schwappten vier riesige Öltanks im Rhythmus des Wellenschlages. Wozu brauchen die paar Indianer bloß solche Unmengen Treibstoff? Birgit kam angelaufen, eine braune Papiertüte schützend unter ihren aufgeplusterten Poncho geschoben.

»Die wärmen sich alle im Store – sieht wie in 'ner großen Kneipe aus.« Sie kletterte zurück auf ihren Platz, verteilte Schokoriegel und für Kim ein Stück Käse. Abfahrbereit griffen wir zu den Paddeln und überließen uns wieder dem Strom. Der tagelange Regen hatte zumindest den Vorteil, daß uns die Hochwasserwelle ganz von allein flußabwärts trug. Unsere Zigaretten abgeschirmt in der hohlen Hand rauchend, machten wir beachtlich Strecke.

»Das sind mindestens zweihundert PS!« rief ich begeistert und drehte mich um. Mit einem Affenzahn kam ein silbrig glänzendes

Schnellboot herangeschossen. Durch die gischtbespritzte Plexiglasscheibe des schmalen Führerstandes erkannte ich einen Mann in Gelb. Vorsichtshalber hielt ich das Paddel ruhig und machte mich auf hohe Wellen gefaßt. Unmittelbar neben uns stoppte die flache Aluminiumkiste.

»Hi, Leute, ich bin Robert!« So kraftvoll, wie sich seine Außenbordmotoren anhörten, fiel auch die Begrüßung aus. Unter der gelben Ölzeugkombination war der Mann dick eingemummt. Noch bevor ich antworten konnte, hob ein zweiter Flußkapitän lässig die Hand zum Gruß und murmelte seinen Namen. Ich verstand »Tacker«. Zwischen Kisten und einem festgezurrten Vierräder hockte der Mann auf dem Aluminiumboden und grinste herüber.

»Was macht ihr denn hier auf dem Fluß – bei *dem* Wetter?«

Der Mann, der Robert hieß, schob seine dunkle Schneebrille auf die Mütze und blitzte uns fragend aus braunen Augen an.

»Andreas, Birgit und Kim aus Germany«, stellte ich uns vor, »seit über drei Monaten auf dem Yukon zu Hause. Sind in den kanadischen Rockies gestartet und wollen weiter zur Beringsee.« Robert und Tacker schauten sich bloß an.

»Wir kommen gerade aus Fairbanks ... waren einkaufen.« Mit dem Daumen zeigte Robert auf sein randvoll beladenes Boot. »Wenn ihr von da oben kommt, kennt ihr sicher Marys Fischcamp. Die hatten einen schweren Unfall mit der Kettensäge!« Anteilnehmend verzog ich das Gesicht, obwohl ich keine Ahnung hatte, wer Mary war. Mich freute aber, daß der Mann uns einheimischen Klatsch erzählte, daß er uns nicht wie Touristen behandelte.

»Ja, wir müssen weiter. In Ruby noch einmal auftanken, die Nacht fahren wir auch durch, und dann ist es nicht mehr weit bis Kaltag.« Er hielt kurz inne. »Guckt doch mal rein, wenn ihr in Kaltag ankommt!« Die beiden Männer winkten zum Abschied, und Robert gab seinen zweihundert Pferdestärken die Sporen. In weißschäumenden Wellen blieb unser schwankendes Kanu zurück.

»Weißt du noch, die Tanks in Tanana? Die sind bestimmt für solche Jungs, die das Benzin nur so durchjagen. Brauchen für dreihundert Flußkilometer bloß drei Tage und drei Nächte.«

»Nicht schlecht«, murmelte Birgit und stach lustlos das Paddel ins Wasser.

Eine Zeitlang klang mir das röhrende Motorengeräusch noch in den Ohren, selbst als der Flitzer schon lange außer Sicht war. Die wieder einkehrende Stille auf dem schnell dahinfließenden Strom versöhnte mich mit unseren zwei Paddelstärken.

In der anbrechenden Dämmerung fanden wir endlich einen mit Büschen bestandenen Kiesstrand, auf dem wir die Nacht verbringen wollten. Dem Regen war gerade mal für einen kurzen Moment die Luft ausgegangen, und unser Propangaskocher konnte unbehelligt das Teewasser zum Sprudeln bringen. Kim erkundete das Ufer und veranstaltete einen Laufmarathon.

Knatternde Motorengeräusche hallten über den Yukon: Ein Boot näherte sich flußaufwärts. »Der Yukon entwickelt sich noch zur Rennstrecke! Ganze zwei Boote an *einem* Tag – das hatten wir noch nie.« Birgit gefiel die ungewohnte Verkehrsdichte auf dem Fluß. Die Hände in den Taschen vergraben, stand sie am Ufer und wartete auf das Erscheinen des Ankömmlings. Bald tauchte ein Aluminiumkanu auf und nahm direkten Kurs auf unseren Lagerplatz.

»Der will zu uns!« Erwartungsvoll trat meine Freundin von einem Fuß auf den anderen.

»Ihr müßt die Deutschen sein«, rief uns eine klangvolle Baßstimme in reinstem Hochdeutsch zu. Verdutzt schauten wir einander an.

»Robert hat euch angekündigt. Ich bin Wolfgang Hebel, ehemals aus Hannover!« Gleichzeitig mit dieser Vorstellung setzte der motorisierte Kanute sein Boot knirschend auf den Kies. Steif krabbelte er vom Sitz und pellte sich erst mal aus seinem Ölzeug.

»Dämliche Regenzeit!« fluchte er und warf seinen Overall achtlos hinter sich ins Boot. Unser Gegenüber war von kräftiger Statur, untersetzt und nicht größer als einsfünfundsiebzig. Seine grauschwarze Mähne gab ihm ein verwegenes Aussehen. Um den Hals des Mannes hing an einer schweren Silberkette ein wertvoller Thorshammer.

»Ist das Handarbeit?« fragte ich interessiert und zeigte auf den bronzenen Anhänger, in den winzig kleine Bernsteine eingelegt waren. Wolfgang Hebel musterte mich.

»Da mach' ich noch ganz andere Sachen!« erklärte er und lächelte.

Um ihm meine Neugier verständlich zu machen, zog ich meinen

eigenen, silbernen Thorshammer unter dem T-Shirt hervor. »Wir gehören wohl beide der nordländischen Religion an«, schmunzelte ich. Unsere Blicke begegneten sich und vertieften sich ineinander.

»Möchtest du auch Tee?« fragte Birgit dazwischen und suchte nach unserem dritten Becher.

»Gute Idee! Übrigens, ich habe Kuchen im Kanu – eigentlich meine Verpflegung für die nächsten Tage. Bin nämlich gerade auf dem Weg zu meiner Jagdhütte noch zwanzig Meilen weiter flußaufwärts. Muß mal wieder nach dem Rechten sehen und sie für den Winter fit machen.« Ich verstand nur Kuchen.

»Kuchen! Seit Jahrhunderten habe ich keinen mehr gegessen!« platzte ich heraus. Allseitiges Grinsen. Und als Wolfgang mir gönnerhaft das dickste Stück Schokoladenpuffer reichte, griff ich ungeniert zu.

Den heißen Becher in den Händen, ließ unser Wohltäter seinen Blick gedankenverloren über den Yukon schweifen.

»Vor zwanzig Jahren bin ich hier auch mal gepaddelt. Von Fairbanks aus den Tanana River runter, im Faltboot.« Er nahm einen winzigen Schluck, bevor er weitersprach. »Hatte damals schon meine zukünftige Frau Josy dabei – Eskimo aus Nome. Wollte was Wildes, und zu Alaska gehörte für mich einfach eine Indianerin oder eine Eskimo.« Er lachte bitter und hielt den Blick gesenkt. »Sind in dem verdammten Ruby hängengeblieben. Ging nicht lange gut. Der verdammte Alkohol und die Drogen ... Mein Sohn Logan lebt jetzt bei ihr in Nome.« In einem Zug leerte Wolfgang jetzt den Becher. Birgit schenkte nach.

»Und was machst du so?« fragte sie wie nebenbei.

»Ich schlag' mich durch wie jeder Alaskaner. Im Sommer gehe ich fischen, im Winter habe ich meine Fallen, schlage mir mein Feuerholz und freue mich am Ende des Jahres auf den Dividendenscheck von der Regierung – pro Kopf um die tausend Dollar, jedenfalls solange das Öl noch fließt!«

Bevor Birgit oder ich etwas erwidern konnten, griff Wolfgang nach seinem Regenzeug und zwängte sich in die tropfnasse Montur.

»Ich muß wieder los. Liegt Regen in der Luft«, sagte er bestimmt. »Bin in ungefähr drei oder vier Tagen wieder zurück. Warum wohnt ihr nicht solange in meinem Haus?«

Unsere Gesichter hellten sich schlagartig auf.

»Direkt am Rand von Ruby, ungefähr hundert Meter überm Yukon, steht die alte Blockhütte. Gar nicht zu verfehlen. Große Sprossenfenster in der Vorderfront, die sich so langsam verabschiedet – rutscht den Hang runter. Das Ganze hat eine feine Schieflage!« Wolfgang grinste und malte mit der Hand eine schiefe Ebene in die Luft.

»Ist egal, Hauptsache heizbar!« erwiderte ich gutgelaunt.

Kieselsteine flogen durch die Luft; Kim preschte heran. Offensichtlich hatte sie den fremden Besucher spitzgekriegt.

»Einen richtigen Jagdhund habt ihr dabei!« Ganz angetan beugte unser Besucher sich runter und knuffelte Kim. Der erschien das unmittelbar einsetzende Geknurre im Boot jedoch viel interessanter. Aber bevor sie mit einem Satz ins Kanu springen konnte, riß dessen Besitzer sie am Halsband zurück. »Aus!« rief er und lachte.

»Was hast du in dem Karton?« fragte ich und schielte auf die durchlöcherte Pappe.

»Meine Hündin hat gerade Junge geworfen. Die wollte ich nicht von den Indianern versorgen lassen.« Wolfgang klappte den Deckel ein wenig auf. Aus stahlblauen Augen schaute uns erschrocken eine weiße Huskiehündin an. In sich zusammengerollt, füllte sie nahezu den ganzen Karton aus. Für die drei Welpen, die sich um ihr dickes Gesäuge drängten, blieb kaum Platz.

»Die sind ja noch ganz frisch!« Ganz entzückt von den Winzlingen, beugte sich Birgit über die Kinderstube. Wolfgang überließ mir Kim und warf den Außenborder an.

»In anderthalb Tagen erreicht ihr wahrscheinlich Ruby. Übrigens – der Hausschlüssel liegt auf dem Türbalken vom Toilettenhäuschen.«

Wenn sie was will, haut sie rein, amüsierte ich mich. Kerzengerade saß Birgit im Bug und paddelte, was das Zeug hielt. Seit gestern war kein Jammern mehr zu hören, obwohl es nach wie vor in langen Schnüren regnete. Ruby. Durch den Regenschleier tauchte ein steiler Hang auf, an dem Holzhäuser klebten. Davor drei überdimensionale Öltanks, vom Rost angefressen. Wie schon in den Siedlungen zuvor, empfingen uns willkürlich am Strand abgestellte Boote,

Berge von Treibholz und verstreuter Müll. Auch die angepflockten Huskies fehlten nicht. Kurz an die Holzpfähle gebunden, dämmerten acht Hunde vor sich hin. Sie rührten sich noch nicht einmal, als wir in ihrer Nähe anlegten. Mit einem Satz sprang Kim aus dem Boot. Als Allesfresser und geübter Räuber hatte sie sofort die großzügig am Strand verstreute zusätzliche Mahlzeit entdeckt: Knochentrockene Lachse wölbten sich wie Schuhsohlen.

»Kommst du hierher!« brüllte ich ihr nach, vorausahnend, daß gleich ein nervtötendes Hundekonzert einsetzen würde. Kim war jedoch nicht von ihrem Vorhaben abzubringen. Ihr kräftiges Hinterteil schaukelte hin und her, während sie sich an einen der Fische heranmachte und zuschnappte. Als hätten die Schlittenhunde nur auf diesen Moment gelauert, sprangen alle acht wie auf ein Signal hoch, brachen in wütendes Bellen aus und stürzten los. Die Meute war *nicht* angebunden.

Zu Tode erschrocken, erstarrte Kim. Der Fisch fiel ihr aus dem Maul – und sie lief um ihr Leben. So schnell es ihre stämmigen Beine zuließen, kam sie mit fliegenden Ohren auf uns zu galoppiert und machte erst unmittelbar vor dem Kanu eine Vollbremsung. Die Meute war nur knapp hinter ihr.

»Haut ab, ihr Köter!« brüllte ich, riß meine Hände hoch und rannte auf die Huskies los. Überrascht und erschreckt, daß plötzlich ein Mensch sie bedrohte, stoben die Hunde auseinander. Zähnefletschend und knurrend liefen sie hin und her, warteten auf eine zweite Chance, Kim anzugreifen. Eingekeilt zwischen der erblaßten Birgit und mir, eskortierten wir unseren hechelnden Hund über den Strand.

»Da hat sie doch wieder etwas gelernt«, sagte ich schmunzelnd zu meiner Begleiterin und freute mich insgeheim über die erteilte Lektion.

Immer noch mit eingekniffenem Schwanz trottete Kim mustergültig brav bei Fuß mit uns durch die Siedlung. »Das möchte ich sehen, wie man diese Steigung mit dem Auto schaffen kann«, versetzte ich ungläubig. Knöcheltief versanken wir im aufgeweichten Matsch der Bergstraße. Auf terrassenartig angelegten Grundstücken gebaut, standen die Holzhäuser in lockerem Abstand zueinander.

Wolfgangs Beschreibung traf den Zustand seines Hauses genau. Die auf Stelzen errichtete Veranda war als einzige offensichtlich vom Absturz bedroht. Ein schmaler Stichweg führte durch wild wuchernden Busch zum Grundstück.

»Ich kann keinen Schlüssel finden.« Ungeduldig suchte ich zum dritten Mal das windschiefe Plumpsklo ab.

»Ich will aber ins Warme!« schimpfte Birgit und versuchte, einen Blick ins dunkle Innere des Hauses zu werfen.

»Ich auch. Bleibt nur der direkte Weg – mit meinem Schweizer Offiziersmesser.« Spitzbübisch grinsend klappte ich das Universalwerkzeug auf. Bevor ich mir die Schrauben des Türbeschlags vornahm, blickte ich mich sichernd um: Das Nachbarhaus lag fünfzig Meter entfernt und schien ausgestorben. Schrauben – hebeln – schrauben ... Über eine Stunde werkelte ich an dem massiven Schloß, bis es, in seine Einzelteile zerlegt, bloß noch ein Schrotthäufchen war. Ich hegte begründete Zweifel, ob ich es wohl in der richtigen Reihenfolge wieder zusammensetzen könnte. Ein Stoß, und wir waren drin. Ausgekühlt und feucht wirkte die Hütte, die aus einem einzigen großen Raum bestand. Der eiserne Yukonofen, umgeben von sauber gestapelten Holzscheiten, war im Moment das Wichtigste.

Ein prasselndes Feuer verströmte wohlige Wärme; in Unterhose und T-Shirt lagen wir beide ausgestreckt auf der buntgestreiften Pferdedecke. Kim kuschelte sich auf das Wolfsfell vor dem breiten Bett. Zum Trocknen im ganzen Raum verstreut, dampften unsere Kleider vor sich hin. Die Feuchtigkeit schlug sich auf den großen Glasscheiben nieder und verschleierte das Grau des Regentages.

»Herrlich – ein warmes Dach überm Kopf, den Laden um die Ecke und vielleicht sogar eine Dusche in der Nähe!« Mit sich und der Welt zufrieden, blies Birgit wabernde Rauchringe in die Luft und schnippte die Zigarettenasche auf eine Untertasse.

»Hört sich an, als hättest du Heimweh nach der Zivilisation«, stellte ich fragend fest und schaute den immer krummer werdenden Kreisen nach, bis sie sich spurlos in Luft auflösten.

»Wenn ich ehrlich sein soll, ja! Die letzten Wochen, so allein ... Du hast dich ja nicht gerade viel mit mir abgegeben.«

»Wenn du das so siehst ...« Ich wußte nicht, was ich darauf antworten sollte, und hielt den Mund.

»Kaltag – ich habe mir überlegt, daß ich von dort zurückfliege«, sagte Birgit bestimmt. »Mein Urlaub ist dann vorbei.«

Stimmt nicht ganz, meine Liebe, dachte ich still. Zwei Wochen hättest du immerhin noch Zeit. Mir war jetzt einfach nicht nach einer Auseinandersetzung zumute – die würde sowieso noch kommen.

»Wir wohnen im Haus eines Künstlers. Warum hat uns Wolfgang bloß nichts davon erzählt?« wechselte ich das mir unangenehme Thema.

Wie ein kleiner Junge, der durch das Wunderland eines Spielzeugladens marschiert, durchstreifte ich den vollgestopften Wohnraum. Die schräg abfallende Veranda wurde von einem groben Holztisch ausgefüllt, auf dem sich alles mögliche angesammelt hatte: Uraltmodelle von Schleifmaschinen, Schnitzmesser, Ritzwerkzeuge und Pinsel lagen zwischen spiralförmig abgedrehten Holzspänen. An einem Ende stand die Tischstaffelei. Auf der angefangenen Federzeichnung waren die kantigen Gesichtszüge eines Indianerhäuptlings im imposanten Federschmuck hauchfein mit Bleistift vorskizziert. Am anderen Ende stapelten sich Elchschaufeln. Ein Prachtexemplar, schon von Natur aus, war mit der Schnitzerei zweier miteinander kämpfender Elchbullen verziert. Von einer kleineren Schaufel blickten mich die scharfen Augen eines Seeadlers an. Erhaben herausgearbeitet war der wulstige Federkranz um seinen Hals.

»Birgit, sieh mal!« rief ich begeistert und zeigte ihr einen Holzstab: In feiner Miniaturarbeit war ein Wolfskopf über dem anderen hineingeschnitzt. Voller Bewunderng legte ich das Kunstwerk zurück auf seinen Platz. An der langen Holzwand entdeckte ich auf einem grob gezimmerten Regal einen gelblichen Stoßzahn. Der mußte von einem Mammut stammen, einem Eiszeitelefanten.

»Unglaublich!« stöhnte ich und fühlte ein Kribbeln. »Woher hat er den bloß?« Ganz ehrfürchtig drehte ich die Jahrtausende alte Kostbarkeit zwischen meinen Fingern. Beeindruckend war die detailgenaue Ritzarbeit auf dem Zahn: Eine große Herde Mammuts zog durch eine endlose Winterlandschaft. Im Hintergrund war eine gezackte Bergkette angedeutet.

»Wir müssen noch das Kanu entladen«, unterbrach Birgit meine träumerische Entrücktheit. Entschlossen sammelte sie ihre trockenen Kleidungsstücke ein und begann, sich anzuziehen. Ich seufzte. Draußen goß es in Strömen.

Auch am nächsten Morgen weinte der Himmel noch graue Tränen. In unseren Regenponchos gegen das kalte Naß von oben geschützt, trabten wir mit Kim an der Leine die Bergstraße hinunter. Gestern abend hatte Birgit festgestellt, daß es in Wolfgangs Haus kein fließend Wasser gab – wir wollten uns im Store erkundigen. Außerdem mußten wir die Lebensmittelbestände wieder auffüllen, an denen wir uns schamlos vergangen hatten. Bergeweise Bratkartoffeln mit Spiegeleiern waren unserem Heißhunger zum Opfer gefallen.

Das Glockenspiel über der Eingangstür des Stores schepperte blechern. Kaum waren wir eingetreten, stürzte ein alter Mann auf uns zu. Ehe ich recht begriff, nahm er meine Rechte, um sie wie wahnsinnig zu schütteln. Birgit blieb angewurzelt stehen.

»Ihr müßt die Deutschen sein!« Hoch erfreut schaute der Mann uns an. »Ich war schon in Deutschland – im Ersten Weltkrieg, als Jagdflieger. Bin sogar mit dem ›roten Baron‹ Richthofen geflogen.« Mit leuchtenden Augen wartete unser Gegenüber gespannt, was wir wohl dazu sagten. Ich stutzte amüsiert und sortierte Daten in meinem Kopf. So alt sah das zerknitterte Gesicht mit den grauen Bartstoppeln gar nicht aus.

»Ist ja toll!« war denn auch alles, was ich herausbrachte. Der alte Mann nickte ganz zufrieden. »Wir sind gestern mit dem weißen Kanu unten am Strand angekommen und wollen noch weiter bis zur Beringsee. Unterwegs haben wir Wolfgang Hebel getroffen und wohnen jetzt für ein paar Tage in seinem Haus.«

»Weiß ich schon längst. Wenn auch sonst nichts funktioniert in Ruby – der Nachrichtendienst klappt ausgezeichnet.« Geschäftig lief der Ladeninhaber um uns herum, zeigte auf sein Sortiment und brabbelte weiter: »Im Zweiten Weltkrieg war ich auch dabei, bis mich die Japaner abgeschossen haben. Da war's dann aus für mich.« Obwohl seitdem mehr als fünfzig Jahre vergangen waren, sprach er mit bedauerndem Tonfall. Übergangslos krempelte er plötzlich seinen Hemdsärmel auf und hielt uns einen durchlöcherten Arm unter die Nase: Tiefe Krater zeichneten sich im Fleisch ab. Birgit wurde das Theater zuviel. Sie warf einen mitleidigen Blick auf die Schußverletzungen, langte aber kurzentschlossen nach einem Einkaufskorb. Unbeirrt folgte uns der Mann durch die Gänge.

»Ich kann Deutsche wirklich gut leiden!« Schier entzückt funkelten uns seine blauen Augen an. Mir wurde das Ganze langsam unheimlich. Vor sich hinsummend, pickte der Alte aus einem Stapel Schokonüsse einige Tüten heraus und versenkte sie in einer riesigen Papiertüte. Obendrauf legte er bedächtig mehrere Fladen getrocknetes Elchfleisch.

»Das könnt ihr unterwegs gut brauchen«, zwinkerte er und hielt mir sein Geschenk hin. Seine Freundlichkeit brachte mich in Verlegenheit, und ich murmelte ein leises Dankeschön.

»Bevor ihr weiterfahrt, müßt ihr euch aber unbedingt den Friedhof ansehen«, beschwor er uns noch und zog mich am Arm zur Tür. »Dort oben auf dem Felsen.« Er zeigte auf die windumtoste Höhe.

Als wäre er von einer Sekunde zur nächsten überraschend gealtert, murmelte er plötzlich in leierndem Predigerton: »Sag mir, wie einer gestorben ist, und ich sage dir, wie er gelebt hat. Einer von denen da oben hat sich im Vollrausch mit 'ner vierundvierziger Magnum in den Kopf geschossen – seine Kinder haben ihn ohne Kopf auf der Veranda gefunden. Ein anderer hat sich 'ne Überdosis Drogen gespritzt, und zwei Brüder sind auf dem Yukon erfroren. Wollten im Winter besoffen mit dem Motorschlitten von Ruby nach Galena – nur mit einem Hemd am Körper! Vietnamveteranen haben wir allerdings auch dort oben. Von allem etwas«, schloß er seine Aufzählung und nickte lebhaft. Ich holte tief Luft. »Ja, viele Tote hier. Seht ihr das moderne Gebäude dahinten? Das ist unsere Schule. Ihr müßt sie nur fragen, unsere alte Lehrerin, wie viele ihrer ehemaligen Schüler noch leben. Von neunundzwanzig sind es ganze vier! Und davon sitzen zwei im Gefängnis.«

Begütigend klopfte er der entsetzten Birgit auf den Arm, was soviel heißen sollte wie: Nimm es nicht so tragisch! Mir legten sich seine Enthüllungen auf den Magen, und um unsere Unterhaltung zum Abschluß zu bringen, fragte ich den Ladenbesitzer, wo man denn hier Trinkwasser bekäme. Leutselig zeigte er bergabwärts: Da sei eine Zapfstelle im Waschhaus. Wasser – waschen – duschen!

Plötzlich hatten wir es eilig fortzukommen. Wir waren bereits im Begriff zu gehen, da hielt uns der Alte ein letztes Mal auf und meinte ernst mit einem Blick auf Kim: »Das ist aber ein nackter Hund. Wie will der denn den Winter in Alaska überstehen?«

»Langsam kriegt sie ihr Winterfell. In Deutschland kann es auch richtig kalt werden!« entgegnete ich freundlich, aber ungeduldig. Ich brauchte jetzt eine heiße Dusche, genau wie meine Birgit, die sich schon suchend nach unserem Badeparadies umsah. War einfach der Alte ein bißchen verrückt, oder war es das Leben in Ruby überhaupt? Ich würde Wolfgang fragen.

Mit zitternden Knien und völlig durchweicht erreichten wir das Felsplateau. Zweihundert Meter weiter unten rauschte der Yukon vorbei, verdeckt von Regenschleiern. Wind und Wetter hatten die alaskanische Flagge zu verwaschenen blauen Stoffstreifen zerfetzt; die ehemals gelben Sterne waren von der Sonne ausgeblichen. Nach und nach eroberte sich die Wildnis die Freiflächen zwischen den spärlichen Grabreihen zurück. Die meisten Inschriften auf den grünlich bemoosten Marmorplatten stammten vom Ende des vorigen Jahrhunderts, nur wenige waren jüngeren Datums.

Neugierig schlenderten wir hinüber zum indianischen Teil des Friedhofs. In allen nur vorstellbaren Blautönen leuchteten die Grabhäuschen, setzten Farbtupfer in das verwilderte Grün. Die Miniaturholzhäuser, deren spitze Giebel siebzig Zentimeter Höhe erreichten, waren liebevoll mit Sprossenfenstern und kleinen Gardinen dekoriert.

»Schüsseln mit Essen!« Ganz fasziniert von einer solchen Puppenstube, hockte Birgit vor einem der Schreine und zeigte mit dem Finger auf eine eingetrocknete Mahlzeit.

»Götter und Dämonen gehören zu dieser Welt«, sagte ich und las ihr die kleinen Namensschilder vor.

»Komm mal gucken – Maw Watson, gestorben mit sechzehn Jahren, und das erst vor einer Woche.« Birgit winkte mich zu einem türkisfarbenen Häuschen hinüber, das von einem blütenweißen Zaun umgeben war.

»Wenn ich an den Alten denke …«, sagte ich. »Möchte nicht wissen, auf welche Weise der hier umgekommen ist.«

»Auch einer der Gründe, warum ich für ein paar Tage von hier abgehauen bin!« schimpfte Wolfgang gefrustet, als wir noch am selben Abend um den Holztisch saßen und uns Sauerkraut mit Schinken schmecken ließen. Wolfgang war während unserer Besichtigungstour zurückgekehrt und hatte Kim in den Schuppen sperren müssen, weil sie allzu großen Gefallen an den Welpen fand.

»Sein siebzehnjähriger Bruder hat ihm im Streit einfach den Kopf weggepustet. Natürlich waren beide sturzbetrunken. Alkohol und Drogen – die Leute hier rotten sich noch selber aus!« Er seufzte schwer und legte die Gabel beiseite. »Bei den Indianern mußt du über so manches hinwegsehen. Mich respektieren sie erst, seit ich dem schwersten und stärksten von ihnen eins aufs Kinn gegeben habe.« Plötzlich lachte er. »Dabei war das ein reines Versehen. Im Suff habe ich zufällig den richtigen Punkt getroffen, und er ist umgefallen wie ein Sack Kartoffeln!« Ich fand unseren Gastgeber richtig nett, wie er dasaß und über sich selbst lachte.

»Im Grunde genommen ist es unglaublich«, fing Wolfgang wieder an. »Der Häuptling von Ruby ist der größte Dealer weit und breit, hat sämtliche Finger im Drogengeschäft. Das lohnt sich nämlich, denn die Indianer haben ja viel Geld. Jeden Monat bekommen sie Lebensmittelmarken von der Regierung. Damit kannst du hier am Yukon alles bezahlen.« Abschätzig zog Wolfgang die Mundwinkel nach unten. »Wenn die krank sind, gehen sie einfach ins nächste *Native Hospital*. Da kriegen sie ihre Behandlung und die Medikamente umsonst. Und ich – ich muß erst bei der Wohlfahrt betteln gehen oder den nächsten Polizisten umhauen, damit er mich einlocht, dann werde ich auf Staatskosten versorgt.«

»Verdienst du denn nichts mit deiner Kunst?« fragte ich und schaute mich im Raum um.

»Du wirst es nicht glauben«, lebte er auf, »Wölfe und Raben, die Symbole aus der nordischen Mythologie, besitzen auch hier bei den Leuten eine Anziehungskraft. Im Augenblick habe ich leider keine Bilder mehr da, aber Odin in Begleitung seiner Tiere wird sogar von den Indianern gekauft.« Seine Augen strahlten. »Allerdings verdiene ich mehr mit meinen Schnitzereien. Freunde von mir verkaufen meine Arbeiten in Fairbanks an Touristen und auch an weiße Alaskaner. Das reicht für ein einfaches Leben. Ihr seht es ja selbst!«

Birgit hatte die ganze Zeit aufmerksam zugehört. Nun gab sie sich einen Stoß. »Siehst du eigentlich noch deine Frau und deinen Sohn?«

Schlagartig verdunkelten sich Wolfgangs Augen, und er verschränkte die Finger ineinander, bis seine Knöchel weiß hervortraten.

»Letztes Jahr habe ich mit Logan eine Reise nach Mexiko gemacht. Dafür hat es immerhin gereicht!« Die Endgültigkeit in seinem Tonfall machte uns klar, daß wir besser nicht in dieser Richtung weiterfragten. Statt dessen schwiegen wir betreten. Um so verwunderter war ich, als Wolfgang nachsetzte: »Ich weiß nicht, wieso, aber ich schaffe es nicht, aus Ruby wegzugehen. Ich will am Yukon bleiben, nach all den Jahren. Letztlich ist es egal, in welcher Siedlung du lebst: Sie sind sich alle ähnlich – überall die gleiche Problematik.«

Birgit stand vom Tisch auf und räumte das Geschirr ab. Auch Wolfgang rückte unruhig mit seinem Stuhl und stand auf.

»Ich zeig' dir mal meine Knochenkammer«, sagte er und schlug das riesige Bärenfell zur Seite. In der Bohlenwand war ein schmaler Durchlaß ausgespart.

»Der ist mir noch gar nicht aufgefallen!« Überrascht betrat ich hinter Wolfgang den schummrigen Anbau. Eine nackte Glühbirne erhellte gespenstisch allerlei Knochengebilde: Ineinander verkeilte Elchschaufeln und Karibugeweihe warfen bizarre Schatten im langen Wandregal.

»Das ist der Penisknochen von einem Walroß!« Stolz zeigte Wolfgang auf die schwere Keule.

»Noch nie gesehen …«, murmelte ich und ließ meinen Blick weiterwandern. Die Stoßzähne vom Walroß kannte ich, doch das massige Schulterblatt des Eiszeitelefanten sah ich zum ersten Mal in meinem Leben.

»Unterkiefer eines eiszeitlichen Höhlenbären. Und hier: der Kieferteil eines Kamels.«

»Kamele in Alaska?«

»Vor Jahrtausenden bestand noch die Landbrücke nach Asien. Die Kamele sind hierher eingewandert …« Wolfgang schmunzelte. Ich sah ihn von der Seite an. Sollte das zweideutig aufzufassen sein?

»... und während der letzten Eiszeit, so vor zehn- bis zwanzigtausend Jahren, war anscheinend das Yukon-Urstromtal komplett eisfrei. Von Norden her schoben sich die Gletscher aus der Brooks Range vor, von Süden drückten die Gletscher der Alaska Range. Folglich hat sich ein Großteil der Eiszeittiere hier in unserer Gegend konzentriert.« Wolfgang freute sich, daß er in mir einen begeisterten Zuhörer gefunden hatte. Gespannt wartete ich auf weitere Informationen.

»Zwanzig Meilen den Yukon flußabwärts gibt es auf der linken Seite ein kleines Tal, da kannst du sie schon riechen, die Eiszeittiere.« Demonstrativ rümpfte Wolfgang die Nase.

»Riechen?«

»Ja, die Knochen liegen im Schlick vergraben, faulen vor sich hin und gasen – Methangas. Stinkt nach Moder.«

»Wo genau?« fragte ich wie aus der Pistole geschossen.

»Das ist gar kein Geheimnis«, wehrte Wolfgang ab. »In ganz Alaska wimmelt es nur so von prähistorischen Überresten. Also, wie gesagt, am linken Yukonufer kommen zwei kleine Flüsse rein. Dort findest du mit etwas Glück jede Menge Knochen – wenn das Wasser sie freigewaschen hat. Sonst mußt du halt im Schlamm wühlen.«

Der Faulgeruch in dem Hochmoor machte das Atmen schwer. Die Sonne hatte sich freundlicherweise einen Weg durch die Wolkendecke gebahnt und ließ die Wassertropfen auf dem üppigen Grün himmelwärts verdampfen. In Gummistiefeln wateten wir durch das flache Wasser, begleitet von Kim, die mit Wonne die lockeren Torfhänge hochpflügte.

»Wolfgang scheint ziemlich unglücklich zu sein«, mutmaßte Birgit und schaute mich gequält an. Ich nickte zustimmend.

»Ich glaube, er fühlt sich als Verlierer. Hatte vielleicht mal hochfliegende Träume – und mit dem, was ihm jetzt bleibt, ist er nicht zufrieden«, setzte ich nachdenklich hinzu. »Mir fällt es schwer, mit depressiven Leuten umzugehen. Ich habe immer das Gefühl, sie rauben *mir* die Kraft.« In unserer Einschätzung waren wir uns ausnahmsweise einmal einig. Auch stimmten wir überein, daß Wolfgang trotzdem ein gastfreundlicher Mensch war.

»Zwei Waffeleisen!« rief Birgit plötzlich und wühlte aufgeregt mit den Schuhen im Schlamm. Ich hüpfte über die flachen Steine im kristallklaren Wasser zu ihr hin und grub einen wulstigen, halbrunden Knochen aus: Das mußte der Unterkiefer eines Mammuts sein. Die eingefrästen Kaurillen hatten wirklich Ähnlichkeit mit einem Waffeleisen. Sorgsam wusch ich das Überbleibsel aus unvordenklichen Zeiten sauber und legte es auf den Sand. Jetzt begriff ich: Die braunen, gebogenen Holzstücke von vorhin waren Rippenbögen.

Wie ein Jäger, der sein erlegtes Wildbret ausbreitet, sortierte ich die Knochen. Zuerst kam ein meterhoher Stoßzahn, dessen Spitze abgebrochen war. Daneben plazierte ich den großen Unterschenkelknochen, dessen dicke Gelenkkugeln völlig unversehrt in der Sonne blinkten. Einfach unfaßbar, daß diese Knochen hier frei herumlagen! Die gehörten in ein Museum! Mein Prunkstück war ein ungefähr zwei Kilo schwerer, einzelner Backenzahn vom Eiszeitelefanten. Die äußeren braunen Schichten ließen sich mit dem Fingernagel abblättern – darunter trat weißes Elfenbein zutage.

»Woran der wohl gestorben ist? Die Kaufläche ist völlig intakt.«

»Wieso?«

»Ein Elefant hat nur vier Backenzähne, und die wechselt er fünfmal in seinem Leben – dann ist Schluß. Wenn die letzte Garnitur abgerieben ist, kann er nicht mehr mahlen und muß sterben. Aber dieser Zahn hier ist nicht abgenutzt«, erklärte ich Birgit, die sich unbewußt mit der Zunge über ihre Vorderzähne leckte.

Kim kam auf einmal durchs Wasser herangeprescht und wirbelte mehligen Schlamm auf. Ich war darauf gefaßt, daß sie an den wertvollen Knochen knabbern wollte, und stellte mich ihr in den Weg. Kurzes Schnüffeln, dann sprang sie übermütig an mir hoch.

»Gibt heute aber keine Suppenknochen!« ärgerte ich sie und platschte voraus zum Kanu.

Es brauchte doch seine Zeit, bis wir die Überreste der vorgeschichtlichen alaskanischen Fauna fotografiert und gefilmt hatten. Und kaum saßen wir abfahrtbereit im Kanu, schickte uns Petrus wieder Regen.

»Da drüben braut sich was zusammen.« Stirnrunzelnd betrachtete ich den Himmel, der sich bedrohlich dunkel über den weiten Strom spannte.

Als die ersten kilometerlangen Inseln auftauchten, wurde es

ernst. Der Wind hatte böig aufgefrischt und peitschte Sandwolken in die Luft. Im Hauptstromzug bauten sich plötzlich hohe Wellenberge auf; literweise kam schlammige Brühe über Bord. Hier mußten wir schnellstens raus! Während ich mich hektisch anhand der Karte orientierte, versuchte Birgit, das Kanu vom Bug aus auf Kurs zu halten – mit wenig Erfolg. Der Gegenwind war stärker als die Strömung, und unser Boot trieb unweigerlich quer. Aufgebracht schimpfte Birgit, ich solle mich gefälligst beeilen, bevor wir kenterten.

»Rechts rüber!« kommandierte ich und suchte nach dem Ausfluß. Der schmale Seitenarm, eingebettet in meterhohe Böschungen, mußte eine Abkürzung sein. Wie eine Querstraße angelegt, umging er eine langgezogene Biegung. Dadurch sollten wir etliche Kilometer sparen.

Kaum waren wir in unsere Nebenstraße abgebogen, beruhigten sich die Wellen. Das hohe Gebüsch hielt den scharfen Wind ab, und wir glitten in gemächlichem Tempo durch die regennasse Landschaft.

»He, das läßt ja mein Goldgräberherz höherschlagen!« Aufgeregt winkte ich mit dem Paddel nach vorn. Aus der steilen, grauen Felswand vor der Kurve stach eine glasige, weiße Quarzader hervor.

»Das klassische Indiz für ein Goldvorkommen! Erinnerst du dich noch an die Beschreibung von Richard und Lee?« fragte ich Birgit, deren Zopf beim Nicken auf und ab hüpfte.

Zwischen Felsbrocken und grobem Schotter zogen wir das Kanu in der kleinen Bucht an Land. Wie es die Profi-Goldgräber beschrieben hatten, wölbte sich die Basis des Felsens nach außen: Genau in diese Aussackung mußte die Verwitterung im Lauf der Jahrtausende die goldhaltigen Erze transportiert haben. Ich dachte nur noch ans Graben und zerrte meine Schaufel und die Pfannen aus dem Gepäckhaufen.

»Die Tasche da unten, die brauch' ich nur anzugraben und bin ein gemachter Mann!« frohlockte ich und schaufelte lockeres Gestein in die Pfanne. Aufgeregt wie die Kinder standen wir im Yukonwasser und spülten die Pfanne um und um. In mühseliger Kleinarbeit schwemmten wir schwarz schimmernde Kristalle und Steine aus.

»Pures Gold!« Birgits Stimme zitterte vor Aufregung. Fehlte nur noch, daß sie mir die Pfanne aus der Hand riß, um auch ganz genau hinzugucken.

»Kim, weg da!« schnauzte ich meinen Hund an. Neugierig wollte er sich zwischen uns drängen. Ich lachte nervös und spülte das Gestein nochmals um. Kein Zweifel: auf dem rostigen Pfannenboden glänzte es golden. Ich hielt ein Körnchen hoch und ließ es prüfend in die Pfanne zurückfallen. *Klack!*

»Kategorie Nuggets«, sagte ich gewichtig.

»Hier bauen wir unser Zelt auf und graben, bis wir Millionäre sind!« schlug Birgit vor und rieb sich die Hände.

»Bei der zu erwartenden Ausbeute sollten wir in Nulato auf dem Postamt sofort die Claims anmelden«, informierte ich sie.

»Das ist nicht dein Ernst.«

»Aber natürlich!« erwiderte ich heftig und schritt das Ufer ab. »Ein klassischer Claim, einhundert Meter am Wasser entlang, zehn Meter tief, macht zweihundert Meter Wasserfront. Selbstverständlich müssen wir unsere Claims kennzeichnen, das heißt Holzpfähle einrammen und mit unseren Initialen versehen: A. K. und B. S.!«

Birgit wußte nicht so recht, ob ich Spaß machte. »Und wie lange gehört einem das Land?«

»Das gehört dir nicht. Du kannst es bloß für eine bestimmte Zeit nutzen, und das auch nur, wenn du tatsächlich nach Gold gräbst. Brachliegenlassen gilt nicht. Dann verfällt dein Anspruch.« Während ich noch Erläuterungen gab, wusch ich schon die nächste Pfanne aus.

Als die dritte Waschung ebenfalls einen goldenen Pfannenboden hervorbrachte, kam mir die Sache so langsam spanisch vor.

»Irgend etwas stimmt hier nicht! Wir sind doch nicht die ersten, die auf diese Quarzader aufmerksam werden. Ist ja schon fast ein geologischer Lehrpfad«, grübelte ich und drehte die Nuggets zwischen meinen Fingern.

Meine Zweifel wurden zur Gewißheit: Wie ich es in alten Büchern gelesen hatte, nahm ich ein Goldkörnchen zwischen die Zähne und biß kräftig darauf. Es gab nicht die Andeutung eines Millimeters nach, sondern knirschte nur. Ich schluckte trocken. Meine Enttäuschung schlug um in Galgenhumor.

»Pyrit oder wie der Volksmund sagt: Katzengold!« verkündete ich großartig und ließ unter Birgits erschreckt geweiteten Augen unser Vermögen aus der Pfanne direkt in den Fluß gleiten. Kim saß fasziniert neben mir und legte den Kopf auf die Seite. Aufmerksam folgte sie dem glitzernden Edelsteinregen mit den Augen.

»Na, dann brauchen wir uns wenigstens keine Sorgen zu machen, wie wir das Zeug verladen!«

Auch ohne Goldzuladung hatten wir genug zu tun, das Kanu gegen Regen und Wind voranzutreiben. Minutenlang blitzte die Sonne auf und weckte Erinnerungen an wohlige Wärme. Zehn Tage Dauerregen hatten die wochenlange Trockenheit bereits vollkommen vergessen lassen.

Gegen Nachmittag trat Birgits Nervosität offen zutage. Immer häufiger fragte sie mich, wann wir denn endlich Kaltag erreichten. Mir platzte der Kragen. »Mach bloß keine Hektik, du kommst noch früh genug von hier weg!« entgegnete ich bissig. Obwohl ich mich ziemlich erschöpft fühlte, spürte ich kalte Wut in mir aufsteigen.

Als erstes entdeckte ich die riesigen Öltanks – davor waren schrottreife Baumaschinen abgestellt: Die Bucht von Kaltag glich einem Industriegelände. Birgit setzte enttäuscht das Fernglas ab. Vielleicht hatte sie erwartet, federgeschmückte Indianer zur Begrüßung am Ufer zu sehen …

»Laß uns hier draußen das Lager errichten. Der Ort sieht wirklich nicht einladend aus«, schlug ich vor und wischte müde über mein regennasses Gesicht. Ohne Birgits Erwiderung abzuwarten, steuerte ich eine kleine Bucht zwischen hohen Gräsern an. Leise schrammte das Boot auf die Kieselsteine.

»Komm, wir ziehen das Kanu ganz aus dem Wasser«, murmelte ich, »dann kann man uns vom Ort aus nicht sehen.« Ruhe und Wärme waren im Moment alles, was ich wollte.

Während sich Birgit mit dem Zelt beschäftigte, kroch ich unter Büsche und Bäume, um einigermaßen trockenes Holz zu sammeln. Kleine Stöcke, dicke Äste – gekonnt schichtete ich auf, was ich gefunden hatte, und entzündete ein prasselndes Feuer. Glucksend lief trübes Yukonwasser in den rußgeschwärzten Kessel, der wenig später von lodernden Flammen umhüllt wurde.

»Eigentlich möchte ich lieber in ein gut geheiztes Blockhaus.« Birgits Worte verschlugen mir fast den Atem. Die Arme über der Brust verschränkt, stand sie am Wasser und stierte auf die inzwischen spärlich beleuchtete Siedlung.

»Das ist deine letzte Nacht im Zelt ...!« beschwor ich sie.

»Ich will nicht mehr. Ich hab' die Schnauze voll!« Sie drehte mir immer noch den Rücken zu.

Ich war so erregt, daß ich nicht sprechen konnte. Meine Gedanken überschlugen sich. Was hatten wir nicht alles zusammen erlebt ... über vier Monate auf dem Fluß – und sie machte das Ganze mit einem Satz zunichte!

»Da kommt ein Boot«, sagte meine Freundin kühl und ging dem Ankömmling flußabwärts entgegen. Ich hingegen hatte absolut keine Lust auf Besuch und kümmerte mich lieber um das schwächer werdende Feuer. Lustlos warf ich trockene Äste nach.

»Dacht' ich mir's doch, daß ihr es seid!« Der Indianer lächelte freundlich und drosselte den Motor. Ich hatte mich erhoben und ging auf das Boot zu. Woher sollte ich den langhaarigen Mann in Jeanskluft kennen?

Er merkte, daß wir nicht die leiseste Ahnung hatten, wer er war, und lachte breit. »Robert aus Kaltag! Erinnert ihr euch nicht mehr? Vor einigen Tagen mitten im Unwetter auf dem Yukon – kam gerade aus Fairbanks.« Erwartungsvoll sah er uns an.

»Entschuldigung, jetzt fällt es mir wieder ein.« Peinlich berührt ob meiner Gedankenlosigkeit gab ich ihm die Hand. Weil er sich von Kopf bis Fuß in gelbes Ölzeug gehüllt hatte, war mir nicht aufgefallen, daß der Mann in dem Powerboot Indianer war.

»Ich habe das Lagerfeuer gesehen und mir gleich gedacht, das können nur die beiden Deutschen sein!« Er hielt inne und schien zu überlegen. »Wollt ihr nicht bei mir übernachten? Ihr hättet ein Blockhaus ganz für euch. Bin nämlich umgezogen und wohne seit kurzem in einem zweistöckigen Neubau, dem einzigen in ganz Kaltag!« Mit sichtlichem Stolz zeigte Robert Richtung Siedlung.

Ich brauchte Birgit gar nicht erst anzuschauen, um zu wissen, daß sie praktisch schon unterwegs war. Welcher Teufel mich ritt, weiß ich nicht, und ich war selbst erschrocken, wie scharf mein »Nein!« herauskam. Entgeistert guckten mich beide an.

»Tut mir leid«, beeilte ich mich, meine Unhöflichkeit auszubügeln, »aber meine Freundin will morgen abfliegen. Das ist unsere letzte Nacht. Außerdem steht das Camp, und ich habe keine Lust, alles wieder einzupacken!«

Als würde er plötzlich begreifen, daß zwischen uns etwas nicht in Ordnung war, schaute Robert von einem Gesicht zum anderen. Bevor Birgit ihre Sprache wiederfinden konnte, informierte er uns: »Larrys Flugdienst. Unser Buschpilot fliegt zweimal in der Woche Post, Fracht und auch Leute. Kann sogar sein, daß er am Dienstag rausfliegt. Am besten geht ihr gleich morgen früh in sein Büro. Ist übrigens nicht zu verfehlen: Larry hat ein gewaltiges Grizzlyfell draußen angenagelt – mit *soo* langen Krallen.« Er spreizte Daumen und Zeigefinger bis zum Anschlag. »Danach kommt ihr zu mir hoch: *zweistöckiges* Blockhaus!« Aufmunternd zwinkerte Robert uns zu, startete den Motor und drehte ab.

Wütend sah Birgit dem abfahrenden Boot nach und stieß mit dem Fuß einen dicken Stein beiseite. »Das ist auch so ein Ding: Ewig mußt du für mich mitbestimmen!« In ihr brodelte es. Sie holte tief Luft und legte los: »Und überhaupt – seit Wochen fahren wir durch die gleiche Landschaft, seit Wochen sehen wir immer die gleichen Tiere, seit Wochen essen wir ein und dasselbe, seit Wochen Regen, Wind, Sonne … es ist überhaupt nichts Neues mehr passiert!«

»Jeden Tag ist etwas Neues passiert!« Meine Stimme überschlug sich. »Schwäne haben wir gesehen, weiße und schwarze. Am nächsten Tag dann einen Grizzlybären. Auf einmal kommt ein großer Elch angeschwommen, von dem wir beide annehmen, daß es bloß eine große Wurzel ist, die den Fluß runtertreibt. Denk doch nur mal zurück, wie begeistert du warst, als sich die Riesenwurzel plötzlich aus dem Wasser hob und gewaltige Elchschaufeln zum Vorschein kamen – wie der Elch majestätisch vor uns herschwimmt, wie er uns mitkriegt, zum linken Ufer rüberhält und erhaben aus dem Wasser die Böschung hochstolziert, ohne sich an uns zu stören. So ein Erlebnis, das kannst du nicht mit Geld bezahlen!« Ganz aufgewühlt von meinen Erinnerungen, blieb mir die Luft weg.

Birgit schaute mich ziemlich verdutzt an. Darauf war sie nicht gefaßt gewesen. »Warum kommst du nicht mit zurück nach Deutschland?«

»Wie bitte? Sag das noch mal!« Ich war fassungslos. »Du hast nichts begriffen!« Mit einem Mal fühlte ich mich entsetzlich müde.

»Warum mußt du weiter? Das sind noch achthundert Kilometer; der Winter kommt, das Eis ...«

»Weil ich das für mich tun muß. Ich will mir einen Traum erfüllen, will den Film machen, mir eine neue Lebensbasis schaffen ...« Inbrünstig betete ich meine Gründe herunter.

»Aber du bist dann allein!«

»Kim ist bei mir, außerdem macht mir das Leben in der Wildnis keine Angst mehr. Meine Instinkte sind endlich freigelegt – ich höre, rieche, schmecke besser, erahne kommende Gefahren, ich ...« Plötzlich brach ich ab. Birgit hörte mir gar nicht mehr zu. Ein Ausdruck der Langeweile hatte sich während meines Ausbruchs auf ihrem Gesicht breitgemacht.

»Laß uns schlafen.« In meinem Kopf gähnte eine große Leere.

Zusammengekauert hockten wir am Rand der Schotterpiste und schenkten Larry unsere ungeteilte Aufmerksamkeit: Mit geübten Handgriffen überprüfte er die Flugtüchtigkeit seines kleinen zweimotorigen Buschflugzeugs und machte die Maschine startklar. Eine Hand auf ihren Rucksack gelegt, kraulte Birgit mit der anderen gedankenverloren Kim, die, Schlimmes ahnend, sich fest an Birgits Beine preßte.

»Wirst du, bis ich zurückkomme, in unserem Haus wohnen bleiben?«

»Nein. Ich ziehe zu meinen Eltern. Einen Teil meiner Sachen nehme ich mit.«

Betroffen schwieg ich einen Moment. Dann räusperte ich mich, bevor ich den Satz aussprechen konnte, den ich eigentlich schon seit Wochen im Kopf hatte.

»Schade, daß alles so gekommen ist. Dabei dachte ich, das enge Zusammenleben und die Entbehrungen würden uns unverbrüchlich zusammenschweißen.«

»Ja, schade. Aber melde dich bitte, wenn du wieder da bist!«

Ich nickte. Larry winkte uns zu und hielt auffordernd die winzige Tür auf. Schwungvoll schleuderte er Birgits Rucksack in den Frachtraum und half ihr beim Einsteigen. Hin- und hergerissen zwischen

Loslassenmüssen und der Aussicht auf das bevorstehende Alleinsein, beugte ich mich zu Birgit in die Kanzel und hauchte ihr einen Kuß auf die Wange. Den Tränen nahe, kniff sie die Lippen zusammen und senkte den Blick. Um ihren Mund zuckte es verdächtig.

Larry bedeutete mir zurückzutreten und startete. Unter dröhnendem Scheppern setzte sich die kleine Maschine in Bewegung. Der Motor heulte auf, als der Pilot mit voller Kraft Anlauf in den Himmel nahm. Ein letztes Winken – dann hoben sie ab.

»Ja, Kim, jetzt sind wir zwei allein«, sagte ich zu meinem Hund, der mich von unten herauf unternehmungslustig ansah. Ich schaute dem Flieger nach, der in einer Schleife nach Norden abbog – und spürte plötzlich eine unsagbare Erleichterung: Gerade hatte etwas Neues angefangen!

Robert und seine Frau beteuerten in rührender Weise, daß ich gern ein paar Tage bei ihnen bleiben könne. Doch ich ließ mich nicht umstimmen. Schließlich half mir Robert, Gepäck und Fotoausrüstung zum Strand zu schleppen. Sorgsam plazierte ich Stück für Stück im Kanu. Mir kam es vor, als führte ich ein Ritual aus. Vier dicke Wackersteine im Bug mußten Birgits fehlendes Gewicht ausgleichen.

»Ist ein langer Weg bis zur nächsten Siedlung. Und dazu die Herbststürme ...« Ein wenig verlegen reichte Robert mir eine Plastiktüte.

»Lachsstreifen – toll!« Begeistert schüttelte ich ihm die Hand und legte die Kraftnahrung ganz zuoberst auf mein Gepäck.

»Und mach nicht so hohe Wellen beim Ablegen!« Robert grinste, als ich zum ersten Mal ganz allein das Kanu vom Ufer wegsteuerte. Kim hatte endlich freie Sicht. Unerschütterlich saß sie als Gallionsfigur aufrecht im Bug.

11

Allein

»Das paßt ja gut ... kein Gewehr dabei!« murmelte ich und schätzte rasch ab, daß die Grizzlybärin mit ihrem Jungen wohl noch knappe hundert Meter entfernt war. Im spitzen Winkel zu unserer Wegrichtung durcheilten Mutter und Junges die Tundra.

So zielstrebig, ohne Futter aufzunehmen? Die haben etwas vor, wunderte ich mich und drückte auf den Auslöser. Kim stand ruhig neben mir und durchforschte das niedere Buschwerk vor ihrer Nase. Beunruhigt, weil die Bären weder Richtung noch Tempo änderten, sann ich auf Rückzug – es war nur eine Frage der Zeit, bis sie mit uns zusammenstoßen würden. Plötzlich durchlief ein Beben den Hundekörper vor meinen Beinen: Kim hatte Witterung aufgenommen, der Wind mußte gedreht haben.

»Kim – nein!« Mein leiser Schreckensruf kommt Sekunden zu spät. Mit hochgestellten Nackenhaaren fängt Kim an zu zittern und spurtet los.

»Kim, Kim!« Leise, damit die Bären mich nicht hören, rufe ich sie zurück. Sie gehorcht nicht. »Immer wieder dasselbe mit diesem Hund«, schimpfe ich unterdrückt. Verdammt, sie laufen unmittelbar aufeinander zu.

»Kiiim!« Mein Brüllen gellt selbst mir in den Ohren. Erschreckt hält die Bärin mitten im Lauf inne und wittert in meine Richtung.

»Kim!« Ich versuche, sie zu stoppen, bevor ich jegliche Kontrolle über sie verliere. Sekundenlang ist Kims kleiner brauner Körper zu sehen, dann verschwindet er im Busch. »Kim!« Wütend und ängstlich rufe ich ihren Namen. Blitzartig wendet der schwere Grizzly. Das Junge dreht sich im Kreis, jagt der flüchtenden Mutter hinterher. Kim muß unmittelbar vor ihnen aufgetaucht sein. Mir werden die Knie weich, aber dann packt mich der Verfolgungstrieb.

Platschen – Krachen – Kims helle Hetzlaute. Wie elektrisiert stolpere ich über den von Wurzeln durchzogenen Uferkamm, verfange mich im Gestrüpp, renne weiter. Verdammt! Das Wasser ist zu tief, da komme ich niemals zu Fuß rüber. Tatenlos muß ich zusehen, wie die Bären auf der anderen Flußseite die Anhöhe erklimmen und zurück in die Tundra flüchten. Währenddessen paddelt Kim noch wie eine Besessene durch die Fluten, hetzt hinter den Grizzlybären das Ufer hoch und prescht davon in den Busch.

»Kim!« Mein verzweifelter Ruf verhallt ungehört. Sehen kann ich nichts mehr, nur noch ahnen, was sich dort drüben abspielt. Meine Nerven sind zum Zerreißen gespannt, während ich auf ein Lebenszeichen von meinem Hund warte. *Hau! Hau!*

Unglaublich, die läßt nicht locker! In meine Machtlosigkeit mischt sich ein Hauch von Stolz. Mit dem Kanu könnte ich übersetzen, ihnen auf dem Wasser den Weg abschneiden und der wilden Jagd bis in die sumpfige Tundra folgen. Es dauert nur Sekunden, bis mir klar wird, daß mein Boot an einem anderen Seitenarm liegt – dauert alles viel zu lange. Plötzlich ist Kims tiefer Standlaut zu hören. Sie hat den Bären gestellt. Mit einem Mal ist es bedrohlich still. Was ist jetzt passiert?

Ich kann mir ausmalen, wie der riesige Grizzly seine Mordszähne fletscht, wie er mit der Pranke nach dem winzigen Hundewurm am Boden schlägt … Geräusche! Mit angehaltenem Atem lausche ich auf das Knacken brechender Zweige. Getrappel, Kims heller Hetzlaut – die Jagd geht weiter.

»Wo wollen die bloß noch hin?« Meine Hoffnung, daß Kim sich besinnt und zurückkommt, schwindet mit jeder Minute mehr. In meinem Kopf kreisen rasend die Gedanken. Inzwischen müssen sich die Tiere mehrere Kilometer von mir entfernt haben. Auf einmal höre ich langgezogenes Jaulen. Eisiger Schreck durchfährt mich: Der Grizzly hat sie erwischt. Sofort denke ich aber auch, daß Kim nur verletzt sein könnte, dann würde sie versuchen, zum Camp zurückzufinden. Leg eine Fährte, befiehlt meine Vernunft, und wie von selbst setze ich einen Fuß vor den anderen, schleife mit den Sohlen über die Erde. Je breiter ich meinen Geruch verteile, desto größer ist die Chance, daß Kim zurückfindet.

Bisher hat das noch immer geklappt, tröstete ich mich und dachte an die unzähligen Nachsuchen in unserem gemeinsamen Jägerleben zurück. Wie oft war Kim erst nach zwei Tagen zurückgekehrt, wenn sie einem angeschossenen Keiler kilometerweit ins Dickicht gefolgt war! Sie wußte, was sie zu tun hatte: meiner gelegten Fährte folgen und auf die drei Schüsse aus meinem Bergstutzen reagieren, was soviel bedeuten sollte wie: Zurückkommen!

»Aber ein gesunder Grizzly ist kein angeschossenes Wildschwein«, gab mein Verstand zu bedenken. »Kim ist ein erfahrener Jagdhund … Unverletzten Tieren kann sie auf lange Sicht sowieso nicht folgen«, verteidigte ich den Scharfsinn meines Hundes.

Stunden waren inzwischen vergangen; auf den letzten Metern zum Zelt begann ich zu laufen. Nimm die großen Patronen, die knallen lauter. Mit fliegenden Händen legte ich die Munition in den Lauf. *Wumm – Wumm – Wumm!* Drei dröhnende Explosionen zerrissen die Stille. Kim mußte die Schüsse hören!

Es fing an, dämmrig zu werden. Noch eine knappe halbe Stunde, dann würde pechschwarze Nacht hereinbrechen. Dieses Jaulen war kein gutes Zeichen gewesen. Ein Grizzly ist schon ein anderes Kaliber als ein Schwarzbär, und dazu noch mit einem Jungtier … Wenn sie nur klug genug ist und den Bären laufenläßt, bevor er zur Besinnung kommt und den Spieß umdreht. Ich vermutete, daß vielleicht nur mein Brüllen den Bären in die Flucht getrieben hatte, nicht das winzige Etwas, das da laut kläffend auf ihn zugerannt kam.

Warum soll sie es nicht schaffen? Denk nur an den Schwarzen, den hat sie sogar auf den Baum getrieben. Ich nickte und lauschte. Die Vorstellung, daß ich ohne meinen Hund weiterfahren müßte, nagte an meinen Eingeweiden. Zum ersten Mal, seitdem Birgit fort war, zeigte sich das Gespenst der Einsamkeit in seiner vollen Größe. Kim konnte mir zwar nicht mit Worten Antwort geben, aber wenn sie mich aus ihren verständigen Augen ansah, war das genug für mich gewesen. Abends im Zelt hatte ich ihren warmen Körper auf meinen Beinen gespürt … Ich seufzte und wünschte mir, daß die Sehnsucht nach Herrchen sie schon zurücktreiben würde. Vor allem aber brauchte ich jetzt Wärme, und ein Leuchtfeuer für Kim konnte auch nicht schaden.

Im Busch raffte ich Äste und trockene Stämme zusammen. »Das brennt drei Tage lang durch«, lachte ich hoffnungsvoll beim Anblick des Holzberges, durch den sich sprotzend und knisternd die Flammen fraßen. Der lodernde Feuerschein zog einen Lichtkreis um mich, hinter dem die unwirtliche Wildnis, kalt und naß, wie sie war, verschwand. Nicht einmal die Sterne zeigten sich heute abend.

Wenn es bloß nicht so schrecklich still wäre. Alle paar Minuten durchforschte ich das undurchdringliche Dunkel und stellte mir vor, wie Kim, die Nase tief am Boden, plötzlich heranjagen und mir vor lauter Freude bis an den Hals springen würde. Leise murmelte ich in mich hinein: »Bis es soweit ist, kann ich mich ja an der goldgelben Flasche wärmen.«

Wohlweislich hatte ich mir noch aus Kaltag einen Vorrat *Yukon Jack* als Trostspender mitgenommen. »Ab Nulato findest du keinen offiziellen Schnapsladen mehr am ganzen unteren Yukon«, hatte mich Robert gewarnt. »Nimm lieber eine Flasche mit – so ganz ohne Frau!« Amüsiert hatte ich ihn gefragt, ob die Indianer und Eskimo denn tatsächlich »trocken« seien. Schmunzelnd hatte er mir anvertraut, daß in den Dörfern nach alter Tradition aus Kartoffeln Schnaps gebrannt wurde, von dessen Genuß er mir aber dringend abriet. Scharf und heiß stieg mir der Alkohol in die Nase. Kakao mit einem kräftigen Schuß Whisky war genau das, was ich jetzt brauchte: Das half gegen Hunger und Einsamkeit.

Mich fröstelte. Mein Scheiterhaufen fiel unaufhaltsam rotglühend in sich zusammen, und zum ersten Mal stieg ich in voller Montur in den Schlafsack. Mein benebeltes Hirn registrierte plötzlich durchdringendes Heulen: Wölfe! Die schaurigen Laute sprangen mich aus den verschiedensten Richtungen an. Sie riefen einander, um sich für den Winter zusammenzurotten. Schwer atmend kroch ich tiefer in die klammen Daunen.

»Kim!« Ein Geräusch hatte mich aufgeschreckt. Eilig hievte ich mich aus meinem Schlafsack und rutschte bäuchlings nach draußen. Zu Tode erschrocken, warf sich ein Biber in die Fluten und paddelte rasant vom Ufer weg.

»Bloß ein Biber – sie ist nicht zurückgekommen«, murmelte ich enttäuscht und raffte mich zu meinem allmorgendlichen Ritual auf: Feuer machen, den verrußten Kessel mit trübem Flußwasser füllen, Kaffeepulver reinschütten – warten, bis das Wasser brodelte.

»Zuviel Alkohol gestern abend, Herr Kieling!« schimpfte ich mit mir und würgte hastig die heiße, schwarze Brühe herunter.

Während ich die Kameraausrüstung vom Kanu ins Zelt schleppte, um mein Gefährt zu erleichtern, überlegte ich mir, daß der Tundrafluß von gestern ein Seitenarm dieses Kanals sein mußte. Auf meinem Weg hatte ich zwar keine Einmündung gesehen, hatte aber auch nicht darauf geachtet. Gegen die Strömung paddelte ich flußaufwärts Richtung Hauptarm und entdeckte tatsächlich einen schmalen Durchlaß. Auf den windgekräuselten Wellen konnte ich das Boot mit der Strömung treiben lassen. Feuchtglänzende Steilhänge säumten den Fluß. Wo die Ufer etwas flacher ausliefen, hatten sich bereits hauchdünne Eisplatten gebildet.

Das ging aber schnell, dachte ich, etwas beunruhigt über den lautlos herannahenden Winter. An den Abbruchkanten des Permafrostbodens erstarrte ablaufendes Wasser zu bizarren Eiszapfen. Endlich entdeckte ich die Spuren, tief eingegraben in den überfrorenen Schlamm. Wie umgepflügt sah der Erdboden aus, wo die Tiere die Böschung hochgeflüchtet waren. Ich fuhr eine Wende, und mit leisem Kratzen setzte das Kanu auf. Zu allem entschlossen, kraxelte ich die rutschige Anhöhe hinauf.

Mit schwierigem Gelände hatte ich gerechnet, aber nicht mit derartig unbegehbarem Sumpfland. Das stehende Wasser war durchsetzt mit Sandinseln, auf denen Moose und Flechten wuchsen. Dazwischen leuchteten rot und blau prallreife Beeren. *Indian Summer,* dachte ich wehmütig und schaute auf die Bilderbuchlandschaft. Für mich hatte dieses Farbenspiel einen bitteren Beigeschmack. Gewaltsam riß ich mich aus meinen Gedanken und suchte nach den Fährten: riesige Trittsiegel mit markanten Krallenabdrücken im Wechsel mit Kims kleinen Pfotenspuren. Wie winzig die neben den Tatzen aussahen!

Auf dem nassen, glitschigen Untergrund rutschte ich mit den glatten Gummisohlen von den schwammigen Flechtenpolstern ab und versank knietief im Wasser. Durch den Sumpf watend, forschte ich nach dem nächsten Abdruck, um erst etliche Meter weiter das nächste Puzzlestück aufzuspüren. Obwohl ich mich nur wenige hundert Meter weit vorgearbeitet hatte, fühlte ich mich getrieben, laut nach Kim zu rufen. Ich fing an, den Sumpf zu verfluchen, und schimpfte laut mit den Zweigen, die federnd zurückschlugen und beißende Striemen auf meinem vor Kälte erstarrten Gesicht hinterließen. Je hastiger ich weitereilte, desto deutlicher spürte ich, daß ich trotzdem immer schlechter vorankam. Meine Beine versagten im Eiswasser den Dienst; ich strauchelte mehr, als daß ich gezielte Tritte tat.

»Lange halte ich diesen Marsch nicht mehr durch, und Kim kann wer weiß wo sein!« stöhnte ich kraftlos. Obwohl ich gut durchtrainiert und hart gegen mich selbst war, mußte ich mir eingestehen, daß ich müde wurde. Zeit, meine Taktik zu ändern. Mühsam arbeitete ich mich zu der einzigen Erle durch, deren Stamm mich überhaupt tragen konnte. Wenigstens einmal mußte ich von oben auf das Sumpfland schauen – vielleicht entdeckte ich Kim.

Mein Ausguck bog sich bedrohlich unter meinem Gewicht, dennoch stieg ich bis in die schmächtige Krone: Mindestens zehn Quadratkilometer buschdurchsetzte Tundra breiteten sich unter mir aus. Meine Hoffnung, irgendwo Kim entdecken zu können, verlor sich angesichts der unendlichen Weite der arktisch anmutenden Einöde.

Plötzlich war die Luft von blechernem Quäken erfüllt, und etwas Weißes blitzte auf. Fasziniert versuchte ich mir auszumalen, wie massig die Elche sein mußten, deren Schaufeln aus dem Braun und dem Grün hervorstachen. Sternförmig zogen vier kapitale Bullen auf einen Hain dichtstehender Fichten zu. Die mächtigen Köpfe immer wieder äsend in die Büsche vergraben, machten sich die Burschen gemächlich auf Brautsuche. Ihr Rufen wurde vom dünnen Schrei der weiblichen Tiere beantwortet; die Brunftzeit war offensichtlich in vollem Gange.

Das gäbe tolle Fotos! Meine Leidenschaft, die Urviecher in Großaufnahme einzufangen, blitzte nur kurz auf. Kreischendes Vogelgeschrei lenkte meine Aufmerksamkeit ab. Gegen das Weiß der schneebedeckten Bergspitzen hob sich eine auf- und abtanzende schwarze Wolke ab: Kolkraben. Die Aasfresser sammelten sich über einem Punkt in der Ebene.

»Kim?« Mein gellender Schrei verhallte, ohne daß ich ein anderes Geräusch hörte als das Rascheln des Windes in den dürren Blättern. Wenn das wirklich der Kadaver meines Hundes war, auf den sich die Raben stürzen wollten, konnte sie mich nicht mehr hören. War es aber ein anderes Tier, lief mein Hund hier möglicherweise noch herum … Unwahrscheinlich, gestand ich mir ein und blickte starr auf die Vögel.

Und wenn der Grizzly sie abgehängt hatte, Kim aber auf einen Wolf getroffen war? Wölfe töten Hunde, echote eine Stimme in mir, und ich erinnerte mich an Roberts Worte: »Das ist indianische Tradition: Eine läufige Huskiehündin wird im Wald angebunden, um zu warten, bis ein männlicher Wolf sie deckt. Auf diese Weise kommt wieder mehr Wolfsblut in unsere Hunde. Das verbessert ihre Widerstandsfähigkeit und macht sie brauchbarer für den Schlitten.« Als ich Robert gefragt hatte, was geschieht, wenn statt dessen eine Wölfin vorbeikommt, zuckte er lakonisch mit den Schultern und antwortete, sie töte den Hund sofort. »Das tut übrigens auch ein Wolf, wenn das Ganze zu lange dauert und sich der Hitzegeruch der Hündin verflüchtigt. Dann ist sie nur noch Beute.«

Ich unternahm einen letzten Anlauf, positiv zu denken, und stellte mir vor, daß Kim und ich uns verpaßt hatten. Bei meinem kilometerlangen Umweg über die Flüsse konnte sie doch auf dem kürzeren Landweg zum Camp zurückgelaufen sein …

Hoffnung gibt Kraft. Leider reichte sie in diesem Fall nicht aus, das Kanu allein gegen die Strömung zu paddeln. Es half nichts, ich mußte aussteigen. Die harte Bugleine schnitt tief in meine Handflächen. Ich strauchelte über Felsbrocken, die sich im trüben Yukonwasser verbargen. Wich ich aufs weiche Ufer aus, versank ich bis zu den Knöcheln im schwarzen Schlick, und es kostete jedesmal viel Zeit und Kraft, mich wieder zu befreien. Meine Kleider klebten am Körper, und ich kühlte aus, sobald ich, nach Luft ringend, anhielt. Ganz steif vor Kälte, feuerte ich alle halbe Stunde einen Schuß aus meinem Gewehr ab, um Kim ein Zeichen zu geben, daß ich auf dem Weg war.

»Ich würde es fühlen, wenn Kim tot wäre!« stieß ich atemlos hervor. Plötzlich erschien mir Birgits blasses Gesicht, umrahmt von einer Wolke rotblonder Haare. Mit verschwommenen Gesichtszügen starrte sie mich aus giftigen Augen an: »Du bist schuld! Warum hast du Kim nicht an der Leine geführt? Du kennst doch ihre Unberechenbarkeit, verdammter Idiot!«

»Aber sie war ganz ruhig. Schließlich konnte ich nicht ahnen, daß ausgerechnet ein Grizzly vor uns auftauchen würde. Ich wollte bloß gute Elchaufnahmen machen«, verteidigte ich mich. Doch meine Argumentation ging spurlos an Birgit vorbei.

»Mich hast du schon verloren – jetzt auch noch Kim! Du glaubst doch selbst nicht, daß sie noch lebt.« Mit weit ausholender Geste umriß Birgit die sumpfige Ebene. Betroffen folgte ich ihrer Handbewegung.

»Und wenn schon! Ist es nicht besser, in der alaskanischen Wildnis von einem Bären oder von einem Wolf getötet zu werden, als unter Umständen ein halbes Jahr später in Deutschland unter ein Auto zu geraten?«

»Rede dich nicht raus! In ein paar Tagen wäre Kim zehn Jahre alt geworden. *Zehn Jahre* an deiner Seite. Durch dick und dünn ist sie mit dir gegangen, hat sich immer wieder mit ihrem Leben für dich eingesetzt. Und du paßt einfach nicht gut genug auf sie auf!« Birgits Worte nagten an meinem Herzen. Ich schluckte trocken, blieb stehen und wischte mit einer energischen Handbewegung den bösen Traum weg. »Halluzinationen – so weit ist es schon mit dir gekommen«, flüsterte ich erschrocken.

Nässe, Kälte und mein angeknackstes Gewissen machten mir zu schaffen. Kraftlos ließ ich mich auf den Kanusitz fallen und griff zögernd nach dem Paddel. Zu meinem Erstaunen kam ich schneller voran, als ich gedacht hatte. Kaum war ich aus der Enge des Tundraflusses heraus und wurde von der Strömung des großen Kanals flußabwärts getrieben, kam wieder Leben in mich. Ich konnte es kaum erwarten, endlich das Zelt auftauchen zu sehen.

»Kim!« brüllte ich schon von weitem und hoffte, sie würde ans Ufer gelaufen kommen. Nichts passierte, und niedergeschlagen legte ich an. Auf einmal dämmerte mir, daß wir bisher unverschämtes Glück gehabt hatten. Die Nachsuche zusammen mit Jack fiel mir wieder ein. Kim hatte damals den Bären gestellt, doch ich war rechtzeitig zur Stelle gewesen, um ihn zu töten. Aber jetzt? Wer würde sie nun retten? Mißmutig zerrte ich mir die nassen Sachen vom Leib. In der schummrigen Vertrautheit meines Zeltes griff ich nach der Flasche *Yukon Jack.* Obwohl ich genau wußte, daß Alkohol die schlechteste aller Lösungen war, ließ ich das scharfe Betäubungsmittel durch meine Kehle rinnen. Augenblicklich brannte es in meinem Magen wie Feuer. Ich sollte wohl lieber etwas essen …

Futterplätze! Als wollten die Götter des Nordens mir ihren Beistand gewähren, blitzte diese Idee in meinem Kopf auf, und ich beschloß, morgen einige Futterplätze für Kim anzulegen. Sollte sie verletzt sein, es jedoch schaffen, sich bis zum ersten zu schleppen, hätte sie die Chance, neue Kraft zu sammeln. In fast fröhlicher Stimmung durchforstete ich den Küchenkarton nach Leckereien. Den Rest des Hundefutters würde ich mit den wenigen getrockneten Lachsstreifen garnieren, die mir noch geblieben waren.

»Kim ist absolut scharf auf Lachs!« Schmunzelnd lauschte ich meiner eigenen Stimme nach, und plötzlich wurde mir klar, daß ich immer noch an ihr Überleben glaubte. »Morgen sorge ich für dich!« versprach ich, nahm noch einen großen Schluck aus der Whiskyflasche und legte mich vorsichtshalber gleich in den Schlafsack. Spätestens in einer Stunde würde es ohnehin dunkel werden.

Bitterkalt zog der Wind übers Wasser. Ich hatte den Eindruck, daß das Thermometer in den vergangenen drei Tagen um mehrere Grad gefallen war. Im Windschutz der Zeltplane entfachte ich ein Feuer und wartete gierig darauf, daß die Bohnen im Topf endlich anfingen zu kochen. Endlich verspürte ich wieder Hunger.

Genau an der Stelle, wo Kims Spur am Wasser endete, hatte ich am Morgen den ersten Futterplatz angelegt und ihn mit Zweigen abgedeckt. So würden zumindest die Raben und Möwen davon lassen. Im Trippelschritt war ich danach auf der Fährte zurückgegangen, doch obwohl ich auf das kleinste Geräusch lauschte, hatte ich den schweren Schaufler nicht gehört.

Der Fluß lag zwischen uns, als ich den mächtigen Elchbullen erblickte. Die Schaufeln tief am Boden, zog er äsend mit mir auf gleicher Höhe dahin. Gespannt beobachtete ich, wie er ganze Büschel Blätter von den Sträuchern riß und sie malmend zerkleinerte. Aus der kurzen Entfernung erinnerte mich sein Riesenschädel an den eines Kamels. Wie immer, wenn ich mich allein auf weiter Flur mit einem so gewaltigen Tier befand, überrieselte mich vor Ehrfurcht eine Gänsehaut. Ich fühlte mich ganz klein und verletzlich als Mensch.

Entweder hatte der Elch meinen Schritt gehört, oder aber der Wind hatte gedreht – plötzlich sah er auf. Erschreckt glotzte er mich an und stakste dann eilig davon. Als ich den Elch durchs Gestrüpp brechen hörte, befielen mich düstere Gedanken: Wie würde *er* auf einen kleinen Hund reagieren? Bären, Wölfe, Elche … Heute war bereits der dritte Tag seit Kims Verschwinden.

Das leise Geklapper auf meinem Kocher riß mich zurück in die Wirklichkeit. Mein Essen war gar. Während ich heiße Bohnen löffelte und meine blau angelaufenen Hände an dem Blechnapf wärmte, stiegen Zweifel in mir hoch, und ich überlegte, daß mein Hund noch niemals drei Tage fortgeblieben war. Es fiel schwer zu glauben, daß Kim nicht im Hundejenseits sein sollte, im »Schokoladenhimmelparadies«. Unwillkürlich mußte ich über die Wortschöpfung lachen, die mir eine quietschlebendige Kim vor Augen führte. Das war erst im letzten Sommer gewesen, zu Hause in Bad Münstereifel …

»Du verdammter Köter! Mach, daß du hier rauskommst!« Aus den Augenwinkeln sehe ich, wie Kim mit eingeklemmtem Schwanz über den Marktplatz rennt, die Schnauze vollgeschmiert mit Schokolade. Nach dem Motto: Bloß nichts sehen oder hören! studiere ich angestrengt die Kinoplakate und halte die Luft an.

»Wem gehört dieser Hund?« Giftig keift die Frauenstimme. Eine Verkäuferin im weißen Kittel stemmt erbost die Arme in die Hüften und sucht den Platz nach einem vermeintlichen Besitzer des pralinenfressenden Ungeheuers ab.

Klammheimlich stopfe ich Kims Leine in meine Jackentasche und setze eine harmlose Miene auf. »Ist nicht mein Hund«, flüstere ich und halte den Blick stur auf die Voranzeige des Thrillers gerichtet. Doch Kims Spürsinn läßt sie nicht im Stich: Voller Freude darüber, mich endlich entdeckt zu haben, springt mein Schokoladenhund an mir hoch und bellt herzerfrischend.

»Gehst du weg, gehst du weg!« schnauze ich sie leise an und helfe mit stupsenden Handbewegungen nach. Zu spät.

»Ist das Ihr Hund?« Der Feldwebel in Frauengestalt zeigt mit dem Finger auf mich. Heiß schießt mir das Blut in den Kopf, und ich weiß: Jetzt hilft kein Leugnen mehr.

»Kommen Sie mal! Gucken Sie sich die Sauerei an!« Wutentbrannt stolziert die Dame vor mir her, schaut sich prüfend um, ob ich ihr auch folge.

Die offenstehende Ladentür des Etablissements für belgische Spezialpralinen läßt mich Böses ahnen. Auf der goldgelben Seidendekoration im Schaufenster prangen Kims dunkelbraune Pfotenabdrücke. Umgeworfene Glasschälchen, dazwischen plattgetretene Pralinés, dazu die vielen kahlgefressenen Silbertabletts – die Spuren sind unverkennbar.

»Ich war nur kurz hinten zum Telefonieren!« Puterrot im Gesicht, gestikuliert die Verkäuferin, wirft wütende Blicke auf meinen Hund, der sich am liebsten in Luft auflösen würde. Ich unterdrücke ein Lachen und stelle mir vor, wie Kim ihre Chance gewittert und unverzüglich genutzt hat: Keiner da – so viel Schokolade – das ist mein Ding! Ihr Ausflug kostete mich glatte zweihundertfünfzig Mark.

Die Bohnen waren inzwischen kalt und mehlig geworden. Meine anfängliche Heiterkeit wich tiefer Trauer. Nie mehr solche Erlebnisse? Vielleicht schaffte sie es heute nacht.

Wie wenig Chancen ich Kim im Grunde gab, wurde mir am nächsten Morgen bewußt: Nicht ihr galt mein erster Gedanke, sondern dem Winter. Unbemerkt hatte er in der Nacht ein weißes Laken über die Landschaft gebreitet. »Schnee!« Ungläubig starrte ich aus dem Zelt. Ein Aufbruchsgefühl ergriff Besitz von mir: Ich wollte meine Abfahrt nicht länger hinausschieben.

Wenigstens noch einmal die Futterstellen kontrollieren und die Fährte erneuern! meldete sich mein Gewissen und trieb mich durchs verschneite Gelände. Jetzt war ich froh, daß ich die Stellen mit Zweigen markiert hatte. Ich stellte fest, daß die ersten beiden Plätze unversehrt geblieben waren, aber um den Futterplatz am Fluß war der Schnee von Fuchsspuren zertreten. Ich mußte nicht erst nachschauen, um zu wissen, daß Futter und Lachs verschwunden waren. Von Kim jedoch keine Spur. Ratlos sah ich zum Sumpfland hinüber. Frostige Stille und Einsamkeit gingen von jenem Ort aus. Wortlos drehte ich mich um und stapfte mit festem Schritt zum letzten Mal meine Fährte.

Wozu noch warten? Worauf? fragte ich mich und hielt mir vor Augen, daß es noch ungefähr dreihundertfünfzig Kilometer bis zur Beringsee waren. Und der Winter hatte sich unmißverständlich angekündigt.

Obwohl es bereits gegen Mittag ging, legte ich ab. Die ersten Paddelschläge tat ich mit bleischweren Armen. Immer wieder schaute ich zurück über die Schulter ans Ufer, dorthin, wo bis eben noch unser Lagerplatz gewesen war. Allzu schwer fiel es mir, mich von diesem Ort loszureißen.

Wenn du jetzt wegfährst, dann ist Kims Schicksal besiegelt. Ein Gefühl im Bauch befahl mir, auf der Stelle umzudrehen. Wie ein Irrsinniger paddelte ich gegen die Strömung an. Und was machst du jetzt hier? fragte ich mich und rannte ruhelos am Ufer auf und ab, stierte über den Uferkamm. »Spürst du denn nicht, daß du *jetzt* kommen mußt?« beschwor ich mit wispernder Stimme eine imaginäre Kim und biß die Zähne zusammen.

Das schnelle Gehen heizte ein, machte mich regelrecht wütend. Alles Quatsch, sagte ich mir. Hast du ein Ziel oder nicht? Willst du das aufs Spiel setzen? Kapier doch endlich!

Hin- und hergerissen stieg ich ins Kanu und sah geistesabwesend auf die Karte: Der Seitenkanal führte nach zehn Kilometern in den Hauptarm des Yukon. Wasserläufe finden immer ihren Weg – nur Menschen und Hunde gehen in dieser Weite verloren, formulierte ich still meine Trauer. Immer noch hingen meine Augen am Festland. Weit vor mir am Ufersaum entdeckte ich einen jungen Seeadler, der gerade einen zappelnden Fisch kröpfte. Eilig riß ich mein Fernglas hoch: Seine Gestalt hatte mir für einen Moment Kims Silhouette vorgegaukelt. Hoffte ich also immer noch, daß mein Hund am Ufer entlanggelaufen käme, um zu mir ins Kanu zu springen?

Du kannst es nicht lassen! Mit dem Ablegen hast du nun deine Spur verwischt. Es ist zu spät; sie kann dich nicht mehr finden. In meinem Kopf hallten hohl Abschiedsgedanken – diesmal endgültig.

Die Flußläufe vereinigten sich wieder zu einem mächtigen Strom, auf dem die Hölle los war. Vom Sturm vorangetrieben, wälzte sich die Schlammbrühe in einer Hochwasserwelle flußabwärts. Ich war froh, von den Naturgewalten gefordert zu werden, und bescheinigte mir, wie gut ich inzwischen das Kanu allein beherrschte. Trotz des Seitenwinds, der den Bug brachial in den Strom hineindrücken wollte, hielt ich das Boot stur auf Kurs. Im Rundschlag, hoch über den Kopf geführt, stieß ich unermüdlich das Paddel ins Wasser.

Stundenlang hielt ich diese Technik durch, verfiel in eine Art Trance. So abzustumpfen tat gut.

Doch in den Zustand der inneren Leere brachen erneut Gedanken um Kim wie Donnerschläge ein. Wie schäbig von dir – gibst deine treueste Gefährtin bereits nach vier Tagen auf! quälte mich mein Gewissen. Erinnere dich, sie hat dir das Leben gerettet! Weißt du noch, wie du bei einer Nachsuche plötzlich unter dem angeschossenen Keiler lagst? Wehrlos, die Arme über dem Gesicht verschränkt. Vergeblich wolltest du den scharfen Eckzähnen ausweichen, die sich in dein Fleisch bohrten ... bis Kim sich unter Lebensgefahr in das Wildschwein verbiß, es ablenkte. Mir brach der Schweiß aus. Die Erinnerung tat weh.

Was hätte ich noch tun können? Wie lange hätte ich warten sollen? Außerdem war der Winter da. Nein, ich hatte vernünftig gehandelt, beruhigte ich mich und konzentrierte mich wieder auf den Fluß, auf das Weiterkommen. Bei diesem Tempo müßte ich in drei Tagen Russia Mission erreichen, die erste Eskimosiedlung am Yukon.

Jeder neue Tag war eine Viertelstunde kürzer als der vorangegangene. Gegen neun Uhr morgens wurde es hell. Dann fuhr ich bis zur einbrechenden Dunkelheit gegen fünf Uhr nachmittags. Legte der Wind eine Pause ein, ließ ich das Kanu mit der Strömung treiben und ruhte mich aus.

Während mir am rechten Yukonufer spärlich bewachsene Bergformationen Windschutz boten, konnte der Sturm drüben ungehindert über die Tundra jagen, die sich hinter dem Steilufer bis zum Horizont erstreckte. Mittendrin thronte einsam ein nackter Kegelberg, der auch nach tagelanger Fahrt nicht einen Meter näher rückte. Mit jedem Tagespensum, das mich weiter in den Südwesten Alaskas führte, verstärkte sich der leblose, triste Eindruck der baumlosen Landschaft. In den Flats waren mir die Berge abhanden gekommen, aber es war zumindest saftig grün um mich her gewesen. Hier hingegen sah alles nach absterbender Natur aus.

Gegen Mittag beruhigte sich plötzlich das Wetter. Die geschlossene Wolkendecke zeigte kleine Löcher, durch die zaghaft schmale Bündel Sonnenstrahlen aufs Wasser fielen. Meine Stimmung besserte sich. Am rechten Ufer, hinter einer schroffen Felswand versteckt, dehnte sich eine Bucht. Zurechtgeschnittene Baumstämme stapelten sich am Strand, und die meisten der Boote lagen winterfest kieloben. In dem aufsteigenden Buschgelände weiter hinten standen etliche Holzhäuser verstreut: Russia Mission.

Ich steuerte aus der Flußmitte heraus geradewegs auf das Aluminiumboot zu, das kurz vor mir angelegt haben mußte. Schwerfällig kletterte ein alter Eskimo im dick wattierten Overall aus dem Boot und hievte zwei große Fische über die Bordwand. Er packte sie in den Kiemen und schleppte die Weißfische hinüber zu den Huskies. Ganz am Ende der Bucht, hinter struppigen Büschen, hörte ich die Hunde an ihren Ketten toben.

»Hchoaka!« murmelte er. Seine freundlichen Augen verschwanden in den tiefen Runzeln eines wettergegerbten Gesichts. Er war der erste Mensch, dem ich seit unzähligen Tagen wieder begegnete. Vor allem aber freute es mich, daß er mir zulächelte. Von der Anstrengung und dem ständigen Wind erschöpft, blieb ich im Kanu sitzen und schaute mich nach einem Platz für mein Zelt um. Einen Tag wollte ich hierbleiben, meine Vorräte ergänzen und nach Möglichkeit eine heiße Dusche nehmen, bevor ich zum Endspurt aufbrach.

Kinderstimmen. Bunt wirbelnde Farbklekse tobten aus dem Gestrüpp heran: Eine lärmende Kinderschar in bunten Schneeanzügen hatte mich und mein Kanu entdeckt. Von plötzlicher Schüchternheit befallen, blieben die Kleinen einige Schritte abseits stehen und beäugten mich neugierig. Sie verfolgten jede meiner Bewegungen.

»Na, was gibt's denn zu gucken?« fragte ich freundlich auf deutsch und zurrte die Abdeckplane fest. Sie kicherten.

»Josefina!« rief ein kleines Mädchen und tippte sich aufgeregt mit dem Finger auf die Brust.

»Andreas!« stellte ich mich vor und grinste, als die Kleine meinen Namen wiederholte und dabei wichtig ihre Spielgefährten anschaute. Das Mädchen Josefina bat mich in gebrochenem Englisch, noch etwas in meiner Sprache zu sagen. Mir begann das Spaß zu machen, und ich erzählte den Kindern, daß ich todmüde sei, einen stoppligen Bart hätte und daß ich wahrscheinlich furchtbar stinke. Die schwarzen Knopfaugen in den kugelrunden Gesichtern verzogen sich zu schmalen Schlitzen; die Kleinen jauchzten laut vor Vergnügen. Wahrscheinlich dachten sie, ich sei geradewegs vom Mond gefallen.

»Komm mit!« forderten sie mich im Chor auf und liefen voraus ins Dorf. Wann immer wir auf andere Einwohner trafen, riefen die Kinder aufgeregt meinen Namen. Die Frauen lächelten mir zu, die Männer nickten wohlwollend. Ich kam aus dem Staunen nicht heraus. Auf einem gefrorenen Pfad führten sie mich wie eine erbeutete Trophäe durch das Labyrinth verwitterter Holzhäuser, die den alten Ortskern zu bilden schienen. Zwischen Unkraut und Buschwerk tauchten weitere Häuser auf. Der Weg verzweigte sich und führte in das »Geschäftsviertel« der Siedlung. »Bingohalle« stand in großen Buchstaben an einer langen Baracke, gleich daneben erblickte ich den Generalstore – und ein öffentliches Waschhaus. Zielstrebig lenkte ich meine Schritte in Richtung heiße Dusche, kam allerdings nicht sehr weit. Josefina zupfte mich entschlossen am Ärmel und zeigte eine Anhöhe hinauf.

»Wir sollen dich gleich zu Stan bringen«, piepste sie wichtig. Schmunzelnd beobachtete ich, wie die kleinen Gesichter ihrer Spielgefährten ebenfalls einen ernsten Ausdruck annahmen. Was in aller Welt ging hier vor? Neugierig geworden, stiefelte ich hinter den Kindern her den gewundenen Weg aufwärts. Zwischen Birken und Tundra blitzte ein türkisblaues Kreuz hindurch. Auf dem einfachen Holzbau der russisch-orthodoxen Kirche, die Missionare im vorigen Jahrhundert hier errichtet hatten, prangte eine silbrig glänzende Kuppel. Gut erhalten, wie sie war, machte die Kirche ganz den Eindruck, als werde sie noch genutzt. Die Kinder, die ebenfalls stehengeblieben waren und mich beobachteten, rannten plötzlich los. Anscheinend waren wir angekommen: bei Stan.

Auf dem höchstgelegenen Punkt des Ortes standen an die zwanzig Häuser. Sie waren wie alle anderen im Einheitsstil gebaut, unterschieden sich lediglich im farbigen Anstrich. Vor jedem Haus parkte ein Motorschlitten. Es sah aus, als wären die Besitzer im letzten Winter abgesprungen und hätten ihre Gefährte ein Jahr lang in genau der gleichen Position stehengelassen.

»Stan! Stan!« riefen die Kleinen und stürmten eine Holztreppe hinauf. Während ich vor dem Haus wartete, betrachtete ich interessiert ein aufgebocktes Bootsgerippe aus rohen Hölzern. Anscheinend sollten die Seitenwände mit den Häuten bespannt werden, die daneben auf einem Haufen lagen.

»Du mußt der Deutsche sein«, lachte der breitschultrige Mann. »Meine Frau und ich, wir sind froh, daß du endlich kommst!« Die zierliche Eskimofrau stellte sich als Mary vor und schob mir fürsorglich einen Stuhl hin. Während ich meine Jacke auszog, umstanden mich sieben wißbegierige Kinder.

»Nun laßt ihn mal in Ruhe!« meinte Mary freundlich und verwies die Truppe aufs Sofa.

Stan hatte mir gegenüber Platz genommen und stopfte sich in aller Gemütlichkeit eine Pfeife. In der Hitze, die der bullernde Ofen an den kleinen Raum abgab, sackte ich beim leisen Summen des Wasserkessels vor Erschöpfung in mich zusammen. Stan zog an seiner Pfeife und beobachtete mich schmunzelnd. Rauchen … Begierig sog ich den würzigen Tabakduft ein. Wie lange war es her, seit ich meinen letzten Zigarillo angezündet hatte?

»Elchgulasch!« sagte Mary wie nebenbei und stellte einen randvoll gefüllten Teller vor mich hin. Obwohl ich eigentlich noch gespannt auf eine Erklärung wartete, fiel ich ungeniert über die dampfenden Fleischbrocken her.

»Wie du siehst, bin ich kein Eskimo, sondern ein Indianer …«, begann Stan bedächtig, »… aus Holy Cross.« Ich nickte zwar, sah aber keinen Zusammenhang mit meinem merkwürdig hohen Bekanntheitsgrad in dieser Siedlung.

Stan fuhr fort: »Wir haben Robert getroffen, Robert aus Kaltag. Er hat erzählt, daß du mit deinem Hund auf dem Weg zur Beringsee unterwegs bist.« Langsam begann ich zu verstehen.

»Ja, auch von deinem Hund hat er erzählt.« Ich wurde hellhörig und legte die Gabel aus der Hand.

»Von Kim?« fragte ich nach. Plötzlich schlug mein Herz wie rasend. Hatten sie ihren Kadaver gefunden?

»Also, vor einigen Tagen haben wir in Holy Cross eine *Potlatch*-Feier abgehalten. Weißt du, das ist ein Fest zum Totengedenken, das heißt zur Erinnerung an unsere Verwandten, die vor einem Jahr im Yukon ertrunken sind – mein Cousin mit seiner Frau und zwei Kindern.« Immer noch fassungslos, schüttelte er den Kopf. »Sie sind bei Dunkelheit im Motorboot mit voller Geschwindigkeit über einen

Elch gefahren. Das Boot hat sich überschlagen – sie müssen auf der Stelle tot gewesen sein. Wir haben sie später gefunden. Dem Elch war das Rückgrat gebrochen.« Einen Moment lang sah Stan durch mich hindurch, besann sich dann aber. Seine Miene hellte sich auf. Ich verstand nicht ganz, was in ihm vorging. Irgendeine großartige Neuigkeit mußte er für mich parathalten, das konnte ich fühlen.

»Einige Männer aus Holy Cross waren auf Elchjagd im Sumpf, und dabei sind sie auf einen Elchkadaver gestoßen. Neben dem toten Tier fanden sie einen braunen Jagdhund mit Schlappohren, der anscheinend von dem Bullen gelebt hat.«

Kim! Mir blieb der Mund offenstehen. Ich schluckte, holte tief Luft, dann brach es aus mir heraus: »Vier Tage habe ich voller Angst gewartet, meine Munition verschossen, Futterplätze angelegt – und die hockt im Busch und frißt sich den Bauch voll?«

Stan und Mary brachen in ein befreiendes Lachen aus. Die Kinderschar fiel glucksend ein. Ich bebte innerlich. Sofort fielen mir wieder die Kolkraben ein. Sie hatten über dem toten Elch gekreist!

»Ein Teufelskerl, dein Hund!«

»Ich habe doch auch versucht, in das Sumpfland vorzudringen«, murmelte ich und erklärte ihm genau, von wo aus ich gestartet war. Stan hörte mir aufmerksam zu, schüttelte den Kopf und winkte ab.

»Es gibt nur wenige Wildwechsel, auf denen du über Land weiterkommst«, unterbrach er mich. »Auf jeden Fall kannst du deinen Hund in Holy Cross abholen.«

Das war es also! Ich schaute Stan und Mary an, in deren Gesichtern ich meine Freude widergespiegelt fand. Wirklich glauben würde ich an das Wunder jedoch erst, wenn Kim vor mir stünde. Ich hatte einfach schon zu viel und zu lange um sie getrauert.

Das Geheul von Huskies weckte mich. Schlaftrunken schaute ich mich in dem winzigen Zimmer um und schlich hinüber zum Fenster: Purpurrot, als brannten Himmel und Häuser lichterloh, beleuchtete die aufgehende Sonne die Siedlung. In der winterlichen Kälte funkelten feine Eiskristalle in der Luft. Draußen regte sich noch kein menschliches Wesen. Ich kroch zurück unter die Decke und spürte dem vergangenen Tag nach, der mein Leben so wunderbar verändert hatte.

Stan und Mary waren nicht nur meine Götterboten, sie gewährten mir auch uneingeschränkte Gastfreundschaft und größtmögliche Hilfe. Da von Russia Mission kein Buschflieger direkt nach Holy Cross flog, hatte Stan mit dem Lehrer gesprochen, der als einziger eine kleine Sportmaschine besaß. Heute mittag wollten wir losfliegen.

Mary, die von meiner Filmerei ganz angetan schien, hatte unterdessen vorgeschlagen, mir im Haus ihrer Eltern das traditionelle Yupik-Leben zu zeigen. »Die haben bestimmt nichts dagegen!« hatte sie beteuert und war mit mir hinab in den alten Ortskern gegangen.

Zaghaft war ich durch eine niedere Tür getreten und begab mich damit in eine andere Welt: Der Duft harzigen Fichtenholzes mischte sich mit rauchigem Lachsaroma; hier drinnen schien die Zeit stehengeblieben. Durch die wenigen kleinen Fenster fiel kaum Licht in den Wohnraum, und es dauerte eine Weile, bis sich meine Augen ans Halbdunkel gewöhnten.

»Hchoaka!« begrüßte Mary ihren Vater. Der alte Mann schaute vom Tisch auf und lächelte uns aus einem Gesicht mit tausend Falten an. Vor einem der Fenster hockte die Mutter und flocht an einem Weidenkörbchen. Mary unterhielt sich mit ihren Eltern auf Yupik – die rauhen Kehllaute gewannen in meinen Ohren keinerlei Bedeutung. Die alte Frau arbeitete unterdessen weiter. Spanenden schauten wie Igelstacheln aus ihrer Handarbeit. Marys Mutter lachte, tunkte die Weiden in einen Wassereimer und begann, auf dem Holz zu kauen.

»Die Weidenruten sammeln wir drüben auf der Insel«, erklärte mir Mary. »Sie werden mit dem Messer in feine Streifen aufgespalten und dann getrocknet. Es dauert lange, bis so ein Körbchen fertig ist. Du siehst es ja selbst.«

In der Nähe des Kanonenofens hingen dicke Bündel Lachsstreifen, die steif und ledrig aussahen. Auf der Ofenplatte wölbten sich handtellergroße Pilze. Interessiert besah ich mir die Prachtstücke; ich hatte bisher keinen einzigen Pilz im Busch entdecken können. Mary kam herüber. »Die sind nicht zum Essen«, sagte sie und brach ein kleines Stück vom Rand ab. Während sie es zwischen den Fingern zerrieb, schmunzelte sie: »Die haben eine Rauschwirkung, sind gut gegen die lange Winterzeit!«

Ihr Vater wollte anscheinend etwas über mich wissen, denn während er mit seiner Tochter sprach, schaute er immer wieder herüber.

»Meine Eltern sprechen leider kein Wort Englisch. Mein Vater wollte wissen, wohin du noch gehst und ob du deinen Hund wiedergefunden hast. Ich habe es ihm erklärt.«

Bei der Erwähnung von Kim befiel mich augenblicklich eine große Unruhe. Scheinbar spürte Mary, was mit mir los war. Sie schlug vor, daß wir schon mal hinunter zum Flugplatz gehen sollten. Stan würde meine Kameraausrüstung zurück ins Haus bringen.

Als ich mich freundlich von den alten Leuten verabschiedete, lernte ich den Abschiedsgruß in der Eskimosprache und sagte ihn auf meinem Weg ständig vor mich hin: Biora! Mary amüsierte sich köstlich.

Mike Stockburger, ein drahtiger Mann mittlerer Größe, begrüßte mich mit Handschlag und wies mich sofort ein, wie ich den Propeller anzuwerfen hätte: »Du mußt dich seitlich daneben stellen und den Flügel kräftig herumreißen. Und nimm sofort den Arm weg, sonst wird er noch in Scheiben geschnitten!« Grinsend stieg Mike ein und startete den Motor. Schon beim zweiten Versuch klappte es. Aufgeregt kletterte ich in die winzige Kanzel. Sofort spritzte die *Cessna Family Cruiser* über die Schotterpiste, hob ab, und die Siedlung blieb unter uns zurück. Im Steigen flogen wir eine Schleife über den Yukon, dann zog Mike das kleine Buschflugzeug über die Berge flußaufwärts.

»Wir müssen uns beeilen«, entschuldigte er seine Hast, »für den späten Nachmittag ist ein Schneesturm angesagt.« Fragend blickte er zur Seite. Ich nickte mein Einverständnis und setzte ein unerschrockenes Gesicht auf. Die Aussicht, Kim wiederzubekommen, ließ alles andere unwichtig erscheinen.

»Wissen die in Holy Cross Bescheid, daß wir kommen?«

»Stan hat alles organisiert!« versicherte mir Mike. Das Zittern und Vibrieren des Blechvogels irritierte mich. Auf- und abschaukelnd kämpften wir uns gegen heftige Sturmböen voran.

»Wird wohl an die zwei Stunden dauern. Bei dem Gegenwind kommen wir über fünfundsiebzig Meilen in der Stunde nicht hinaus«, bemerkte Mike und konzentrierte sich auf die zitternden

Zeiger der Armaturen. »Diese Maschine fliege ich erst seit dem Sommer. Mit meiner *Super Cub* bin ich letztes Jahr in der Alaska Range abgestürzt. Nach drei Tagen wurde ich von einem anderen Flieger gefunden.« Das Steuer fest in den Händen, saß der Bruchpilot neben mir und amüsierte sich, als hätte er gerade einen guten Witz gemacht.

Je höher wir stiegen, desto lauter röhrte der Motor, und eiskalte Luft drang durch die Ritzen. Ich versuchte, zur Ablenkung nach draußen zu schauen. Im trüben Grau tauchte eine Bergkette auf. Erster Schnee bedeckte schon die Hänge.

»Hier unten muß es passiert sein!« schrie ich gegen den Motorenlärm an und zeigte auf das weißübertünchte Sumpfland. Mike nickte und sah aus dem Seitenfenster.

»Wenn du dich hier nicht auskennst, bist du verloren!« brüllte er. Ich rief zurück, daß ich immerhin versucht hätte, einen Fuß in diese Ödnis zu setzen.

»Elche!« Mike tippte mit dem Finger nach unten. Mindestens zwanzig Tiere standen im Gelände; ihre Körper hoben sich schwarz vom Schnee ab. »Es wird so schnell dunkel, da bleibt kaum noch Zeit zu jagen.«

Nach einer Weile fing ich erneut eine Unterhaltung an – die dröhnende Stille fraß an meinen Nerven. »Seit wann bist du Lehrer bei den Eskimo?«

»Ungefähr seit es die Schulen hier oben gibt ... seit neun Jahren. Eigentlich komme ich aus Kansas.«

»Und warum ausgerechnet Alaska?«

»Wegen des Geldes und aus Abenteuerlust. Mit dem Einsetzen des Ölbooms schossen in Alaska die Schulen wie Pilze aus dem Boden. Von Barrow bis zu den Aleuten sollten Indianer und Eskimo mit dem amerikanischen Schulsystem beglückt werden. Glück für mich – ich verdiene das Zweieinhalbfache meines normalen Jahresgehalts. Außerdem passieren einem hier jede Menge aufregende Dinge ...« Mike nickte mir zu. Ich verstand, daß er sich auf meine Anwesenheit bezog, und grinste. Aus dem Nichts wirbelten die ersten Flocken gegen die Windschutzscheibe, und plötzlich waren wir mittendrin im Getümmel. Den Blick stur geradeaus gerichtet, konzentrierten wir uns nur noch auf den Flug.

Mike ging tiefer. Rot – grün – blau: Die Pistenbeleuchtung schickte farbige Blitze zu uns hoch. Das Buschflugzeug sackte ab. Mit vollem Schub peilte Mike die schemenhaft auftauchende Landebahn an und setzte mit quietschenden Reifen auf.

»Jetzt bin ich doch noch in Holy Cross gelandet«, schmunzelte ich und erzählte ihm, daß ich auf meinem Weg flußabwärts den Seitenarm verpaßt hatte. Er hörte mir nur halb zu und begann zu laufen.

»Hier ist es!« rief er mit einem Mal und packte mich am Arm. Ohne anzuklopfen, riß Mike die Tür auf, und mit uns wirbelten Flocken in den überheizten Raum. Prustend klopften wir das weiße Naß von unseren Jacken.

»Am liebsten würde ich den Hund behalten – ist ja ein Mordskerl!« Mit wilder Gebärde schüttelte Tom die Faust und machte eine Kopfbewegung Richtung Nebenzimmer. Ich war verwundert, daß er ohne lange Vorrede zur Sache kam.

Kim lag mit der Nase am Boden und war so vertieft in den Anblick zweier Mäuse, die sich voll Wetteifer im Laufrad drehten, daß sie uns nicht kommen hörte.

»*Dog TV!* Seitdem sie bei mir ist, guckt sie sich den lieben langen Tag immer dasselbe Schauspiel an.«

»Kim!« rief ich leise. Meine Stimme zitterte. Den Blick, mit dem sie zu mir hochschaute, werde ich mein Lebtag nicht vergessen! Ihre Augen leuchteten voller Freude auf. Wir stürzten aufeinander los, und während ich den zitternden Hundekörper umfaßt hielt, ging ihr Jaulen in klägliches Wimmern über. Ich fühlte, daß sie Schreckliches mitgemacht haben mußte. Mike und Tom sahen uns wortlos zu.

»Wie hast du sie gefunden?« fragte ich Tom, noch ganz erregt.

»Nachdem wir zwei Tage lang das Tal nach Elchen durchstreift hatten, führten uns die Raben zu einem Kadaver: Ein dicker Elchbulle lag im Wasser – und gleich daneben hockte dein Hund, damit beschäftigt, sich saftige Stücke aus dem Tier zu reißen. Der Bulle muß in der Brunft von einem Rivalen getötet worden sein. Drumherum waren jede Menge Grizzly- und Wolfsspuren. Ist mir absolut unerklärlich, wie sich dein Hund da behaupten konnte … Hat ja noch nicht mal einen Kratzer abbekommen!« Fast ehrfürchtig bestaunte der Indianer Kim.

Als ich mich bei Tom bedankte, streichelte der traurig meinen Hund. »Wenn sie Junge bekommt, mußt du mir unbedingt zwei Welpen schicken!« sagte er plötzlich begeistert. »Für den Winter nähen wir denen auch Mäntel!« Er lachte. Dann wurde er wieder ernst. »Von dir nahmen wir übrigens an, daß du ertrunken seist. Wir haben auf dem Yukon nach deinem weißen Kanu gesucht.«

Ich war völlig verwirrt und noch ganz überwältigt von Dankesgefühlen. Tom sah mein erhitztes Gesicht, lächelte und klopfte mir auf die Schulter. Mike trat unterdessen ungeduldig von einem Fuß auf den anderen und schob mich zur Tür: »Wir müssen los – das Wetter wird immer schlechter.«

»Du mußt dich sowieso beeilen, wenn du noch bis zur Beringsee kommen willst«, versetzte Tom lebhaft. »Oberhalb von Holy Cross kommen schon die ersten massiven Eisblöcke den Yukon runter!«

»Eisblöcke?« Meine Frage glich eher einem erschreckten Ausruf.

»Ja, durch den Schneesturm habt ihr es vielleicht nicht gesehen: Die ersten dicken Schollen treiben auf dem Wasser.«

»Viel zu gefährlich, über die Berge zurückzufliegen!« informierte mich Mike und schwenkte mit der Maschine hinüber zum Fluß. Bald nach dem Start fing der Motor an zu husten und zu spucken. Mikes beunruhigte Miene verhieß nichts Gutes. Ich preßte mich ein wenig tiefer in den Sitz.

»Zur Not kann ich immer noch auf einer Kiesbank landen«, sagte unser Pilot ernst und starrte in das Schneetreiben. Sichtweite gleich null. »Also, wenn das Ganze hier kein Notfall wäre …«, begann Mike wieder und warf einen raschen Blick auf Kim. Zwischen den Vordersitzen eingeklemmt, hatte sie ihren Kopf in meine Hand gelegt und wollte pausenlos gestreichelt werden. Die Wärme ihres Körpers zu spüren war beruhigend. Beim Einsteigen wäre mein Hund am liebsten auf meinen Schoß geklettert, aber dafür war es hier drinnen wirklich zu eng.

»Wieso friert der Yukon Mitte Oktober schon zu?« wollte ich wissen. Ich hatte mir ausgerechnet, daß noch rund zweihundert Kilometer vor mir lagen.

»Er friert noch nicht zu«, korrigierte mich Mike. »Das Eis wird in ihn hineingeschoben – aus den Nebenflüssen, die von den Bergen kommen. Die frieren schon im Spätherbst zu, und wenn der Wasserstand sinkt, brechen Eisschollen ab. Sie werden in den Yukon River geschwemmt und setzen sich an dessen Eisrand am Ufer fest. Nach und nach baut sich so eine Decke auf, aber alles andere als gleichmäßig. Teilweise schieben sich die Blöcke übereinander, oder sie verkeilen sich. Spätestens in einem Monat sieht das Ganze aus wie die Packeisdecke oben am Polarmeer.«

»Das kann ja heiter werden! Wann, glaubst du, wird das Eis Russia Mission erreichen?« fragte ich besorgt und schaute nach unten.

»Schätzungsweise in vier bis fünf Tagen«, lautete Mikes niederschmetternde Antwort.

Mein Wettlauf mit dem Winter hatte also bereits begonnen. Verzweifelt überlegte ich, ob ich überhaupt eine reale Chance hatte, noch vor dem Eis die Mündung zu erreichen.

»Wenigstens treibt uns der Sturm vor sich her.« Mike warf einen Blick auf die Armaturen; der Motor lief immer noch unrund. »Bald haben wir es geschafft!« setzte er hinzu und machte eine beschwichtigende Miene. Ich holte tief Luft und schwieg.

War aber auch höchste Zeit, daß die Siedlung auftauchte! Mit jeder Minute, die verstrich, ließ der Himmel weniger Licht durchsickern. Mike hatte die Cockpitbeleuchtung eingeschaltet und lehnte sich entspannt im Pilotensitz zurück. »Um noch mal auf die Eskimo zurückzukommen …«, fing er wieder an, »ich habe einiges von ihnen gelernt, zum Beispiel sich in der Großfamilie gegenseitig zu unterstützen und die Natur als Geschenk zu betrachten. Weder Eskimo noch Indianer beuten ihre Umwelt rücksichtslos aus.«

Mike sah mich von der Seite an, um sicherzugehen, daß ich ihn verstand. Meine Englischkenntnisse hatten sich in den Monaten am Yukon erheblich verbessert.

»Es gibt da ein schönes Gleichnis, das auch die Situation vieler Eskimo treffend beschreibt: Ein Weißer und ein Indianer sammeln Krebse am Strand. Der Weiße schließt jedesmal den Deckel seines Korbes, damit ihm kein Tier entwischt. Der Indianer läßt seinen Korb offen. ›Hast du keine Angst, daß dir die Krebse entkommen?‹ fragt der Weiße. Der Indianer schüttelt den Kopf und antwortet: ›Sobald einer versucht zu fliehen, wird er von den anderen zurück in den Korb gezogen.‹ Und das ist die Realität«, fuhr Mike fort. »An einer Hand kann ich abzählen, wie viele meiner Schüler den Sprung auf die Uni in Fairbanks oder Anchorage geschafft haben.« Seine Stimme klang angespannt. Plötzlich herrschte Unruhe in der schummrigen Kanzel. »Die Piste!« Mike zeigte auf ein Flammenmeer unter uns: »Typisch Stan.« Schmunzelnd leitete er den Landeanflug ein. Das Ende der Bahn wurde von hoch auflodernden Flammen in Ölfässern begrenzt.

»Wir gehen noch in die Sauna. Das macht dich fit für den alaskanischen Winter!« schlug Stan voller Energie vor und stapfte vor mir her durch den pulvrigen Schnee. Kim hielt sich dicht neben mir. Seit unserem Wiedersehen war sie mir keinen Zentimeter von der Seite gewichen.

Ein Scheinwerfer, der hoch über dem Wohnplatz an einer Strippe baumelte, beleuchtete eine überdimensionale Hundehütte. Sie entpuppte sich als Schwitzhaus der Eskimo. Hinter Stan kroch ich gebückt in den höchstens einen Quadratmeter großen Vorraum, in dem es stockfinster war. Kim gab schon beim ersten Versuch auf. Sie rollte sich gleich vor dem Eingang zusammen.

Da der Raum nicht viel höher als breit war, mußte ich mich unter artistischen Verrenkungen ausziehen. Durch den glutheißen Dampf in der Hauptabteilung erkannte ich zwei weitere Männer, die auf einer schmalen Steinbank saßen. Glänzend lief der Schweiß in Bächen an ihren Körpern hinunter. Wir setzten uns neben sie. Einer der Männer begoß die aufgeschichteten Steine. Das Wasser verdampfte zischend. Es wurde unerträglich heiß. Entspannt lehnte sich Stan zurück und schloß die Augen. Ich versuchte, es ihm gleichzutun – zumindest so lange, bis ich meinte, daß meine Haut langsam anfing, Blasen zu werfen. Der penetrante Geruch unzähliger Eskimogenerationen, die sich bereits vor mir hier abgehärtet hatten, würgte mich im Hals. Unruhig rutschte ich eine Weile auf den ausgesessenen Steinen hin und her. Aus dem Augenwinkel bekam ich mit, daß die drei anderen sich anscheinend über mich amüsierten. Trotzdem – ich hielt es nicht länger aus. Hier mußte ich sofort raus! Splitternackt schoß ich aus dem Häuschen und wälzte mich erleichtert im frischgefallenen Schnee.

»Kernig, kernig!« Stan, der bereits in voller Montur dastand, warf mir kopfschüttelnd meine Sachen zu. Während ich noch meine Stiefel schnürte, schlenderte er über den freien Platz und schaute hinunter zum Fluß. Ich trat zu ihm und erzählte von dem herannahenden Eis auf dem Yukon. Stan wurde ernst, ja sein Gesicht nahm einen furchtsamen Ausdruck an: »Mitte Oktober findest du kein einziges Boot mehr auf dem Fluß. Wenn euch etwas passiert ...« Ich wiegelte ab und setzte eine gelassene Miene auf. Stan ließ sich jedoch nicht abbringen und sagte eindringlich: »Hinter St. Marys schützt dich nichts mehr vor den tückischen Winterstürmen!«

»So kurz vor meinem Ziel kann ich nicht aufgeben. Ich *muß* es versuchen!«

12

Yukon River

Verdammt, ich hatte es nicht geschafft! Ich biß die Zähne zusammen und starrte auf den Fluß. In meinen Magen bohrte sich eine Faust: Am Ufer entlang zogen massive Treibeisfelder in Zeitlupe an meinem Lagerplatz vorbei. Fassungslos glitt mein Blick über den Eisteppich, der sich flußabwärts hinter der nächsten Biegung verlor. Lautlos, über Nacht, hatten mich die Vorläufer der Winterarmada eingeholt. Fasziniert saß Kim auf dem überfrorenen Uferschlamm und schaute den vorbeidriftenden Schollen nach. Ich traute mich kaum, in die Richtung zu blicken, aus der ich gekommen war. Lediglich in der Flußmitte war dunkles Wasser zu sehen.

»... dann schieben sich die Blöcke übereinander, oder sie verkeilen sich. Spätestens in einem Monat sieht das Ganze aus wie die Packeisdecke am Polarmeer.« Mikes Worte kamen mir wieder in den Sinn. Ich hob das Fernglas an die Augen: Er hatte recht behalten. Flußaufwärts, auf der langen Geraden, stachen senkrecht verkeilte Schollen in die Luft. Unschlüssig drehte ich das Glas in den Händen. Fünf oder sechs Kilometer trennten mich nur noch von der Packeisdecke. Plötzlich wollte die Angst wieder die Oberhand gewinnen, die Angst, den Wettlauf zu verlieren, eines Morgens aufzuwachen und nicht mehr weiterfahren zu können ...

Während der letzten Woche auf dem Fluß hatte ich mich damit getröstet, daß ich trotz Gegenwind wenigstens zwanzig Kilometer Strecke pro Tag machte. Ich hatte mir sogar vorgegaukelt, daß ich schneller paddelte, als die unmerkliche Strömung das Eis hinter mir herschob. Jetzt versuchte ich, klar zu denken. Noch hatte ich einen Vorsprung und vor allem eine offene Fahrrinne, auf der ich die Flucht nach vorn antreten konnte. Dazu mußte ich jedoch erst einmal das Kanu befreien.

Mit jedem Hieb, mit dem das Beil in den Eispanzer krachte, wuchsen meine Entschlossenheit und mein Mut. Verbissen arbeitete ich gegen den Frost an, der während der Nachtstunden den Bootskiel mit einem Eispanzer umklammert hatte. Um fast einen halben Meter hatte sich der Yukon vom Ufer zurückgezogen. Wenigstens versank ich nicht mehr im Matsch, tröstete ich mich und brach mein Gefährt vom Untergrund los. Wie zerspringendes Glas knackte die dünne Eisdecke unter der Last, als ich das Boot vor mir her bis zur Wasserkante schob.

»Geht los, Kim!« rief ich. Während sie sich im Bug in Position setzte, machte ich schon die ersten Schläge. Gezielt tauchte ich mein Paddel zwischen den Eisblöcken ein, zog kräftig durch und nahm Fahrt auf. Kim geriet völlig aus dem Häuschen. Um uns her schwappten Eisstücke hoch, schlugen polternd an die Wandungen und tauchten gurgelnd wieder unter. Wie ein Lotse hielt mein Hund den Kopf über Bord, als wolle er mir zurufen: »Käpten, vier Faden … drei Faden …«

Wenn das die Außenhaut bloß durchhält, dachte ich und zuckte unwillkürlich zusammen, als es knirschte. Das Boot war auf einen Eisblock aufgelaufen. »Verfluchter Mist!« brüllte ich und versuchte, uns mit dem Paddel abzustoßen. Doch ohne Widerstand zu finden, rutschte das Holz von der harten Eisoberfläche ab. Das Kanu hatte sich keinen Zentimeter bewegt. Nach hinten wippen! kam mir in den Sinn. Beide Hände um den Bootsrand geklammert, fing ich an, den Kahn aufzuschaukeln. Kim torkelte hin und her, bis sie endlich begriff und sich flach hinlegte. Knarrend schrubbte der Kiel auf dem Eis. Ich spürte Bewegung und verlagerte mein Gewicht nach hinten. Der Bug richtete sich auf – wippen – das Kanu rutschte zurück ins Wasser.

Paß besser auf, sonst brauchst du den ganzen Tag, nur um die fünfhundert Meter Slalomlauf durchs Eis zu bewältigen, warnte ich mich. Hart an den Bruckstücken vorbei manövrierte ich uns im Zickzackkurs durch die schwimmenden Kristallfelder auf die Flußmitte zu.

Beflügelt von der Aussicht, endlich wieder voranzukommen, zog ich das Paddel durch, schaufelte Eis und Wasser beiseite und wurde immer schneller. Die Fahrrinne rückte näher. Plötzlich knallte es am Heck, ein brachialer Ruck ging durchs Boot, und das Kanu schoß durchs Wasser. Kim machte, zu Tode erschrocken, einen unfreiwilligen Satz nach vorn und duckte sich blitzartig weg in den Bug.

Leckgeschlagen! Du wirst in diesem Eiswasser absaufen, schaffst es niemals zurück ans Ufer … Panikgedanken trommelten in meinem Kopf. Ich wandte mich um und stierte ungläubig auf das riesenhafte Zackengebilde: Eine tonnenschwere Eisplatte hatte uns gerammt.

»Das kann nicht gutgegangen sein«, flüsterte ich, hob das Paddel ins Boot und beugte mich zum Heck. Mit steifen Fingern tastete ich die Innenwand ab. Weder Loch noch Riß? Langsam wurde es mir unheimlich.

Wie gehetzt, die Augen stur geradeaus gerichtet, hielt ich Kurs auf die Strommitte. Endlich war ich im freien Wasser! Ich kam mir vor, als sei ich gerade als Sieger über eine Ziellinie gelaufen. Vor Anstrengung mußte ich keuchen, ließ aber im Tempo nicht nach. Es galt, einen Vorspung zu gewinnen. Der Schweiß begann sich mir unter der Kleidung in die Haut einzubrennen. Du darfst nicht nachlassen, hol alles aus dir raus! trieb ich mich an. Das ständige Schaben und Kratzen der Eisschollen klang hohl über den Fluß und fraß an meinen Nerven. Ich brauchte mich nicht umzuschauen, um zu wissen, daß sich hinter mir alles verkeilte und verdichtete.

»Im Oktober ist kein einziges Boot mehr auf dem Fluß …«, hörte ich Stan sagen. Noch hundert Kilometer bei dieser zermürbenden Geräuschkulisse, und ich drehe durch, dachte ich.

Erschöpft und dennoch vorwärtsgetrieben, beobachtete ich die einsetzende Dämmerung. Bereits gegen vier Uhr nachmittags nahm der grau verhangene Himmel eine dunklere Färbung an. Das unweigerliche Aus für mich. Selbst wenn man keinen Eisblöcken ausweichen mußte, war es unmöglich, bei Dunkelheit auf dem Fluß zu bleiben. »… sind im Dunkeln mit dem Motorboot über einen Elch gefahren … müssen auf der Stelle tot gewesen sein …« Ich würde mich mit dem Kanu zwar nicht überschlagen, aber mit Sicherheit kentern – und das reichte, um in drei Minuten zu erfrieren. Folglich hielt ich auf die eisüberkrustete Uferbank zu. Hoffentlich kommt das Packeis heute nacht nicht voran! verwünschte ich meinen winterlichen Gegenspieler.

Keine Spur von Holz fand sich am Ufer. In Finsternis und Kälte hockte ich dicht neben dem Kocher und hielt meine geschundenen Hände über die bläuliche Flamme. Schon wieder Dosenbohnen. Heute auch für Kim.

»So, jetzt machen wir es uns aber bei minus zwanzig Grad gemütlich!« frotzelte ich und rückte ein Stück zur Seite. Umständlich kroch Kim neben mir in den Daunenschlafsack. »Du fühlst dich an wie ein Teddybär!« sagte ich überrascht. Noch einmal griff ich prüfend in ihr Fell. Ohne daß ich es bemerkt hatte, war Kim ein dickes, wolliges Winterfell gewachsen. So schnell kann man sich der Natur anpassen! Mit diesem tröstlichen Gedanken streckte ich mich lang aus.

»Nein, Kim, nein!« Schlaftrunken drückte ich meinen Hund zurück in den Schlafsack. Durchdringendes Wolfsgeheul. Hörte sich verdammt nah an. Ich lauschte in die Nacht hinaus. Vielleicht treibt sich einer am Zelt rum? Kim will bloß jagen gehen. Instinktiv legte ich den Arm fester um sie. Plötzlich bäumte sich ihr Körper auf, und mit aller Kraft versuchte sie, sich freizustrampeln.

»Was zum Teufel ist denn mit dir los?« schimpfte ich wütend und preßte sie zu Boden. »Das fehlt mir noch – mitten in der Nacht hinter dir herzulaufen!« Demonstrativ schloß ich die Augen. Doch das Wühlen hörte nicht auf. Mit äußerster Anstrengung durchbrach Kim meinen Schwitzkasten und machte einen Satz zum Zeltausgang. Forderndes Bellen, das in Wimmern überging. Kim zitterte am ganzen Körper, wand sich … und dann stank es grausig. Im Schlafsack gefangen, hechtete ich zum Reißverschluß. Mein Hund stürzte hinaus, den armen kleinen Körper von Durchfall geschüttelt.

»Das Milchpulver!« stöhnte ich laut und schlug mir vor die Stirn. »Ich Idiot!« Dabei hatte ich es nur gut gemeint. Nicht immer nur Wasser, nein, nach dem anstrengenden Tag sollte es Milch sein. Ärgerlich auf mich selbst, wischte ich die übelriechenden Klekse vom Zeltboden und warf den Lappen im hohen Bogen hinaus. Schuldbewußt wartete mein Hund mit gesenktem Kopf auf Einlaß. »Hättest doch was sagen können«, murmelte ich und zeigte neben mich. Kim traute wohl dem Frieden nicht und schlief lieber bei offenem Zelt auf meinen Füßen.

Während du hier liegst, arbeitet sich der Winter auf dem Fluß einen Vorsprung heraus, mußte ich denken. Ich verschränkte die Arme unter dem Kopf. Bilder vom Lake Laberge tauchten auf. Mit

Eis hatte alles angefangen ... Eigentlich wollte ich längst die Mündung erreicht haben. Noch hundert Kilometer mußte ich allein durch Eis und Schnee paddeln. Wenn wenigstens Birgit da wäre! Ein zweites Paar Arme würde schon helfen ... Morgen, so rechnete ich mir aus, müßte ich es bis zur Einmündung des Andreafsky Rivers schaffen. Aus der Karte ging hervor, daß sich Ausläufer des Küstengebirges bis zum Flußlauf hinunterzogen. Aber hinter St. Marys erwartete mich endgültig blanke Tundra – kein einziger Berg mehr auf den letzten achtzig Kilometern.

Kim schnorchelte leise und zuckte im Schlaf. Noch ungefähr vier Stunden, bis es wieder hell wurde. Die Kälte griff nach mir, kroch unbarmherzig ins Zelt, und ich fror selbst im dicken Daunenschlafsack. Den sogenannten Komfortbereich bis minus fünfundzwanzig Grad hatte ich voll ausgereizt. Angeblich begann man erst ab minus siebenunddreißig Grad sein Leben auszuhauchen. Ich blies heiße Atemluft in meine Hände; schwielig und rissig fühlten sich die Innenflächen an.

»Das sind die Abenteuer, von denen du als Junge immer geträumt hast«, flüsterte ich. »Jetzt bekommst du die Auswirkungen am eigenen Leib zu spüren – und fängst an zu jammern!« Leise lachte ich in mich hinein. Damals, vom warmen, weichen Kuschelbett aus, war es um einiges leichter gewesen. Ich zog die Kapuze fester um meinen Kopf und entschloß mich, Handschuhe anzuziehen.

Fast hätte ich es geschafft, meiner unwirtlichen Lage etwas Schlaf abzutrotzen, als eisige Böen das Zelt beutelten. Sturm zog auf. Auch das noch! Warum mußten immer alle Katastrophen auf einmal kommen?

Kim wälzte sich unruhig hin und her. Ich überlegte kurz, ob ich aufstehen und Kaffee kochen sollte, entschied mich aber, lieber den Rest Wärme zwischen den Daunen auszunutzen. Früh genug, wenn ich mich in spätestens drei Stunden der eisigen Realität stellen mußte! Zwischen Wachen und Wegdämmern beschäftigte mich mein Strom. Am Lake Laberge hatte er ganze fünf Meter Breite aufzuweisen gehabt, inzwischen war er auf mehr als zweitausend angeschwollen.

Nie im Leben hätte ich gedacht, daß ich mich einmal über Sturm freuen würde. Ich stand am Ufer und schaute aus zusammengekniffenen Augen zu: Das Geschenk der Götter blies aus vollen Backen über die Wasserfläche. Die Eissuppe wurde auseinandergetrieben, ja sie wurde sogar wieder flußaufwärts gedrückt. Das war meine Chance! Jeder Kilometer zählte.

Meine anfängliche Euphorie legte sich nur zu bald. Obwohl ich ohne Unterlaß gegen Wind und Wellen anpaddelte, kam ich kaum von der Stelle. Ich spürte, wie meine Kraft nachließ. Mit eingezogenem Kopf stach ich das Holz ins Wasser. Allmählich schmerzte jeder Muskel, und an meinen Armen schienen Bleigewichte zu hängen. Wenigstens für ein paar kurze Minuten wollte ich ausruhen. Sehnsüchtig suchte ich die Ufer nach einem Platz zum Anlanden ab: nichts als nackte, frostglänzende Steilwände, an denen mich der Wind gnadenlos wieder flußaufwärts drücken würde. Schwemmholz! Das war eine Idee!

»Höchst erfinderisch!« lobte ich mich und schlang die Heckleine unter Kims kritischen Blicken um einen Fichtenstamm. Von meinem Paddel unterstützt, zog uns der schwimmende Anker herum. Kim fand die kleine Karussellfahrt verwirrend; neugierig lugte sie über den Bootsrand. Ich fühlte mich befreit, wartete aber noch einen Moment, bevor ich das Paddel aus der Hand legte. Wir trieben nicht zurück.

Die Mordsarbeit hat sich gelohnt, dachte ich befriedigt und wärmte meine Hände an dem heißen Becher, in dem der Kaffee Wellen schlug. Das Trockenfleisch, das ich Stückchen für Stückchen langsam im Mund zermahlte, war gut gekühlt bis ledrig angefroren. Kim kauerte vor mir auf der Plane und schaute mir bei jedem Bissen auf den Mund.

»Wenn du so schnell frißt, hast du eben nichts mehr!« belehrte ich sie und kontrollierte wieder den Fluß. Die Packeisfront lag außer Sicht; nur noch vereinzelt mischten sich Eisblöcke in das dunkle Wasser. Freie Fahrt voraus! jubelte ich innerlich, zog aber gleichzeitig frierend die Schultern ein. Den rasch vorbeiziehenden Wolkenbergen nach zu urteilen, hatte der Wind sogar noch zugelegt. Mit Unterstützung durch die steife Brise von See her könnte ich durchkommen. Blieb nur zu hoffen, daß sie noch einige Tage anhielt.

An diesem Morgen war der Himmel von einem ungetrübten, stählernen Blau – kalt und endlos. Hin- und Hergerissen betrachtete ich den stumm dahinziehenden Yukon River. War es klug, sich für zwei Tage aus dem Staub zu machen und den Fluß zu verlassen? Würde mir der Sturm zur Seite stehen und das Eis zurückhalten? Es kribbelte in meinen Adern. Kim schaute hoch, als wolle sie sagen: Laß uns laufen, das ist viel schöner, als den ganzen Tag wie blöde im Kanu zu hocken und sich den Wind um die Ohren blasen zu lassen! Ich seufzte. Seitdem ich heute morgen aus dem Zelt geschaut hatte, war ich ganz betroffen von der Schönheit des Andreafsky Rivers. Unter einer spiegelglatten Eisdecke zog sich das sattblau schimmernde Flußband schnurgerade durch ein verschneites Tal. Im hellen Licht der Wintersonne glitzerten bizarr geformte Eiskristalle auf frostüberzogenen Fichten, welche die hohen Uferböschungen säumten. Die Krönung des Ganzen aber war eine Bergkette am Horizont.

An einem der sanft abfallenden Berghänge fiel mir plötzlich ein brauner Fleck auf. Ich setzte das Fernglas an die Augen. »Eine Karibuherde! Kim, wir machen einen Ausflug.« Die Entscheidung war gefallen. Zwanzig Kilometer könnte ich in einem Tagesmarsch bewältigen, schätzte ich und packte meinen Rucksack. Das Zelt stopfte ich in einen Sack, Schlafsack und Isomatte rollte ich mit ein. Außerdem brauchte ich den Gaskocher, Lebensmittel, meinen Fotoapparat. Als ich mir ihre Leine über Kopf und Schulter legte, wußte Kim Bescheid. Wild schlug ihr Schwanz hin und her; sie wartete auf mein Zeichen. »Ab!« Wie ein geölter Blitz jagte mein Hund übers Eis. Die kleinen Pfoten wirbelten samtweichen Pulverschnee auf, den der Wind an den Rändern zusammengefegt hatte. Ich stiefelte hinterher. Die Eisdecke auf dem überfrorenen Fluß war faszinierend durchsichtig. Ich kniete mich hin: Der Boden sah aus wie ein bewegtes Kunstwerk. In mehreren Metern Tiefe floß das Wasser ruhig weiter, sogar Saiblinge waren zu sehen, die über graue und weiße Flußsteine dahinwedelten.

Obwohl die niedrigstehende Sonne ihre Wärme großzügig über die Landschaft ausbreitete, spürte ich nach kurzer Zeit frostige Nadelstiche auf der Haut. Je weiter ich mich vom Yukontal entfernte, desto trockener und grimmiger biß die Kälte. »Wenn ich mich nicht eincreme, sehe ich bald aus wie eine verhutzelte Indianerin!« Plötzlich hatte ich wieder Birgits Stimme im Ohr, sah sie den Freudentanz auf dem Lake Laberge vollführen. Schade, daß sie nicht durchgehalten hatte …

Die lichtüberflutete, weiße Bergwelt, in der sich der blaue Fluß verlor, entschädigte für alle Strapazen. Begierig sog ich die kalte Luft ein und spürte, wie sich mein Brustkorb weitete. Ich atmete alle Last und Anstrengung der vergangenen Tage aus.

Durch die majestätische Stille knallten Peitschenhiebe – das Eis entlud geräuschvoll seine Spannungen. An einer Stelle sprudelte plötzlich eine Quelle unter dem Panzer hervor, gefror noch in der Sekunde ihres Austretens. Der erstarrte Wasserstrahl würde, einer Statue gleich, bis zum Frühjahr erhalten bleiben.

Am anderen Ufer entdeckte ich einen einfachen Durchtritt hinauf zum Hang. Die Herde verweilte immer noch am selben Fleck. »Kim!« Sie kam auf mich zugetobt und sprang an mir hoch. »Ruhe jetzt, wir gehen auf Pirsch!« sagte ich bestimmt und nahm sie an die Leine. Mit wenigen großen Schritten stand ich oben auf der Böschung. In dem im übrigen undurchdringlichen Gestrüpp hatten sich die Tiere einen Durchlaß geschaffen. Zwischen den brusthohen Büschen, die vollkommen vereist waren, entdeckte ich im weichen Schnee die Hufabdrücke der Karibus.

Der Wildwechsel führte in Schlangenlinien durch das stetig ansteigende Buschland. Unterwegs sammelte ich abgebrochene Äste und Zweige auf, um später wenigstens eine spärliche Wärmequelle zu haben. Erst nachdem wir vierhundert Höhenmeter zurückgelegt hatten, nahm der Bewuchs langsam ab. Nur noch vereinzelt gaben uns jetzt Sträucher Deckung. In der ausgedehnten Flechtenlandschaft vor uns standen bloß noch stoppelige Grasbüschel, aus denen Eisblumen zu wachsen schienen.

Noch bevor ich die Karibus sehen konnte, hörte ich das helle Klacken ihrer Geweihstangen. Kim wurde unruhig und fing verhalten an zu jiffeln. Ich ruckte warnend an der Leine. Unwillig grummelte mein Hund vor sich hin und verstummte. Wir durchschritten eine Senke. Dahinter mußte sich die Herde aufhalten. Gebückt schlich ich näher heran, hielt Kim dicht an meiner Seite. Der Pulverschnee verschluckte unsere Schritte. Dann tauchten sie auf:

mächtige Leiber. Die Herde war im lockeren Verband über den Hügel verteilt. Ich schätzte, daß sich hier an die dreihundert Karibus niedergelassen hatten. Gespannt, wie sie auf uns reagieren würden, blieb ich auf der Stelle stehen. Kim zischte ich »Platz!« zu – und wartete. Die Tiere beachteten uns nicht.

Schneller Blick zur Sonne – noch eine Stunde Licht zum Fotografieren. Geräuschlos ließ ich den schweren Rucksack vom Rücken gleiten. Den würde Kim nicht so ohne weiteres hinter sich her schleifen können, überlegte ich, während ich die Leine mit einem letzten mahnenden Blick verknotete.

Sofort machte ich vier starke Bullen aus. Ihre langen Geweihstangen verästelten sich zu prächtigen Kronen. Direkt über den Augen ragten zwei kurze Stangen hervor, die am Ende wie kleine Schaufeln geformt waren. Gegen das blendende Weiß ihrer Umgebung stachen die schwarzbraunen Körper massig ab. Mit ihren grauen Kragen wirkten sie dennoch anmutig. Ich kniete im Schnee und zoomte einen Bullen heran, der im dicken Winterfell auf der Erde lag und die Herde im Auge behielt. Wie schön er ist! dachte ich ehrfurchtsvoll: weiches, geöffnetes Maul, große, dampfende Nasenlöcher, sanfte, dunkle Augen. Gemächlich erhob sich das Tier und schaute zu mir her. Ich rührte mich nicht. Nach einer Weile senkte der Bulle den Kopf und begann, Flechten und Moose freizukratzen.

Zwei Jungbullen erregten meine Aufmerksamkeit. Angriffslustig streckten sie ihre Hinterteile in die Luft, knickten mit den Vorderbeinen leicht ein und beharkten sich mit ihren hornigen Waffen, stießen einander hin und her. Klimperndes Krachen – sie trennten sich. Dann kam Bewegung in die Herde. Kälber drängten sich an ihre Mütter, die Bullen suchten einen Schlafplatz. Erst jetzt wurde mir bewußt, daß die untergehende Sonne den Hang in eisiger Kälte zurückgelassen hatte. Höchste Zeit für mich, das Zelt aufzubauen.

Während ich die mitgebrachten Äste zu einem Haufen aufschichtete, begann plötzlich der Schnee zu brennen: Die weite Landschaft erschien in leuchtendes Rot getaucht, das sich über die endlose Fläche bis zum Horizont hin ausbreitete. Welch ein großartiges Gefühl der Freiheit! Tausende von Kilometern weit dehnte sich die Wildnis. Mit einem Mal kam ich mir klein und winzig vor, ein unbedeutender Mensch mitten im Ablauf des Naturgeschehens.

Die Weitsicht versank in unerbittlich fortschreitender Dunkelheit. Ich dachte an Jack London – ein Mann, sein Hund, das Lagerfeuer. Genau so hatte ich mir mein Abenteuer immer vorgestellt. Und hier, kurz vor meinem Ziel, erfüllte sich wahrhaftig dieser Traum. Ich hob den Kopf. Millionen Sterne funkelten zu mir herab. Ich wagte kaum zu atmen.

Plötzlich rollten lautlos Lichtschleier über den Himmel, wirbelten dahin, entschwanden für Bruchteile von Sekunden, um an anderer Stelle ihren Tanz erneut aufzuführen. Mit offenem Mund starrte ich zum Himmel: Nordlichter! Hingegeben an die aufzuckenden Bewegungen, ließ ich meinen Kopf kreisen. Daran konnte ich mich nicht sattsehen! Und dann, als feiere das stille Feuerwerk seinen Höhepunkt, ergossen sich von der Himmelskuppel rot- und grünschillernde Perlschnüre explodierenden Lichts. Ich saß allein im Mittelpunkt der kreisrunden Bühne und hatte jegliches Gefühl für Raum und Zeit verloren.

Pechschwarze Dunkelheit entzauberte das Spektakel. Vor meinen Augen flimmerten letzte Lichtpunkte, dann wurde es stockfinster um mich. Endlich hatte ich die Faszination der sagenumwobenen Nordlichter am eigenen Leibe erlebt. Ein Teilchenbeschuß aus dem Weltall, mehr ist es nicht, sinnierte ich, aber unglaublich schön! Schwach glimmend fielen die Holzstücke meines Feuers in sich zusammen. Ich lauschte auf das leise Klappern der Geweihe, das dumpfe Rumoren der Körper, wenn sich die Karibus bewegten. Durchdringend heulten die Wölfe. »Komm, Kim, wir gehen schlafen«, wisperte ich.

Die schneidende Witterung trieb mich an. Ich mußte zurück auf den Yukon. Schaudernd zog ich die Schultern ein und blickte zurück auf den Hang: Die Herde verweilte immer noch am selben Fleck. Wie friedlich es dort oben gewesen war. Was immer auf dem Yukon los sein mochte – für solche Erlebnisse war ich bereit, es zu ertragen.

Während ich flußabwärts den Andreafsky River hinunterschlitterte, rutschte Kim tapsig neben mir her. Jetzt hatten wir es eilig. Doch mitten im Lauf stoppte ich ab, griff nach meinem Hund und leinte ihn an: Oben auf der rechten Uferböschung stand ein schwarzer Wolf. Seine Haltung drückte äußerste Wachsamkeit aus.

In der Bewegung erstarrt, spähte er zu uns hinunter. Der muß uns doch sehen – wieso läuft er nicht weg, überlegte ich und schätzte schnell ab, daß keine hundert Meter zwischen uns lagen. Anscheinend witterte er uns nicht. Ich hauchte in die Luft, prüfte den Wind – der ging genau zwischen uns durch.

Kim, ganz damit beschäftigt, die Balance zu halten, hatte ihren Urvater noch nicht entdeckt. Der Wolf verharrte auf der Stelle, ließ uns nicht aus den Augen. Instinktiv hob Kim den Kopf. Obwohl sie das Tier deutlich sehen konnte, rührte sie sich nicht. Ob sie wohl glaubte, dort stünde bloß ein anderer Hund? In diesem Moment lief der Wolf zurück in die Büsche. Ich blieb reglos stehen und wartete. Aus irgendeinem Grund war ich fest davon überzeugt, daß ich ihn noch einmal zu Gesicht bekommen würde.

Meine Güte, ist der schnell! dachte ich bewundernd. Innerhalb kürzester Zeit war der Wolf verdeckt durch die Büsche gerannt und hatte die Strecke zwischen uns halbiert. Jetzt konnte ich deutlich seinen kräftigen Kopf, den dichten Winterpelz erkennen. Dasselbe Spiel wiederholte sich: Er stand da und nahm uns neugierig in Augenschein. Wir gaben ihm wohl Rätsel auf, ähnelten wir doch weder Bären noch Karibus. Mich durchzuckte eine Idee: Wenn er jetzt im Gebüsch verschwindet, verstecke ich mich. Gespannt wartete ich darauf, daß er abdrehte. Dem Wolf war das Ganze nicht geheuer. Als er sich ins Dickicht zurückzog, hetzte ich mit Kim die Böschung hoch und warf mich bäuchlings hinter einen umgestürzten Baumstamm.

»Platz!« flüsterte ich. Kim zeigte, daß sie ein erfahrener Jagdhund war, und gehorchte augenblicklich. Der kommt bestimmt wieder, sagte ich mir und zerrte mit fliegenden Händen die Fotokamera aus der Jacke. Mit Mühe unterdrückte ich mein keuchendes Atmen. Da war er! Lautlos und vorsichtig trat der Wolf aus dem Buschwerk – und suchte uns. Das ist ja phänomenal, dachte ich, wie neugierig Wölfe sind. Irritiert drehte das Tier ab, kehrte aber sofort wieder um und starrte eine ganze Weile auf den leeren Fluß. Was der wohl jetzt denkt, schoß es mir durch den Kopf.

Unentschlossen blieb der Wolf stehen. Mir kam es so vor, als wollte er die Bühne nicht verlassen, ehe er herausgefunden hatte, was hier eigentlich gespielt wurde. Was wird er tun? Mir blieb die

Luft weg: Plötzlich setzte sich der Wolf in Trab und kam schnurstracks auf uns zugelaufen. Das ist doch nicht wahr! Vor Erregung fing ich an zu zittern, bekam es aber auch mit der Angst zu tun. Was passiert, wenn er krank ist oder so ausgehungert, daß er uns angreift?

Meine Anspannung fiel in sich zusammen: Der Wolf verschwand wieder. Ich hob ein wenig den Kopf und wartete. Minuten verrannen. Dann setzte mein Herzschlag aus: Nur zehn Meter entfernt verließ der Wolf seine Deckung. Im grellen Sonnenlicht blickte ich in gelbe Augen, so gelb, wie ich sie noch nie in meinem Leben gesehen hatte. Als leuchtende Punkte stachen sie vom Schwarz des Pelzes ab. Unglaublich! Arglos schritt das Tier direkt auf uns zu. Er ist aufgeregt, begriff ich plötzlich und starrte auf das leicht geöffnete Maul: Hechelnd stieß der Wolf kleine Atemwolken aus, seine Fangzähne blitzten gelblich. Mein Finger zuckte am Auslöser. Noch fünf Meter. Laß ihn näher herankommen! befahl ich mir und versuchte, nicht mehr zu atmen. Diese Augen, das Gelb – glühende Feuer, die nach uns suchten.

Klack! In der Zehntelsekunde, in der ich das Antlitz des scheuesten aller Arktistiere festhielt, verschwand der Wolf vom Erdboden. Ich ließ die Kamera sinken. Wenigstens hatte ich *ein* Foto – aus allernächster Nähe.

Noch ganz im Bann des außergewöhnlichen Zusammentreffens, erwachte ich erst aus meiner Starre, als Kim ihrem Jagdtrieb freien Lauf lassen wollte. Ungebärdig zerrte sie an der Leine, drauf und dran, dem Wolf zu folgen. Aber sie hatte mir zu folgen, und zwar schnell. Wir rutschten auf dem Eis den Flußlauf hinunter, bis das Kanu in Sicht kam.

»Wir schaffen noch ein paar Stündchen!« sagte ich streng zu Kim, die den Landausflug fortsetzen und sich in die Büsche schlagen wollte. Schon von weitem sah ich dunkles Yukonwasser. Ohne die geringste Spur von Treibeis zog es gemächlich an der Eiskante des Andreafsky Rivers vorbei. Mein Herz tat einen Freudensprung. Angespornt von der Aussicht, die kommende Strecke frei durchpaddeln zu können, griff ich zum Beil und schlug das dicke Randeis in Stücke. Einen ganzen Meter hatte sich das Wasser vom Ufer zurückgezogen und das Kanu auf Grund zurückgelassen.

Millionen Liter Wasser strömten an mir vorbei. Kaum zu glauben, daß schon in kurzer Zeit die Packeisdecke den Yukon River besiegt haben würde. Was für ein Strom! Mit seinen zwei Kilometern Breite glich er fast einem See, der sich in großen Windungen durch den Permafrostboden grub.

»Da brodelt es!« stieß ich überrascht hervor. Zwischen hohen Felswänden auf der rechten Seite und eisglänzendem Steilufer auf der linken peitschte der Wind den schmal gewordenen Fluß durch eine Kurve. Kurze, hüpfende Wellen vor mir zeigten an, daß sich etwas zusammenbraute. Du könntest den Sturm abwarten, überlegte ich, schüttelte aber sofort den Kopf. Das könnte Tage dauern, und das Eis ist auf dem Vormarsch. Ich *muß* weiter! Damit steuerte ich auf eine Einbuchtung im Ufer hin. Bevor ich mich da durchwagte, mußte das Kanu wasserdicht abgedeckt werden. So ein bißchen Wildwasser kann dich doch nicht erschüttern, oder? Nach mehr als dreitausend Kilometern auf dem Fluß … Ich machte mir Mut. Während ich die Gummistrippen in den Bootsrand einhakte, schielte ich mit einem Auge zum aufgewühlten Wasser: Vorn die Strudel umfahren, dann den Fluß kreuzen und rüberhalten zum linken Ufer.

Das Kanu lag gut im Wasser. Nicht zu hoch, sonst könnte ich das Steuern vergessen und würde zum Spielball des Windes. Kim war versorgt: Bis zum Hals steckte sie unter der Plane, nur noch ihr Kopf schaute heraus. Gegen den stürmischen Wind paddelte ich auf die Stromschnelle zu. Du mußt mitten hindurchfahren, auf den Wellenbergen reiten. Laß dich bloß nicht seitlich erwischen, sonst schlägt das Kanu um!

»Verdammt!« schrie ich und schaufelte wie ein Irrer. Urplötzlich hatte der Sturm das Boot erfaßt, drückte es erbarmungslos in den Randbereich des schäumenden Wassers zum Felsen. Bloß nicht da rein! dröhnte es in meinem Kopf. Zu spät! Eine riesige Welle kam frontal auf mich zu, baute sich auf, wurde zur drei Meter hohen Wasserwand. Unmittelbar vor dem Bug schien sie in sich zusammenzubrechen, saugte das Kanu hinab in ihr tiefes Wellental. Für Sekunden paddelte ich in der Luft. Dann spuckte die Woge das Boot wieder aus, nur um mich dem nächsten Wellenberg zu übergeben. Unbeirrt hielt ich auf den schaumgekrönten Höhepunkt der Flut zu. Der Wasserberg rollte heran, packte das Boot und ließ es hinab ins Bodenlose stürzen. Eiswasser. Ich hustete, spuckte, rang nach Luft. Die nächste Welle. Mit Entsetzen sah ich die Bugschnauze untertauchen, spürte, wie sich das Heck steil aufrichtete. Weiter und weiter ging die Achterbahnfahrt. Ich kämpfte mich durch. Wie besessen paddelte ich, ohne zu wissen, ob das Holz in Luft oder Wasser eintauchte. Und dann – Stille. Die Wellenberge waren verschwunden, kein Sturm mehr, der an mir zerrte. Traumhaft unwirklich erschien meine Lage. Ich schaute mich um: Das Kanu dümpelte im Windschatten einer Bucht.

Als gehörten sie nicht länger zu mir, zogen meine bleischweren Arme das Paddel ins Boot; dumpf knallte es auf die Plane. Der Bug war leer. »Kim!« brüllte ich, überwältigt von der Angst, eine Welle könne sie über Bord gerissen haben. Rumoren, Kratzen. Triefend naß, die Ohren am Kopf festgeklebt, kam mein Hund ans Tageslicht gekrochen. Zittrig und verstört stakste er über die Plane zu mir nach hinten. Auch ich brauchte Trost. Behutsam drückte ich Kims kalten Körper an mich. Dann wagte ich einen Blick zurück. Es grenzte an ein Wunder, daß ich aus der Stromschnelle herausgekommen war, ohne zu kentern.

Die Five Finger Rapids waren vergleichsweise einfach gewesen: ein Adrenalinstoß und durch. Aber hier? Ewig hatte ich mich durch die hohen Wellenberge kämpfen müssen. Wenn das Kanu gekentert wäre … Was mochte das für ein Gefühl sein, im Eiswasser zu erfrieren? Eine Gänsehaut lief über meinen Körper. Selbst wenn ich das Ufer erreicht hätte – an den senkrechten Wänden wäre ich gescheitert. Ich stöhnte und konnte doch nicht den Blick von den Wellenbergen lösen, die nur Bootslängen hinter mir weitertobten. Kim versuchte aufzustehen, rutschte aber auf dem glitschigen Kunststoff aus. Ich half ihr, sich umzudrehen, und schickte sie zurück in den Bug.

Möchte nicht wissen, wieviel Liter Eiswasser wir übergeholt haben, überlegte ich auf einmal ganz praktisch. Den ganzen vorderen Teil der Plane hatte es losgerissen. Irgendwo muß ich ans Ufer, eine flache Stelle zum Anlegen finden, hämmerte es in meinem Kopf. Wasser schöpfen, Feuer machen, schlafen … Vor Kälte und Erschöpfung fühlte ich meinen Körper nicht mehr. Mein einziger Wunsch bestand darin, ein bißchen Wärme zu ergattern.

Frostig glitzernde Holzstücke zu finden artete zur Schatzsuche aus: Wie kostbares Gold hortete ich das wenige Treibholz, das ich an den Ufern aufspüren konnte. Die Tundra selbst gab nichts mehr her. Die mühselige Arbeit, die Spuren des Wassereinbruchs zu beseitigen, hatte mich anderthalb Tage gekostet. Was nicht trocken wurde, ließ ich einfach gefroren, wie es war.

Flach und trostlos dehnte sich die arktische Ödnis. Nicht die Spur einer Erhebung war zu sehen, kein Baum, kein Strauch. Der Yukon River hatte sich zu einem unüberschaubaren Wasserlauf ausgeweitet, über den die Winterstürme bei Tag und bei Nacht hinwegfegten. Schutzlos den Unbilden des Wetters ausgeliefert, hatte ich mich in mich selbst zurückgezogen und war abgestumpft gegen Hagel und Schneeschauer. In den fünf Stunden Tageslicht, die mir jeweils noch blieben, paddelte ich mir die Seele aus dem Leib.

Wie schnell sich der Mensch doch an die unglaublichsten Situationen anpaßt! Kaum bin ich umgeben von Kälte und Nässe, schon bewege ich mich anders, atme anders als üblicherweise und finde mich ab. Nur so scheint es möglich, eine solche Situation zu ertragen.

Sturmmöwen! Mein Herz beginnt schneller zu schlagen: Die kreischenden Vögel kündigen offene See an. Ich ziehe das Paddel aus dem Wasser und greife nach der Karte im Fußraum. Das Yukondelta streckt drei gespreizte Finger in die Beringsee. Hoffentlich verfahre ich mich nicht noch auf den letzten Metern! Die Unübersichtlichkeit des riesigen Mündungsgebietes beunruhigt mich.

»Alakanuk!« Meine Zunge hat Mühe, den Eskimonamen auszusprechen. Das ist die letzte Siedlung am südlichen Stromarm. Zwanzig Flußkilometer liegen vor mir, dann wird sich der Yukon mit den Wassern des Meeres vereinigen. Ich beginne wieder zu paddeln. Vielleicht kann ich noch heute dem zermürbenden arktischen Winter auf dem Fluß entfliehen, denke ich glücklich. Gleichzeitig verspüre ich Melancholie: Ich kann mir absolut nicht vorstellen, daß damit mein Leben auf diesem Strom zu Ende sein soll.

Lichtreflexe. Der dichte Schneefall streut das aufblinkende Rot und Grün der Positionslampen gegen einen Mast. Das muß die Siedlung sein. Und sie hat einen Flugplatz, stelle ich beruhigt fest. Beim Gedanken an die improvisierte Landebahnbeleuchtung in Holy Cross muß ich leise in mich hineinlächeln. Auch dort war ich im Schneesturm gelandet – und hatte Kim wiedergefunden. Hier stehe ich nun am Ziel. Mein Traum ist Wirklichkeit geworden: »Von den Quellen bis zur Mündung. Kim – wir haben es tatsächlich geschafft!«

Mein Hund zeigte sich unbeeindruckt. Dankbar, daß es wieder etwas zu gucken gab, hatte Kim sich aufgesetzt und verfolgte interessiert die artistischen Schwünge der Möwen im Schneegestöber. Ich orientierte mich an dem Pulk. Wo sich Möwen aufhalten, muß es etwas zu fressen geben, schlußfolgerte ich und hielt Kurs auf eine vereiste Hafenbucht. Beim Näherkommen erkannte ich die schemenhaften Umrisse von Booten und Menschen.

»Verfluchtes Wetter!« schimpfte ich und hielt die Hand über die Augen. Sollte ich winken oder rufen? Aufgeregt, nach Wochen wieder auf Menschen zu treffen, hatte ich es plötzlich eilig, an Land zu kommen. In der schneegedämpften Stille krachte es laut, als ich das Kanu aufs Randeis steuerte. Das werden sie wohl hören, grinste ich und zog das Boot aus dem Wasser.

»Wo kommst du denn noch her?« hörte ich erstauntes Rufen. Eine gestikulierende Schar Eskimos kam eilig über den hartgefrorenen Boden angelaufen. Mit kindlichem Erstaunen musterten sie mich. Ich sehe sicher schrecklich aus, dachte ich und schmunzelte über die Ungeniertheit, mit der die Männer mich mit Blicken von oben bis unten abtasteten. Verdreckt, stinkend, das Gesicht bis zur Unkenntlichkeit zugewachsen – ich wußte auch ohne Spiegel, daß ich den üblichen Ansprüchen an ein zivilisiertes Aussehen nicht genügte.

»Hast du schon das Eis auf dem Yukon gesehen? Wie weit ist es noch weg? Wann, glaubst du, wird es hiersein?« bestürmte mich ein Junge. Wache Augen blitzten in dem derben Gesicht. Die schneidende Kälte schien ihm nichts anzuhaben. Auf seinem schwarzen Haar sammelten sich weiße Flocken. Obwohl ich hundemüde war und dem Ansturm ganz und gar nicht gewachsen, schilderte ich kurz meine Yukongeschichte und versicherte, daß sich das Eis auf dem Vormarsch befinde. Ungläubig schüttelten die Männer immer wieder die Köpfe, blickten auf mich, dann wieder auf den Fluß. Ich begann zu frieren und sortierte meine Gedanken. Ich wollte ins Warme und langsam auch innerlich auftauen. Es galt, Abschied vom Yukon River zu nehmen, auch vom Kanu, und einen Flug zu organisieren. Ich seufzte. Nun würde ich endgültig in die Zivilisation zurückkehren.

Ein alter Mann, der bisher stumm dagestanden hatte, trat auf mich zu. Unter der Kapuze seiner pelzbesetzten Parka quoll dichtes graues Haar hervor. Er zeigte auf das Kanu und fragte mich, ob ich in Alakanuk überwintern wolle. Ich lächelte, aber seine Frage rührte mich. Zuerst müsse ich mich aufwärmen, dann wolle ich mit einem Buschflugzeug ausfliegen, erklärte ich. Verständnisvoll zwinkerte der Alte mir zu. Ich merkte, daß er überlegte. Plötzlich wünschte ich mir, daß er mich mitnähme – warmes Wasser, ein Bett …

Ohne daß ich einen Ton gesagt hatte, nickte er lebhaft und winkte in Richtung der Häuser. Ich lächelte verlegen, begann aber sofort damit, das Kanu zum letzten Mal zu entladen.

»Du mußt dich beeilen«, sagte der Eskimo. Überrascht schaute ich auf. Er zeigte zum Himmel. »Ein Blizzard ist im Anmarsch. Kann jeden Tag soweit sein!«

Erste Sturmböen fegten über mich hinweg. Keine vierundzwanzig Stunden hatte es gedauert, ehe die Vorläufer des Blizzards Alakanuk erreichten. Kim zwischen den Beinen, hockte ich hinter meinem Gepäckberg und wartete auf das Zeichen des Piloten. In fieberhafter Eile schleppte er Kartons an den Rand der Piste. »Du hast ein Schweineglück, daß ich verrückt genug bin, bei diesem Wetter überhaupt noch zu fliegen!« hatte er mich begrüßt.

Ich hatte überhaupt viel Glück gehabt, dachte ich und befühlte das Paket neben mir. Viktor, der alte Eskimo vom Strand, hatte mir die handgeschnitzten Holzspeere fein säuberlich mit Lappen umwickelt. Als ich ihm mein Kanu als Gastgeschenk überlassen wollte, wehrte er ab. Doch ein Paar Schneeschuhe und einige seiner wertvollen Speere, die er für die Robbenjagd benutzte, mußte *ich* annehmen.

»Die sind handgearbeitet!« erklärte er stolz. »Ich bin jetzt siebenundachtzig, der älteste Mann im Dorf, und beherrsche als einziger noch die Kunst des Harpunenschnitzens.« Ein wenig Traurigkeit schwang in seiner Stimme mit. Dabei saß er breitbeinig auf einem Holzschemel und lächelte in meine Kamera.

»Und wenn du zurückkommst, kannst du wieder in deinem Boot fahren!« hatte er versichert und mir freundschaftlich die Hand auf die Schulter gelegt.

»Es geht los!« brüllte der Pilot über den Lärm des laufenden Motors hinweg und kam auf mich zugerannt. In jeder Hand mehrere Gepäckstücke, stemmten wir uns gegen den Wind.

Als würde er Kartoffelsäcke verstauen, warf der Pilot Rucksack und Taschen in den Frachtraum, riß die Tür auf und schlug sie auch schon hinter mir zu, kaum daß ich auf den Vordersitz geklettert war. Kim, unseren Flug mit Mike Stockburger in bester Erinnerung, legte sich dicht hinter mir auf den Boden. Die kann froh sein, daß sie die Aussicht nicht vor Augen hat, dachte ich und drückte mich tiefer in die Polster. Der Pilot schwang sich durch die Tür in die Kanzel, betätigte den Gaszug, und schon hoben wir vom Boden ab und lieferten uns den Turbulenzen aus.

Ich preßte die Stirn an die kalte Scheibe und verabschiedete mich vom Yukon River. Ein Bündel Lichtstrahlen fiel durch die Wolkendecke, und der endlos sich dahinschlängelnde Strom leuchtete noch einmal auf.

»Wer einmal aus seinen Wassern getrunken hat, will es immer wieder tun«, hörte ich den Piloten sagen.

Mein heißer Atem beschlug das kleine Fenster. Sechs Monate hatte ich auf diesem Fluß verbracht, auf meinem Yukon River. In dieser Zeit war ich auch ein Stück an mir gewachsen.

Und dann …

Der Flug von Alakanuk nach Bethel gestaltete sich zu einem der schlimmsten Erlebnisse meines Lebens. Vom Blizzard wurden wir in alle Richtungen durch die Luft gewirbelt. Ich stand Todesängste aus – und nicht nur ich. Wenn ein erfahrener Buschpilot blaß um die Nase wird, will das schon etwas heißen.

Die ersten Monate in Deutschland verbrachte ich damit, mich wieder an eine menschen- und autoüberfüllte Zivilisation zu gewöhnen. Und unzählige Meter Filmmaterial vom Yukon mußten bearbeitet werden …

Ein halbes Jahr später erhielt ich Post: Stan aus Russia Mission schrieb, er sei derart besorgt um mich gewesen, daß er Ende November den Trooper in Alakanuk angerufen habe, um sich nach einem Deutschen im weißen Kanu zu erkundigen. Er mußte einfach in Erfahrung bringen, ob ich überlebt hatte. Und er ließ mich von Mike Stockburger grüßen, der bis dato immer noch heil von seinen Höhenflügen zurückgekehrt ist.

Richard und Lee haben ihre Goldmine für Millionen Dollar verkauft. Nun unterstützen sie finanziell und mit persönlichem Einsatz Bauvorhaben des Vereinten Kinderhilfswerks in aller Welt.

Von Klaus und Klaus bekam ich eine Ansichtskarte: Wir erholen uns vom Schachtelstapeln! Abgestempelt war die Nachricht in Thailand.

Michael hat sich wieder zum Bürohengst im siebenundvierzigsten Stockwerk zurückentwickelt. Doch er schrieb mir, die Wochen auf dem Yukon hätten ihn nachhaltig beschäftigt und verändert. Er habe einmal einen Traum verwirklicht – das reiche ihm. Neidisch wurde er, als ich ihm Fotos von den kapitalen Lachsen schickte, die ich gefangen hatte.

Und Birgit? Wir rangelten noch Monate, bis wir endlich zueinanderfanden. Fast zwei Jahre später ließen wir uns auf Island trauen, mit dem Ergebnis, daß es heute einen rothaarigen Wonneproppen namens Erik gibt. Sein liebster Spielkamerad ist unsere Kim.

Und ich? Wieder und wieder bin ich nach Alaska zurückgekehrt. Bewaffnet mit der Filmkamera, habe ich den Mount McKinley bestiegen und die Inupiaq-Eskimo an der Nordküste bei der Waljagd gefilmt. Und ich war den Eisbären an der Hudson Bay in Kanada auf der Spur.

Mit dem Yukon hat damals alles angefangen. Er ist ein Teil von mir geblieben.

Andreas Kieling

Mai 1995

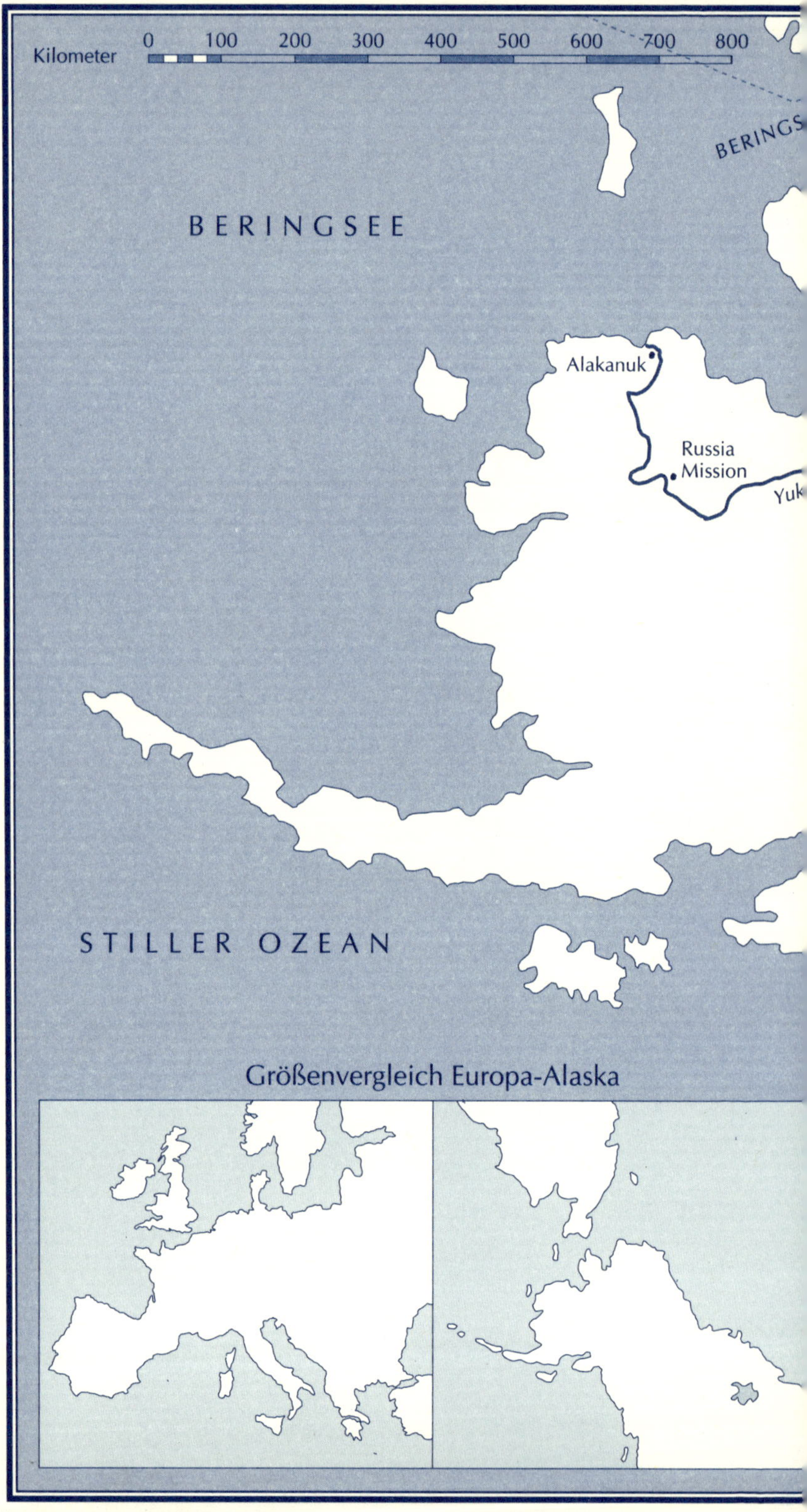
Kilometer
0
100
200
300
400
500
600
700
800
BERINGS
BERINGSEE
Alakanuk
Russia
Mission
Yuk
STILLER OZEAN
Größenvergleich Europa-Alaska